U0153779

歷史迴廊
005

何謂歷史？

What is History?

愛德華．卡耳（Edward. H. Carr） 著
江政寬 譯

「我總覺得很怪，歷史大部分是杜撰出來的，它不應該如此枯燥乏味。」

——凱薩琳・莫爾蘭論歷史，（《諾桑覺寺》，第十四章）*

---

* 譯按：《諾桑覺寺》（*Northanger Abbey*），該書為珍·奧斯汀（Jane Austen）的作品，凱薩琳·莫爾蘭（Catherine Morland）是書中女主人翁。

卡耳在臺灣

江政寬

關於「何謂歷史？」這個問題，最經典的答案或許是這句話：「歷史是歷史學家跟他的事實之間，不斷交互作用的過程，是現在跟過去之間，永無止境的對話！」其不僅頻繁見諸個別的歷史著述，而且在眾多歷史網站的首頁或歷史系的網頁上，亦常見到蹤影。此一為人津津樂道的名言，便是出自卡耳（E. H. Carr, 1892-1982）的《何謂歷史？》（1961）。這部作品與臺灣讀者結緣的時間甚早，一九六八年時，王任光教授（1919-1993）就將該書譯成中文，以《歷史論集》之名發表[1]。此後，該書可說成為歷史學門的基本教材，歷史系的莘莘學子幾乎人手一冊，而卡耳在書中的許多經典妙語，更是為人稱頌一時，歷久不衰。這本書在臺灣有多風行呢？以筆者手邊的《歷史論集》為例，一九九一年的版次是十三刷，這樣的紀錄堪稱是同類型的學術著作中最為暢銷的作品。

弔詭的是，儘管《歷史論集》在臺灣擁有不少讀者，但學界對卡耳的知識背景、寫作該

[1] 參見 E. H. Carr 著，王任光譯，《歷史論集》，臺北：幼獅，一九六八。

書的動機，以及寫作時的思想和社會氛圍，實際上了解頗為有限。從〈譯者的話〉裡，我們僅能得知，卡耳出身劍橋大學，巴黎和平會議時，曾為英國代表團之一員。後來服務於外交部俄國司，英國駐國際聯盟代表團等職。他執教過威爾斯大學、牛津大學和劍橋大學，其間，也曾擔任泰晤士報編輯。卡耳是公認的蘇聯專家，從事《蘇俄史》的編纂。而《歷史論集》則是一九六一年元月至三月，他在劍橋大學學術講座上宣讀的六篇演講詞[2]。由此一簡要的介紹看來，卡耳顯然是國際關係專家和蘇聯史家，但王氏沒有告訴我們的是，這類學術背景的人為何要探討「何謂歷史？」這一主題呢？還有，該書發行後引起了什麼迴響呢？

至於《歷史論集》的內容，王任光談到，卡耳在書中要答覆下述的幾個問題，比方說：

> 歷史家應如何處理所有事實，而使之成為可以應用的「歷史事實」？歷史家在處理歷史人物時，是否能將他們孤立起來討論？換句話說：在討論「過去」時，歷史家應如何來看「單獨」的人和事？歷史，是科學麼？歷史家應該顧慮到人的「私」生活麼？歷史上的因果關係有何解釋？歷史是進步的，抑是退步的？我們今後在歷史研究上應有什麼態度？[3]

他進一步指出，「這些都是一個從事研究歷史的人急於知道的問題。它們是屬於歷史哲學的問題；這本書就是一本討論歷史哲學的書」[4]。《歷史論集》出版後，史學界對於卡耳觀點的援引和討論，大體上分成兩類：其一，是證成己說式的文句引用；其二，則是少數幾篇摘要式的敘述，其內容和主題不出王氏前述的概括，對於加深我們的理解並無實質的幫助。再者，該書嚴格而論，稱不上是歷史哲學著述，王氏五年後出版的譯作，亦即，華許的《歷史哲學》，才是道地的歷史哲學作品[5]。不過，歷史學界向來對歷史哲學不感興趣，因而《歷史哲學》出版後流通不廣，一點也不讓人意外。值得注意的是，雖說卡耳是史學界狀似耳熟能詳的人物，但讀者如想進一步閱讀相關的中文討論，便會發現中文著述寥寥可數，這毋寧是一種怪事！

今日，當我們進一步審視王任光的譯本內容時，兩方面的局限便清楚浮現出來。首先，是用語和概念帶有時代的印記。尤其在許多術語的翻譯上，與當代常見的譯法出入頗大，例如，把 empiricism（經驗主義）譯為「實驗論」；把 conceptual framework（概念框架）譯為「觀念體制」；或者，把 ideology（意識形態）譯為「觀念」，諸如此類。人名的翻譯更是如此，比方說，蘭蓋（蘭克，Ranke）、巴爾森（帕深思，Parsons）、蒲德費特（巴特菲爾德，Butterfield）、蒲耳卡（布克哈特，Burckhardt）、迪耳代（狄爾泰，Dilthey）、克魯西（克羅齊，Croce）、脫利衛連（崔維廉，Trevelyan）、柯林胡德（柯靈烏，Collingwood）等等，如果未加上外文名，現在的讀者恐怕也不易猜出誰是誰了。

[2] 同上，頁七—八。
[3] 同上，頁八。
[4] 同上。
[5] W. H. Walsh 著，王任光譯，《歷史哲學》，臺北：幼獅，一九七三。

饒有趣味的，則是時代對王氏譯文的影響。舉例來說，「歷史是一個時代覺得另一時代裡有值得注意之事的紀錄」[6]這個句子，王任光顯然是以後朝編纂前朝的國史概念，將其詮釋為「歷史不過是這一代紀錄前一代的事」[7]。而「希特勒上臺執政」[8]這樣的描述，王任光則譯為「希特勒竊取了政權」[9]。在「反共抗俄」的時代氛圍中成長的讀者，想必對「竊取」的字眼不陌生，因為當時「共匪還竊據著大陸」。在此，王氏的譯本以另一種形式，印證了卡耳所言，歷史學家是時代的產物。

其次，除了反映時代的思想特色之外，王氏的譯法，常常取其大意，文句頗為簡約，而且頻繁出現錯誤。為了方便讀者檢索，容我附上原文以供對照。例如，「Laymen – that is to say, non-academic friends or friends from other academic disciplines – sometimes ask me how the historian goes to work when he writes history.」[10]（歷史門外漢——也就是說，非學術界的朋友，或者，其他學門的朋友——有時問我說，歷史學家寫史著的時候是怎樣著手工作的呢？）王氏譯為「研究歷史的朋友有時問我，歷史家是怎樣寫歷史的？」[11]。又如，「In my own field of study I have seen too many examples of extravagant interpretation riding roughshod over facts not to be impressed with the reality of this danger. It is not surprising that perusal of some of the more extreme products of Soviet and anti-Soviet schools of historiography should sometimes breed a certain nostalgia for that illusory nineteenth-century haven of purely factual history.」[12]（在我自己的研究領域裡，我見得太多的例子，對事實置之不理，任意作詮釋，不為這種危險的現實所動。也難怪，多讀幾回蘇聯

史學學派和反蘇聯史學學派的一些比較極端作品，有時便使人產生某種鄉愁，懷念起十九世紀時純然史實的虛幻避難所。）王氏則譯為「在我個人的研究範圍裡，我多次看到許多過分強調解釋而貶抑事實的例子，而不顧這種危險的存在。無怪乎一些讀到蘇聯或反蘇聯歷史家的過激作品時，不免對專重事實歷史的十九世紀感到懷念了」[13]。

最後，再舉一例，「The title of a work by Herbert Spencer, Social Statics, published in 1815, is still remembered. Bertrand Russell, reared in this tradition, later recalled the period when he hoped that in time there would be 'a mathematics of human behaviour as precise as the mathematics of machines'.」[14]（赫伯特．史賓塞出版於一八五一年的《社會靜力學》，該書的書名是大家都還沒有忘記。成長於這一傳統的伯特蘭．羅素，後來回憶起有段時期，他希望將來會有「一種跟機器數學一樣精確的人類行為數學」。）王氏譯為「斯賓塞的《社會靜力學》，雖出版於

[6] E. H. Carr, *What is History?*, Basingstoke: Palgrave, 2001, p.49.。
[7]《歷史論集》，頁四十七。
[8] E. H. Carr, *What is History?*, p.12.
[9]《歷史論集》，頁十一。
[10] E. H. Carr, *What is History?*, p.22.
[11]《歷史論集》，頁二十一。
[12] E. H. Carr, *What is History?*, p.22.
[13]《歷史論集》，頁二十一。
[14] E. H. Carr, *What is History?*, p.50.

一八五一年，在今日還是一本有價值的書。受到這種傳統薰陶的羅素追憶說，他曾希望將來會有一天，『計算人的行為將如計算機器一樣準確』」[15]。只要讀者將《歷史論集》與卡耳原書作比對，就會發現大大小小的問題，通貫全書。

現在，讀者眼前的這個譯本，乃是根據四十週年紀念版譯出的。相較於未曾改版的《歷史論集》，本書的內容增加了四部分，分別是伊凡斯所寫的〈導讀〉，卡耳的〈第二版前言〉，以及卡耳的合作者戴維斯所撰的〈入門短箋〉和〈來自卡耳的檔案：《何謂歷史？》第二版的筆記〉。伊凡斯為我們清楚勾勒了卡耳當時的寫作背景，而戴維斯則告訴我們卡耳為未能完成之第二版所作的努力。這些新增的篇幅，大大填補了我們認識上的空缺，讓我們得以重新評估《何謂歷史？》在當代的價值。

最後，必須強調的是，本文雖指出王任光的時代局限，但絲毫沒有貶低或否定的意思，相反的，筆者對他的貢獻是推崇備至的。在取得西方學術資訊不易的年代，王氏在西洋史領域的辛勤耕耘，可說是有目共睹的。在他的學術生涯裡，除了擔任行政工作，培養新血輪之外，其編譯了四部作品[16]，編寫了七部著作[17]，為戰後臺灣西洋史的研究奠下了基礎，使後生晚輩有一個較好的出發點，一窺西方史學的殿堂。拙譯便是被其餘澤下的產物。基於這樣的理由，這個譯本是獻給王任光教授的。謹以為序。

後記

本書的翻譯過程中，曾參酌了王任光和吳杜存的譯本。另外，在進行第一稿修訂時，大陸已出版了陳恆的譯本，譯者亦曾加以參酌。由於他們現有的成果使譯者得以減少很多錯誤，在此表達由衷的感謝之意。最後，譯者要感謝主編歐陽瑩小姐為本書所付出的辛勞。

卡耳重要著作一覽

1. *Dostoevsky (1821-1881): a New Biography*, London: Allen & Unwin, 1931.
2. *The Romantic Exiles: a Nineteenth-Century Portrait Gallery*, London: V. Gollancz, 1933.
3. *Karl Marx: a Study in Fanaticism*, London: J.M. Dent & Sons, 1934.
4. *Michael Bakunin*, London: Macmillan, 1937；宋獻春等譯，《巴枯寧傳》，北京：中國人民大

【15】《歷史論集》，頁四十九。

【16】除了《歷史論集》和《歷史哲學》之外，另外兩部是：王任光、黃俊傑編，《古代希臘史研究論集》，臺北：成文，一九七九；王任光編譯，《西洋中古史史料選譯》，臺北：東昇，一九八〇。

【17】王任光，《文藝復興時代的人文運動》，臺北：臺灣商務，一九六八；王任光，《中古歐洲史上之政教關係》，臺北：臺灣商務，一九七六；王任光編著，《西洋中古史》，臺北：國立編譯館，一九七六；王任光，《羅馬帝國與基督教》，臺北：臺灣學生，一九七七；王任光、李弘祺，《歷史上的封建制度》，臺北：臺灣學生，一九七七；王任光，《文藝復興時代》，臺北：成文，一九七九；王任光，《信仰與史學：王任光教授歷史著述》，臺北：稻禾，一九九六。

學，一九八五。

5. *International Relations Since the Peace Treaties*, London: Macmillan and Co., 1937；宋桂煌譯，《戰後之國際關係》，長沙：商務，一九四〇。原著再版時更名為 *International Relations Between the Two World Wars(1919-1939)*, London: Macmillan, 1947。

6. *Britain: a Study of Foreign Policy from the Versailles Treaty to the Outbreak of War*, London: Longmans, 1939.

7. *The Twenty Years Crisis, 1919-1939: an Introduction to the Study of International Relations*, London: Macmillan, 1939; 2nd edition, reissued with a new introduction and additional material by Michael Cox, Basingstoke: Palgrave, 2001；秦亞青譯，《二十年危機（1919-1939）：國際關係研究導論》，北京：世界知識，二〇〇五。

8. *Conditions of Peace*, London: Macmillan, 1942；王之珍譯，《和平之條件》，重慶：商務，一九四四。

9. *Nationalism and After*, London: Macmillan, 1945.

10. *The Soviet Impact on the Western World*, London: Macmillan & Co., 1946.

11. *Studies in Revolution*, London: Macmillan, 1950.

12. *A History of Soviet Russia*, London: Macmillan, 1950-78.

 i. *The Bolshevik Revolution, 1917-1923*, 3 vols., London: Macmillan, 1950-53.

ii. *The Interregnum, 1923-1924*, London: Macmillan, 1954.

iii. *Socialism in One Country, 1924-1926*, 3 vols., London: Macmillan, 1958-1964.

iv. (with R. W. Davies) *Foundations of a Planned Economy, 1926-1929*, 3 vols., London: Macmillan, 1969-78.

13. *The New Society*, London: Macmillan, 1951；李永熾譯，《新社會》，臺北：牧童，一九七四。
14. *German-Soviet Relations Between the Two World Wars, 1919-1939*, London: G. Cumberledge, Oxford University Press, 1952.
15. *What is History?*, London: Macmillan, 1961; 2nd edition edited by R.W. Davies, Basingstoke: Macmillan, 1986 (1987〔printing〕); 40th anniversary edition, with a new introduction by Richard J. Evans, Basingstoke: Palgrave, 2001；王任光譯，《歷史論集》，臺北：幼獅，一九六八；吳柱存譯，《歷史是什麼？》，北京：商務，一九八一；陳恆譯，《歷史是什麼？》，北京：商務，二〇〇七；江政寬譯，《何謂歷史？》，臺北：博雅書屋，二〇〇九。
16. *1917: Before and After*, London: Macmillan, 1969.
17. *The Russian Revolution: from Lenin to Stalin (1917-1929)*, London: Macmillan, 1979.
18. *From Napoleon to Stalin and Other Essays*, London: Macmillan, 1980.
19. *The Twilight of Comintern, 1930-1935*, London: Macmillan, 1982.
20. (edited by Tamara Deutscher) *The Comintern and the Spanish Civil War*, London: Macmillan, 1984.

導論

理查・伊凡斯*

一

今日，不管用什麼可被接受的角度來看，卡耳（E. H. Carr, 1892-1982）都算不上是一位專業的歷史學家。他沒有歷史學的學位；也從未在任何一所大學的歷史學系任教。第一次世界大戰以前，他在劍橋研讀古典研究。他後來坦承，他那時對歷史沒有興趣[1]。他沒有當今進學術圈的慣用方法的博士學位。一九一六年，他一畢業便直接進了外交部，往後的二十年他一直待在那裡。這段期間，他似乎擁有遠超過當今所容許的大量空暇，而他則把閒暇花在撰寫十九世紀俄國作家和思想家的傳記研究。他在一九三一年發表了一本討論《杜斯妥也夫斯基》的書籍，一九三三年發表了一本關於赫爾岑[2]及其交友圈（《浪漫的流亡》）的論著，一九三七年則發表了

* 我很感謝伯明罕大學允許我使用存放於大學圖書館特藏區的卡耳檔案。我要謝謝強納森・漢斯蘭（Jonathan Haslam）仔細地閱讀了本篇導論的初稿，以及有用的建議。所有的觀點都由我自己負責。

[1] E. H. Carr, 'An Autobiography'(1980) in Michael Cox(ed.), *E. H. Carr: A Critical Appraisal*(London, 2000), pp.xiii-xxii, here p.xiv

[2] 譯按：赫爾岑（Aleksandr Herzen, 1812-1870），俄國社會哲學家、政治評論家和回憶錄作者，十九世紀俄國知識分子基進傳統的創立者之一。

一部《巴枯寧》的傳記。他也開始撰寫有關當代外交的書評和文章。一九三六年，他辭去外交部工作而接受威爾斯的亞伯理斯威斯大學一個職位之時，職銜是國際關係學教授，而不是歷史學教授。

在此一頭銜下，卡耳因許多簡短但有影響力的對外政策作品而馳名於世，最著名的或許是發表於第二次世界大戰前夕的《二十年的危機，一九一九—一九三九》[3]。然而，就像他任職外交部時花了愈來愈多的時間來寫書那樣，如今受聘於亞伯理斯威斯大學之時，他也花了愈來愈多的時間從事於新聞工作。一九四一年，他成為《泰晤士報》的助理編輯，而且為該報刊撰寫了很多的社論，直到一九四六年離職為止。他全職地受雇於一份全國性報刊的這一事實，可能使他不受亞伯理斯威斯雇主的喜愛，不過，正因為他的個人活動，他最後被迫辭去了他的大學職位。在一段時間以自由撰稿的新聞工作者、演講人和廣播人維生之後，他在一九五三年獲得牛津大學巴里奧學院的政治學教職，其後在一九五五年移動到他的最後一站，劍橋大學三一學院資深研究員的職位，而他便待在那裡直到一九八二年以九十歲高齡過世[4]。

因此，卡耳著手處理歷史的角度，是他為外交部和全國性報刊工作的人生。這些影響與經驗，強烈地塑造著他對歷史以及該如何研究歷史的看法。他來到歷史這個主題，在他的人生裡，相對上來說是晚了。他開始從事他唯一的大部頭歷史作品《蘇俄史》的時候，他五十歲了，該書於一九五〇年至一九七八年之間，以十四冊本發行；而到了他開始撰寫《何謂歷史？》的時候，他早就過了退休之齡。他後來宣稱，他對歷史的興趣，起因於他在一九一七年作為英國外交部下級職員時，從遠處觀察過的俄國革命。不過，這一興趣蟄伏了很多年，直到第二次世界大戰期間，最後被重新喚醒了；雖說比多數人更徹底、更長久，他當時就像英國許多其他人那樣，因為一九四一年六月蘇聯作為英國的同盟國參戰，於是轉而讚賞——而且如痴如迷於——那個國家[5]。

一如卡耳所言，他著手《蘇俄史》的時候，面對了諸如「因果關係與偶然性、自由意志與決定論、個人與社會、主觀性與客觀性」之類的重要問題，這些問題對他而言，是一個新的智力工作領域。學生時代，劍橋「一位相當不出色的古典學教師」教導他說，希羅多德對波斯戰爭的敘述，受到他對伯羅奔尼撒戰爭之態度的形塑，因為他寫作的時候，該戰爭正進行中。卡耳很多年後寫道，「這是一個迷人的啟示，讓我第一次了解到歷史是怎麼回事。」[6]當卡耳研究和撰寫蘇俄論著時，接受了此一洞識，而他在一九五〇年代的期間為《泰晤士報文學副刊》撰寫的一系列文章裡，試圖解決他的課題所提出的理論性問題。這些理論性問題中的第一個，便是客觀性的問題。這對於他在看待下述的事實時尤其重要：一九五〇年，當他出版《蘇俄史》第一卷的時候，共產主義者與西方的冷戰戰士之間，對蘇聯的輿論是完全的兩極化；共產主義

[3] 譯按：中譯本，參見秦亞青譯，《二十年危機（1919-1939）：國際關係研究導論》，北京：世界知識出版社，二〇〇五。

[4] 'E. H. Carr: Chronology of His Life and Work, 1892-1982', in ibid., pp.339-43.

[5] Carr, 'An Autobiography', pp.xv, xx.

[6] Ibid., p.xiv.

者無法忍受對蘇聯的批評，而且把它的發展中的每一件事物，描述成合乎情理又不可避免；而西方的冷戰戰士，則視共產主義為對人權和民主價值的一種威脅，不亞於先前納粹主義造成的猛烈情況，而且嚴厲批評蘇聯的發展是一種災難性的偏差。

卡耳的《蘇俄史》是一部先驅之作，嘗試從可取得的原始資料，詳細地重建一九一七年至一九三三年之間俄國所發生的事情。它也認真地嘗試在冷戰論戰的兩極之間，引導出一個方向，並且發表一種可被視為是學術性而又客觀的敘述。不過，在這樣的情勢下，該怎樣界定客觀性呢？一九五〇年，當他偉大不朽之作品的第一卷發行時，卡耳大膽地表明：「客觀的歷史並不存在！」同時，他卻在《泰晤士報文學副刊》上的第一篇文章裡爭辯說，嘗試實現客觀的歷史，當然不是徒勞的進取心；他寫道，「堅稱說易犯錯的人類，太過於身陷在時空環境之中，而無法獲得絕對的真理，跟否認真理的存在，並不是同一回事；這一類的否認，摧毀了任何可能的評判標準，也使得任何的歷史研究取向，無從分辨真偽。」很清楚地，此一觀點是不能讓人滿意的。因此，卡耳選擇了一種立場，「此一立場有可能堅持客觀真理的存在，同時又堅持歷史學家本身或歷史學家流派本身，至多只能期望實現一種隱約又部分近似的客觀真理。」[7]

然而，此一問題不是那樣就能輕易解決。傑出的外交史家古齊[8]的《十九世紀的歷史學和歷史學家》[9]，最早出版於一九一三年，四十年後加了一篇新的前言，重新作了發行。卡耳在一篇述評中，指出該書「對於確定事實的可能性，以及一度獲得確定之事實對人類的價值，有始終不渝的信心。」這一類的信心，是古齊在十九世紀德國歷史主義傳統的學者蘭克[10]訓練下的產物，在該傳統中，歷史學家被教導要「如其實地」（as it really was）描繪過去。卡耳還繼續說道，一九五二年的古齊，

> 知道過去四十年，世界改變了很多，也知道這種對歷史事實之優越地位與可取之處的無比信心，現代的人再也不可能接受了。……人們不再質疑說，我們對歷史事實的探究，以及我們對發現的那些事實作鑑別，必然受到——或許是無意識的——指導探究之信條和假定的控制。「事實」是不偏不倚的，還有進步就在於發現事實、從事實中學習教訓，這樣的信念正是理性主義、自由主義世界觀的產物，而今日，我們無法像比我們更幸運的十九世紀前輩那樣，如此輕易地將其視之為當然。

然而，卡耳同時也承認，蘇聯史達林政權對於歷史的扭曲，以及對文件的刪改破壞和歷史紀錄的造假，意謂知的自由之重要性更甚於以往[11]。

幾個月後，卡耳回到這篇文章裡明顯未能解決的不安，試著使他的思考往前邁個幾步。歷

---

[7] E. H. Carr, 'Truth in History', *TLS*, 1 September 1950.

[8] 譯按：古齊（G. P. Gooch, 1873-1968），英國歷史學家。

[9] 譯按：中譯本，參見耿淡如譯，《十九世紀的歷史學和歷史學家》，北京：商務印書館，一九八九。

[10] 譯按：蘭克（Leopold von Ranke, 1795-1886），德國歷史學家。

[11] E. H. Carr, 'Progress in History', *TLS*, 18 July 1952.

史學家與事實之間的關係是什麼呢？——一九五三年六月，他在另一篇登在《泰晤士報文學副刊》上的文章中，問道：

過去與現在之間有一條雙向道，現在受到過去的形塑，然而，又不斷地重新創造了過去。如果歷史學家製作了歷史，那麼歷史造就了歷史學家亦為真。……在客觀決定論的危險與主觀相對性無底深坑之間的鮮明分界線上，侷促地保持平衡的當今歷史哲學家，察覺到思想與行動是解不開地纏繞在一起，也察覺到歷史的因果關係性質，正如科學的因果關係性質那樣，看來似乎愈是躲避他的掌握，他愈是斷然地想解決它。當今的歷史哲學家是從事於提出問題，而非回答問題[12]。

這些觀點有一些在《何謂歷史？》裡重新露面。不過，卡耳並不是真的相信，歷史學家只有從事於提出問題，因為他的《蘇俄史》幾乎每一頁都在回答問題。因此，問題依然沒有解決。

一九六〇年，在歷史教科書裡國族主義偏見的討論中，他在客觀性的問題上作了另一個嘗試。在此，他的心思更加弔詭：

歷史讓人棘手的地方在於，偏見在歷史之中——甚至在最好的史著之中——似乎都是一種不可缺少的要素。實際的情況是，事實不像常言所說的，「為自己說話」，就算它們「為自己說話」，也是歷史學家決定事實該說些什麼——他完全不許它們自主說話。而相當盡責之歷史學家——相當清楚自己在做什麼的歷史學家——的決定，會受到某一觀點的控制，而所謂的觀點，別人可能會稱之為偏見。這麼說不全然是冷嘲熱諷：最好的歷史學家，就是有最好偏見的歷史學家——所有的歷史學家皆有偏見。

由卡耳的觀點看來，在這種情形下，最好的偏見是國際偏見，而非國家偏見，這意謂著，放棄將歷史書寫當成一種愛國主義的舉動，就像德國歷史學家在討論凡爾賽合約及其後果那樣，也意謂著，從國際體系的觀點，看待德國最近的過去，以及自一九一九年以降其在國際體系中的地位。對此，「偏見」是否真的為適切的字眼，卻勢必受到質疑。實際上，卡耳似乎是說，最近幾年，德國歷史學家比較沒有偏見了，因為他們考察國家往事時，開始跳脫他們國家的狹隘民族利益。卡耳總結道，「吾人或可理所當然地要求歷史學家說，他應該走在時代的進步運動之前頭，不要跟不上了。」[13]然而，誰又能說什麼是進步，而什麼不是呢？在此，卡耳似乎也未能以令人滿意的方式，解決客觀性的問題。一方面，他覺得，在冷戰論戰之中客觀性遭受到威脅，另一方面，他則相信，就該詞的任何傳統意義而言，客觀性是一個不可能的抱負，沒

[12] E. H. Carr, 'Victorian History', *TLS*, 19 June 1953.

[13] E. H. Carr, 'History without Bias', *TLS*, 30 December 1960.

有歷史學家能夠理所當然地希望實現的抱負；無疑地，他在兩者之間不知如何是好。一九六〇年代的肇端，卡耳努力在《何謂歷史？》中把這幾股思想全部兜攏在一起時，他思維之中的這些不安，就以相當不同的方式顯露出來了[14]。

二

卡耳在發表於一九四五年的一篇評論中寫道，「要是歷史沒有意義，它就不值得撰述或閱讀。」在他的觀點之中，挑戰「此一預設：重要的歷史解釋是在歷史人物（dramatis personae）的自覺意圖和深謀遠慮之中找到」，乃是至關重要的[15]。但歷史的意義從何而來呢？在這一點上，卡耳在跟觀念哲學家暨觀念史家以賽亞．柏林[16]的漫長論戰之期間，發展了他的觀念。柏林是跟他有密切交誼的一個朋友，因為兩人相互稱對方的名字，以當時的標準是異乎尋常的。這兩人對俄國文學與思想，都有淵博知識和興趣。兩人的政治思維，皆受到英國自由主義傳統的深刻影響。但對於蘇聯的看法，他們則分道揚鑣。儘管卡耳對俄國共產主義政權的很多方面，並非不加批判，然而，他因為俄國在第二次世界大戰期間與希特勒對抗而產生的同情，則從未完全喪失。另一方面，作為來自蘇聯的避難者，柏林並沒有這類的同情心。一九五〇年代這段期間，柏林在大西洋兩岸，成為鼓吹自由主義、「西方」價值，以及對抗共產主義理論與意識形態的一位主要代言人[17]。

一九五〇年，柏林在評述卡耳《蘇俄史》第一卷的時候，清清楚楚表明他不贊同其方法和要點。卡耳在該書的前言中寫道，他的意圖「不是撰寫革命事件的歷史，……而是撰寫從革命事件中浮現的政治、社會和經濟秩序的歷史。」因此，該書意欲提供的，「不是對該書所涉及之時期的事件作詳盡記載，而是分析那些形塑主要發展路線的事件。」[18]那麼，舉例來說，他以幾個主題，鉅細靡遺地追溯布爾什維克思想在一九一七年之前的發展，即使布爾什維克在那時的俄國，幾乎是沒有任何政治的重要性，但因為這種思想在塑造布爾什維克掌權之後付諸實施的政策上有其決定性。另一方面，他並未描述革命事件、布爾什維克之外的失敗方案，或殘暴的內戰衝突。

對卡耳而言，從任職外交部多年之官吏的視角來寫作，重要的是打造國家的過程和國家政策的塑造。而且就像很多公務員那樣，他對於國家產生的文件、表面的政策、憲法和紙上的法規，深信不疑。一如卡耳的傳記作者強納森・漢斯蘭所指出的，他作為外交官的經驗，「削弱了這樣的體認——任何情勢都有各種可能的結果；一旦有事件發生，不論是好是壞，外交官

[14] Jonathan Haslam, *The Vices of Integrity. E. H. Carr 1892-1982*（London, 1999）, pp.192-6.
[15] E. H. Carr, 'European Diplomatic History', *TLS*, 26 December 1954.
[16] 譯按：以賽亞・柏林（Isaiah Berlin, 1909-1997），英國哲學家、政治思想史家。
[17] Michael Ignatieff, *Isaiah Berlin: A Life*（London, 1998）, esp. Ch.13。譯按：中譯本，參見高毅、高煜譯，《他鄉：以賽亞・柏林傳》，台北：立緒文化，二〇〇一。
[18] E. H. Carr, *The Bolshevik Revolution*, Vol. I（London, 1950）, pp.5-6.

只能接受它，然後繼續努力前進」。而外交官的經驗「強化了他對統治者，而非被統治者的認同，……在撰寫《蘇俄史》時，卡耳下意識地將他早期對英國統治階級的認同，變換成對蘇聯統治階層的認同」[19]。

柏林覺得這種作法基本上會引起異議的，他在書評裡抱怨說，卡耳「把歷史看做是，受到無法阻擋之定律所支配的一種事件的推移」。卡耳似乎認為，歷史學家的主要任務在於，使人清楚了解這些定律是什麼，它們怎麼運作，「甚至於不用在背景上簡略提及，曾經把深切的希望與恐懼集中在沒有實現的可能性，更不用提及過程的受難者和傷亡人數。」因此，柏林指控說：

卡耳通過勝利者的眼睛來看歷史；對他而言，失敗者幾乎是沒有資格作證的。……歷史書寫的無私、客觀真理和不偏不倚之公正，是歐洲自由主義傳統根深柢固的理想。如果卡耳先生其餘的卷冊，也跟第一冊一樣令人印象深刻，那麼在我們的時代，它們會對那樣的理想構成極大的挑戰。[20]

因此，對柏林而言，卡耳的歷史研究取向絕不客觀。卡耳大概認為，倘若他真有偏見的話，那麼也是最合適的偏見。柏林顯然是不同意的。

一九五三年，柏林詳述了他的史觀，以更含蓄的方式繼續他對卡耳的抨擊。他的傳記作者麥可‧伊格納蒂夫，將柏林那年在倫敦政經學院孔德講座上發表的內容，描述為「他最根本之信念的一篇令人難忘的聲明」。該講座的內容作了擴充，後來以《歷史的必然性》之書名出版。柏林在演講中爭論說，人類的道德抉擇能力是獨特的，使其相對不受非人之力量的控制，而在柏林看來，像卡耳這樣的歷史學家，是錯誤地將非人之力量視為決定人類行為的力量。當然，柏林承認，這類的力量在特定的情勢下，的確抑制了人類的迴旋餘地。歷史學家的職責在於，弄懂那樣的迴旋餘地是什麼，辨識個人最終採取的行動過程之外，還有什麼其他可能的過程，而且據以評斷其行為。如同卡耳那樣，堅持過去已發生之事的必然性，也就是為我們自己當前的行動推卸道德責任[21]。

卡耳不是對這類批評示弱的人。在《泰晤士報文學副刊》上的一篇關於該演講的評述中，他堅持說，「歷史學家本身的明確功能，不在於評判，而是在於解釋」。就像柏林實際上也承認，歷史學家總是在過去之中找尋意義和模式。

[19] Haslam, *The Vices of Integrity*, p.146.

[20] 以賽亞‧柏林在一九五〇年十二月十日的《星期日泰晤士報》（*Sunday Times*）上，對《布爾什維克革命》（*The Bolshevik Revolution*）的評論。

[21] Ignatieff, *Isaiah Berlin*, pp.205-6; Isaiah Berlin, *Historical Inevitability*（London, 1954）reprinted in Isaiah Berlin, *The Proper Study of Mankind: An Anthology of Essays*, edited by Henry Hardy and Roger Housheer（London, 1997）pp.119-90, here p.189; Haslam, *The Vices of Integrity*, pp.197-8.

編年史作家心滿意足地說，「事情一件接著另一件」；而使歷史學家為人稱道的則是「事情一件導致了另一件」的見解。其次，儘管歷史事件當然受到個人意志──不論是「大人物」或凡夫俗子的個人意志──的推動，但歷史學家勢必進到個人意志的背後，探究使得個人願意作出其所為的原因，也勢必研究能夠解釋個別行為的「因素」或「力量」。第三，儘管歷史不會重演，但它呈現一定的規律性，允許一定的通則，能夠充當未來行動的引導[22]。

這些論證，正是卡耳在《何謂歷史？》的若干段落中，對柏林之觀點作抨擊的理由。

偉大的劍橋歷史學家崔維廉[23]，以他極為成功的《英國社會史》之收益，以及他相當多的私人財富，創設了崔維廉基金。一九六一年，崔維廉基金的管理人要求卡耳接著羅茲[24]的開幕系列演講之後，擔任第二回的崔維廉講座時，他們希望建立一種傳統，亦即按照慣例，崔維廉講座的講者，是一位劍橋歷史系以外的人物，但又跟劍橋有一些過去或現在的關連。卡耳完全適合：他從不曾是劍橋歷史系的一員，不過，他是劍橋大學的畢業生，以及三一學院的院士──不久成為終身院士；在劍橋奇特的分雙叉結構裡，這意謂著他是那個有相當多財富和威望的自治學院之一員，但不是劍橋大學本身的受雇人員。他可以指導研究生，也指導過研究生；他有資格指導大學生，但他不是常態講課的歷史系成員。別的不說，當他承擔崔維廉講座的時候，他年近七十歲，早就過了退休年齡。

在要求卡耳擔任講座時，崔維廉基金的管理人希望他能討論蘇聯，那時，歷史系並未教授此一科目，而且歷史系的課程表，絕大多數還是集中在中古時代早期以來的英國史。不過，卡耳有不同的想法。一九六〇年三月，就像他在寫給他的朋友以撒·多伊徹[25]——史達林和托洛斯基的傳記作者——的信裡所言，「有相當一段時間，我一直在找尋一個機會，廣泛地對歷史作猛烈的抨擊」，「除此之外，也要回覆波柏、以賽亞·柏林等人關於歷史的愚蠢評論。」[26]在《何謂歷史？》中，他兌現了他的諾言，甚至做了更多。他在一九五九年的九月十日到十月十一日，從倫敦到舊金山的一趟海上航行期間，開始起草講稿；一年後，從一九六〇年九月二十七日開始，又重新擬了稿。從一九六一年一月到三月，這些演講一週接著一週在劍橋開講，在英國廣播公司電台上重播，而且以刪節的形式，刊登在英國廣播公司的週刊雜誌《聽眾》。這些演講比起先前之後的任一回崔維廉講座，可能都更廣泛地受到公眾的注意[27]。

[22] E. H. Carr, 'History and Morals', *TLS*, 17 December 1954.

[23] 譯按：崔維廉（G. M. Trevelyan, 1876-1962），英國歷史學家。

[24] 譯按：羅茲（A. L. Rowse, 1903-1997），英國歷史學家、莎士比亞專家、傳記作者。

[25] 譯按：以撒·多伊徹（Isaac Deutscher, 1907-1967），作家、政治評論家。生於波蘭，流亡於英國。關於史達林的傳記，參見 Isaac Deutscher, *Stalin: a Political Biography*, New York: Oxford University Press, 1949。關於托洛斯基的傳記，多伊徹撰有三部曲，參見 Isaac Deutscher, *The Prophet Armed: Trotsky, 1879-1921*, New York: Oxford University Press, 1954; idem, *The Prophet Unarmed: Trotsky, 1921-1929*, New York: Oxford University Press, 1959; idem, *The Prophet Outcast: Trotsky, 1929-1940*, New York: Oxford University Press, 1963。

[26] Carr to Deutscher, 29 March 1960，引自 Haslam, *The Vices of Integrity*, p.188。

[27] Haslam, *The Vices of Integrity*, pp.189-92.

作為一位有很多媒體關係的新聞工作者，卡耳跟英國廣播公司有直接的門路。由於他有清楚的意圖，想確保演講內容得到公眾最大的注意，因而他運用了為報刊撰稿多年所練就的各種技巧，以新聞界的方式撰寫講稿。無疑地，從一開始，這些演講就是針對廣大得多的觀眾，而不是聚集在劍橋米爾巷講座廳的那些人。卡耳引入以賽亞．柏林，不僅因為兩人之間持續的論辯，也因為他知道，聽眾熟悉他的名字。在他們的時代，這兩人在公眾的知識生活中，都是知名的人物。這兩人都是電台經常出現的廣播員。電台是一九五〇年代最受歡迎的廣播媒體，那時尚未被電視超越，而且有些人會爭辯說，電台更適合傳送和討論複雜的論證和觀念。英國知識界在一九六〇年代的初期，圈子還是相當的小；僅有少數人曾在大學求學過，歷史學界的規模，仍舊小到大部分歷史學家因有私人關係而彼此認識；而媒體——包括《泰晤士報》、英國廣播公司第三台和《泰晤士報文學副刊》——上的學術論辯，仍然受到經過挑選的一群公眾人物的把持，柏林和卡耳都屬於這一群體。一位外部的觀察家評論說，「英國知識界的狹隘性、上流階級獲得報紙和期刊篇幅的方便性（的確，報刊也鼓勵有爭議的素材），（以及）英國學者高度個人的、好辯的本性」，造成的影響乃是賦予英國知識界罕見的一致性，以及對公共論辯的特別偏好[28]。

因此，當卡耳的講座內容在《聽眾》發表的時候，其不可避免地在雜誌的讀者通信欄中，引發了評論。以賽亞．柏林對於他的劍橋朋友，像發連珠砲似的向他說傷人的話，尤其迅速地作出了回應。柏林聲稱，卡耳在演講中關於他的表述失實。他沒說過，決定論是錯誤的；他只是說，以非人之力量來為人的作為負責，是一種謬論。他也未爭辯說，探究人類行動的原因是錯誤的，而卡耳毫不懷疑地在演講中誇張地用這一論點來描述他的立場[29]。卡耳引用了《歷史的必然性》作為回應，大意是說，假使柏林認為，決定論跟個人責任是不相容的，那麼他必然相信決定論是錯誤的。況且，假使柏林認為，不對過去的個人作道德褒貶是錯的，那麼他必然認為對他們作道德評判是對的[30]。

柏林對卡耳的回覆，重複指控說卡耳關於他的表述失實。同時，他重申他的觀點，決定論的論證是不具說服力的：

> 決定論主張說，個人（或者說，實際上任何）的行動，早晚會完全受到可辨認之原因的控制，此一見解與對於個人責任所具有的信心並不相容。……我看不出有什麼理由否認說，人在大半不是自己選擇的情況中，擁有一種有限度的個人行動自由[31]。

最後這句話，把卡爾・馬克思——柏林和卡耳在一九三〇年代的傳記研究主題——的一句

【28】Ved Mehta, *Fly and the Fly-Bottle. Encounters with British Intellectuals*（London, 1963）pp.93-4.
【29】Isaiah Berlin, *The Listener*, 18 May 1961，讀者通信欄。
【30】E. H. Carr, letter, *The Listener*, June 1961
【31】Isaiah Berlin, letter in *The Listener*, 15 June 1961.

著名格言，靈巧地改述成相同的旨意[32]。事實上，那只是柏林在《歷史的必然性》中所說過的話而已。卡耳在這個點上努力證明他對柏林的曲解是正當的時候，覺得自己陷入了窘境，而在一封一九六一年六月二十七日寫給朋友的私人信函裡，不得不承認，他「大概誇大了我的論據」，或許由於冷戰戰士對其《蘇俄史》的抨擊，他對作品遭到粗糙決定論的指控多心了。雖然如此，他堅持說，柏林的論證仍然傾向於否認決定論的有效性，宣稱對歷史作道德評判的必要性[33]。柏林的回應是說，他只承認，對歷史學家而言，道德評判是可允許的；他並未聲稱，那是一種本分[34]。這兩人的立場，似乎逐漸趨於一致。

然而，柏林並未停止他對卡耳的抨擊。在另一封寫於一九六一年七月三日的私人信函中，他暗示說，大部分的歷史學家真的在從事道德評判。他引用卡耳對列寧的敘述作為一個範例——他把列寧描繪成進步的，當然暗含著道德認可，就像他把其他個人描述為反動的，也暗含著道德責備。他要求卡耳在書籍版的講稿中承認，他確信柏林並未持有《何謂歷史？》中聲稱是柏林持有的所有觀點。不過，卡耳拒絕了，說道出版的流程已進行太多，一切都太遲了[35]。這為重新開啟更大規模的戰事，開闢了道路。

三

一九六二年一月五日，柏林在《新政治家》雜誌上評論《何謂歷史？》。此時，他不是針對他認為卡耳對他自己的觀點表述失實之處，重新開始論辯，而是對卡耳的一些核心論題，發動更廣泛的抨擊。卡耳爭辯說，解釋過去時必須使用理論，而且描述歷史中行動者有意識的動機和願望，並不足以說明行動者做了什麼。不過，柏林問道，列寧有意識的動機和願望，一定是布爾什維克革命的重要因素嗎？如果史達林比列寧更早去世，那麼蘇聯歷史隨後的進程一定會不同嗎[36]？以撒．多伊徹在《泰晤士報文學副刊》上的一篇關於《何謂歷史？》的書評，也同樣問道：「如果偶然因素〔如同卡耳聲稱的那樣〕更動了事件的進程，但並未更動了歷史學家的『重要原因的等次』（hierarchy of significant causes），那麼那樣的等次沒有什麼問題嗎？」[37]卡耳最終承認，多伊徹的論證有點道理。一九六三年，他寫給以撒．多伊徹的信中提到，「『偶然』（accident）一詞是不幸的」：

[32] Isaiah Berlin, *Karl Marx: His Life and Environment*（London, 1939）; E. H. Carr, *Karl Marx: A Study in Fanaticism*（London, 1934）。譯按：前者中譯本，參見趙千城、鮑世奮譯，《馬克思傳》，台北：時報文化，一九九〇。

[33] Carr to Berlin, 27 June 1961, in University of Birmingham Library Special Collections, Box 11。在本篇導論裡，除非用別的方式指出，不然所有提及的卡耳私人信件，都是這個檔案中的文件。

[34] Isaiah Berlin, letter in *The Listener*, 15 June 1961.

[35] Berlin to Carr, 3 July 1961, and Carr to Berlin, 18 July 1961，兩者皆引自 Haslam, *The Vices of Integrity*, p.201。

[36] Berlin, 'Mr Carr's Big Battalions', *New Statesman*, 5 January 1962, pp.15-16.

[37] 'Between Past and Future', *TLS*, 17 November 1961, pp.813-14。關於確認評論者的身分為多伊徹，參見 Haslam, *The Vices of Integrity*, pp.204-5。

嚴格來說，列寧之死不是一個偶發事件。毫無疑問，它有非常明確的原因。但這些原因屬於醫學，不屬於歷史研究。不過，在我看來，很難說這些原因——儘管與歷史無關——不影響其進程。縱使你堅稱，從長遠看，所有的事情或許結果是大同小異的，然而，還是有重要的短程事情，而且對許許多多的人有很大的影響。……當然，如果歷史……只是一系列枝節的「偶發事件」，那麼它就完全不能成為一門嚴肅的學科。但事實上，歷史從屬於充足的規律性，使其成為一門嚴肅的學科，儘管這些規律性有時會遭到枝節因素的打斷或擾亂[38]。

稍後，在《新左評論》的編輯培里．安德森所做的訪談中，談到為了完成其《蘇俄史》，卡耳在這一點上，還進一步修正了他的觀點。他堅持說，要是列寧活著的話，仍然會急匆地讓蘇聯進行工業化和集體化。不過，他從來不會把歷史文件竄改到史達林那樣的地步，他會努力「減低、緩和高壓政治的成分」，不像史達林那樣把它極大化。卡耳對於列寧持這樣的看法，可能太過於樂觀了；但他也確實承認，人格對事情發生的方式有若干影響，儘管仍舊堅持說，人格對整個發展趨勢幾乎沒有影響[39]。

卡耳對因果關係的敘述，在其他方面也是不能令人滿意的。華許是一本廣受採用之歷史哲學教科書的作者，就像他所評論的：「對因果關係的整體討論……遭到損害，因為他未能問道，對歷史原因的找尋，究竟是實用性，還是理論性。」[40]從根本上看，這是因為卡耳思想的形成期，不是在學院的象牙塔，而是在外交部門和外交部的現實世界中度過的，在那種環境裡，除非是能對政策形成作出貢獻的事物，不然不會引起直接興趣的。卡耳從未擺脫此一假設——歷史原先的目的就是為政策提供指引。不過，泰勒[41]問道，「為什麼有關我從何而來的知識，就該告訴我從何而去？」[42]中古史專家傑佛瑞．巴拉克洛夫的戰時服役，使他轉而認為研究當代史更為重要；他更詳盡地表達了相同的基本論點：

> 有時，卡耳先生好像離此一信條——歷史係為滿足社會需求而存在——很近，十分危險。倘若如此，他是把歷史跟神話弄混淆了。社會需要的——而且往往得到的——不是歷史，而是神話，因為神話是使得整個社會結合在一起的維繫紐帶。一如卡耳先生所竭力主張的，正因為歷史是理性的，其本質上是個人的、反社會的[43]。

巴拉克洛夫重複了一個廣為接受的觀點：歷史學家的功能乃是戳破神話，而非創造神話。

【38】Carr to Isaac Deutscher, 17 December 1963.

【39】E. H. Carr, *From Napoleon to Stalin*（London, 1980）pp.262-3.

【40】W. H. Walsh, in *English Historical Review*, July 1964（卡耳檔案中的剪報，第二十八箱）；亦參見氏著，*An Introduction to Philosophy of History*（3rd edn, London, 1967）。譯按：中譯本，參見王任光譯，《歷史哲學》，台北：幼獅，一九七三；何兆武、張文杰譯，《歷史哲學：導論》，桂林：廣西師範大學出版社，二〇〇一〔一九九一〕。

【41】譯按：泰勒（A. J. P. Taylor, 1906-1990），英國歷史學家和新聞工作者。

【42】A. J. P. Taylor, 'Moving with the Times', *The Observer*, 22 October 1961.

【43】Geoffrey Barraclough, 'Historical pessimism', *Guardian*, 20 October 1961.

卡耳在《何謂歷史？》中論證說，歷史學家感興趣的原因，僅是能對制訂未來政策有用的原因；此說乃是該書最無說服力的論證之一。歷史學家調查原因，以解釋發生了什麼。儘管卡耳堅持說，更廣泛的原因和脈絡，對這一類的解釋是必不可少的，這一點無疑是對的，但他暗示說，對於指引未來行動無益的任何原因——不論更廣泛與否——都該被忽略，這一點在思想上則沒有正當理由：這正是為了政治利益操縱歷史，也是他如此嚴厲地譴責史達林及其追隨者的地方[44]。

凡爾賽合約（1919 Peace Settlement）是現代最災難性的國際合約之一，作為一位參與協商的人，卡耳可能也了解到，當人們從歷史中記取教訓的時候，他們經常記取到錯誤的教訓。關於未來的發展和未來的事件，歷史是個相當蹩腳的預言者。在不遺餘力想把歷史有預測能力的想法，從其貶低者那裡營救出來時，卡耳將歷史定律（laws）跟歷史通則（generalizations）弄混淆了。科學定律並非僅僅宣稱，有一個只有少許例外的模式：科學定律以必然性的前提，作準確的預測，因此，舉例來說，當兩種特定的化學藥品一起放入坩鍋時，它們不可避免地總是會以一種特定的方式反應。歷史學家所能做的就是概括，而且努力找出能跟歷史證據適度搭配的模式；但是，歷史學家無法運用這些通則和模式去預測未來，因為它們總是有例外。再者，通則愈大，就愈可能有例外。就像卡耳也同意的，歷史學家運用了假說，好比說馬克斯・韋伯[45]的著名理念：新教與資本主義興起之間有某種關連；不過，當歷史學家讓假說跟歷史證據較量時，他們從不期待能證實全部的假說。因此，假說從來就無法成為定律。

在卡耳的觀點裡，寫作與研究的過程，是假說與證據之間的一種連續不斷的互動。他把寫作與研究的過程，視為是同時發生的，而非連續的過程，在某種程度上是他個人習性的一種反映。往往有這樣的描述，說他坐在起居室的一張椅子上，旁邊有大小不一的紙張圍繞著，當他寫下他的想法，開始作整合時，這些紙張便在椅子的四周聚積了起來[46]。卡耳為從未能完成的第二版《何謂歷史？》所做的筆記，收藏於伯明罕大學圖書館卡耳檔案的文書夾。任何想知道這到底有多麼凌亂的人，只需要開啟這些文書夾就可以了，因為這些筆記似乎是隨意在各種不同大小的紙張上潦草寫成的東西，全部都沒有明顯次序。在文書處理軟體的時代，這樣的作風似乎是非常原始的；而且也不像（比如說）偉大的歷史學家艾德華．吉朋[47]有條不紊的工作習性。吉朋在腦海裡構思每一個段落時，會在房間裡來回地走來走去，直到準備就緒，可以一字不差、不用再次修改，便寫在紙上。雖然如此，卡耳的作風似乎也不到異乎尋常的地步。有位傑出的歷史學家，盧埃林．伍德沃德爵士[48]，在寫給卡耳的信中描述說：

> 關於一個主題，我也總是從您所謂的最主要材料之中，閱讀到所需的最低限度，就開始下

[44] *What is History?*, pp.100-2.
[45] 譯按：馬克斯．韋伯（Max Weber, 1864-1920），德國政治經濟學家、社會學家。
[46] John Carr, 'Foreword', Cox（ed.）, *E. H. Carr*, p.ix.
[47] 譯按：艾德華．吉朋（Edward Gibbon, 1737-1794），英國歷史學家。
[48] 譯按：盧埃林．伍德沃德爵士（Sir Llewellyn Woodward, 1890-1971），英國歷史學家。

筆，而且我也幾乎都是從中間或結尾著手，沒有條理性的計畫或一大捆的筆記。我毫無疑問地認為，這是一件不體面的事情。當我閱讀得更多時，就不斷地增添、修改草稿，也更改我的見解，我也以為，像我這樣的作風——一種輕率又激動的凌亂——配不上歷史學家這一名稱。看到像您這樣名副其實的歷史學家，作為與我相彷，我感到極大的欣慰[49]。

儘管這兩位歷史學家在寫作習性上，可能比大部分的歷史學家更加缺乏條理，但卡耳所描述的一般原理——研究與寫作，至少在圖書館和檔案裡作探究的初期階段結束之後，形成了一個連續不斷的互動過程——可能是大部分歷史學家會認可的一個原理，而且有很多可取之處。

四

針對卡耳的因果關係概念及其對歷史脈絡之重要性的堅持，柏林所作的批判，引導到了或許是他跟卡耳的爭執中最重要的方面，也就是卡耳的客觀性概念。根據柏林的說法，客觀性能夠在歷史學家的方法中找到；它不是一種歷史學家的詮釋問題。客觀方法的測試，乃是「其結果是否能夠藉由許多位觀察者，而非一位觀察者的觀察，來加以查核；論證的邏輯是否有內在的一致性；是否足夠廣泛地受到那些聲稱有專門知識之人的接受，而那些知識是能夠從經驗層面加以測試的」。他繼續說道，根據這些標準，法國自由保守派歷史學家阿勒威和他的俄國對應人物克柳切夫斯基——他們跟落敗的沙皇政權，而不是其布爾什維克繼承者，站在一方——是客觀的，而美國進步史觀的比爾德和蘇俄歷史學家波克羅夫斯基則不然，儘管他們認同變遷的力量。然而，卡耳卻將進步性等同於客觀性。他對客觀歷史學家所下的定義乃是，客觀歷史學家有「思考未來的能力，如此一來，讓他比起看法完全受到自己當前之處境限制的那些歷史學家，對過去有更深刻、更持久的了解」[50]。不過，就像一位批評家所言：

> 未來變成了過去之後，這位或那位歷史學家是否有未來框架的這類問題，不必然在決斷上就會比起歷史學家同時代人所作的立即決斷要來得正確。這類問題在未來的不同時代，由於提問不同問題、滿足不同目的，不同批的評判員（judges）會作出不同的決斷[51]。

更簡單地說，事件很可能會證明，歷史學家的未來願景不成立，的確，就像卡耳自己的未來願景，沿著蘇聯式計畫經濟的路線作構思，且毫無疑問地在社會民主方向上作修改，然而，到目前為止這已經證明是不成立的。卡耳無法（也並未）設想共產主義的瓦解和蘇聯的終結，而這些事件宣告他的客觀性觀點，並非按照準馬克思主義的未來願景，對過去作分析。

---

[49] Woodward to Carr, 9 May 1961.
[50] *What is History?*, p.117.
[51] J. D. Legge（Monash University），卡耳檔案中的書評剪報。

在柏林的觀點中，卡耳的客觀性概念有第二個瑕疵，而那個瑕疵就在他對進步的定義中。柏林指控說，卡耳認為，「凡發生的事情都是合理的，因為它發生了——我們知道，我們已經經過的階段，有著正確的目標，只因為那些目標被實現了」。進步乃是「不論哪些人掌權，其實都會實現」。卡耳總是站在強者那邊[52]。其他的評論者，特別是崔佛—羅普[53]，吸收了這個論點。崔佛—羅普那時是牛津大學現代史欽定教授，也是反對左派人士的著名論辯家，他指控說，

> 對卡耳而言，「客觀性」不是意謂著該詞語在迄今人們所接受之意義上的「客觀的」——亦即，中立的、不動感情的、公正的——而是正好相反，意謂著致力於即將獲勝的那邊：致力於強者那邊。……《蘇俄史》最明顯的特徵是什麼呢？是作者毫不猶豫地將歷史與勝利原因等同起來，他毫不留情地摒棄反對者、受害者，以及沒有留在潮流或引導潮流的所有人。列寧「本可實現而未實現之事」（might-have-beens）、列寧的路線偏差分子、列寧的競爭對手、列寧的批評家，都被化約成無足輕重，拒絕給予公正待遇，不論是被聽到之機會或篇幅，因為他們下錯賭注。歷史證明他們是錯誤的，而歷史學家的基本任務，就是站在歷史的那一邊。歷史覺得不夠格當政治人物的那些人，甚至當作事實證詞以便讓他們受譴責也不可以聽取。無論他們相信什麼，他們看到什麼，他們說了什麼，都是不相干的事，他們的聲音遭到壓制，而且是帶著輕蔑地壓制。自從最粗野的神職人員偏執的年代以來，沒有歷史學家用這麼教條的冷酷無情來看待證

據。甚至在那些年代，也沒有歷史學家把這類教條主義提升成為史學理論。

崔佛—羅普指出，一九三〇年代，卡耳「對成功的庸俗崇敬」（vulgar worship of success），清楚表現在他支持對希特勒統治下之德國採取綏靖政策；如今，他把這種崇敬轉移到史達林統治下之俄國[54]。

在來自各方面針對《何謂歷史？》的抨擊中，崔佛—羅普的抨擊，顯然是最凶猛的。如同一位評論者指出的，他「有列舉歷史學家缺點的天賦」，但下手時「沒有絲毫的同情。在讀懂他的話之後，吾人納悶，究竟為何要寫這些書，為何有人閱讀它們，為何有人嚴肅看待它們」。在他的手中，批評並未導致「我們理解力的提高」；它僅是「一種破壞的工具」[55]。然而，不管他的爭論風格有多麼過火，崔佛—羅普提出了一個重要的論點。其他的評論者，甚至政治立場通常被歸為左派的那些人，也評論說，卡耳「傾向於接受，在歷史上已經發生的事情就是正當的」[56]。一如泰勒所指出的，變遷跟進步不必然是同一回事：

【52】Isaiah Berlin, 'Mr Carr's Big Battalions'.

【53】譯按：崔佛—羅普（H. R. Trevor-Roper, 1914-2003），英國歷史學家，以研究英國近代早期及德國納粹時期而聞名。

【54】H. R. Trevor-Roper, 'E. H. Carr's Success Story', *Encounter*, May 1962, pp.69-77, esp. pp.75-6.

【55】Mehta, *Fly and the Fly-Bottle*, p.117.

【56】April Carter, 'What is History?', in *Peace News*, 8 December 1961, p.8.

史達林消滅富農（kulaks）是情有可原的，因為其有助於產生已發生的事情，也就是說，蘇聯目前的實力。（類推之下，儘管卡耳先生沒這麼說，不過），希特勒消滅猶太人並非情有可原的，因為德國現在不是世界強權）。……怎麼能夠證明一些事情發生是正當的，或者，就此而言，不正當的呢[57]？

這些批評中有很多這類的看法。實際上，泰勒的論點是說，卡耳嚴格地排除了歷史中的道德評判，會被用來支持有權勢的人、歷史的勝利者，以及以進步之名恣意壓制大眾的那些人。由以下事實看來，的確非常諷刺：卡耳的早期著作專注於歷史上相當引人注意的一些失敗者，諸如俄國平民主義者赫爾岑，或者，無政府主義者巴枯寧；前者的一生大部分在流亡中度過，而後者在歐洲各地的許多越軌的革命行動，是枯燥冗長的失敗與羞辱之故事。一九六〇年代早期，蘇聯似乎在財富和權力上與美國匹敵，要是蘇聯像納粹德國那樣瓦解了，後果會怎麼樣呢？這會突然使得消滅富農在道德上不再情有可原嗎？

卡耳半信半疑地看待所有的這些批評。他告訴一位訪談者，崔佛－羅普「如此輕易地饒了他」，他覺得「委屈」。他很失望，因為這是一場「失焦的辯論」。崔佛－羅普與柏林都不具有任何的未來願景；他們兩人都回顧過去的某些黃金時代，儘管很難說崔佛－羅普是指哪個時代，「因為他在那方面的討論，不足以讓人看出」[58]。然而，卡耳認為，好的歷史學家不僅會藉由思考某一想像的未來，或許更理所當然，也會藉由確認其成見的性質和範圍，來克服他們自己時代的局限。這種建議倒也有些道理。當然，要是歷史學家自我意識到其政治出發點和思想出發點，那麼他們會寫出更好的史著。然而，卡耳認為，歷史學家無法跳脫他們自己時代的影響。這一點與他的論證有重大的抵觸。一如泰勒的評論：

> 「什麼樣的時代就有什麼樣的歷史學家」，這個一般原理實際上未被證明有效，或者說，效果如此不規則，以致於無絲毫原理可言。就如同卡耳先生所建議的，在現今的英國，受過教育的階級對未來和對自己沒有信心的時候，毫無疑問就只能有保守派歷史學家。……那麼，我們這個幻想破滅的年代，怎麼會有卡耳先生，乃至於我呢[59]？

卡耳並不覺得這一點難以回答：他說，「不同類型的歷史學家，意見不一的人們，因為個人因素——家庭環境、學校和大學，等等——能夠出自相同的社會。」他想要解釋的是一般傾向，而非個別的特性[60]。

---

[57] Taylor, 'Moving with the Times'。富農是所謂的富裕農民，其在一九三〇年代早期，反對史達林的農業集體化，導致他們被蘇聯政權集體放逐、監禁和處決。

[58] Mehta, *Fly and the Fly-Bottle*, pp.156-61.

[59] A.J.P. Taylor, 'Moving with the Times'.

[60] Mehta, *Fly and the Fly-Bottle*, p.158.

其他的批評家指出，《何謂歷史？》似乎傾向於爭辯說，所有的歷史都是主觀的，這與《蘇俄史》的風格與內容相抵觸，因後者幾乎是過度客觀的、經驗的（empirical）[61]。誠然，卡耳的傳記作者強納森．漢斯蘭已指出，「他對歷史學之性質的反思，與他從事其專業的方式之間，有一種古怪的分離」。實際上，卡耳自己在回應下述批評時，承認有這樣的分離；他遭到批評說，他的史觀沒為失敗者留個餘地，因他在《蘇俄史》中幾乎沒有注意到他們。他則回覆說，「錯在我的史著，而不是錯在我的歷史理論。」[62]這種分離在很多方面，還是風格的問題多過於內容。《何謂歷史？》乃是苦心地為電台的播送和《聽眾》上的刊載作準備的，此舉間接表明該書實質上應該算是卡耳的新聞寫作。誠然，這是為何它與《蘇俄史》的大部分篇幅不同，如此具有可讀性和趣味性。不過，儘管有時似乎是如此，但卡耳在《何謂歷史？》中並不是毫無節制之相對主義的提倡者，而《蘇俄史》雖說其細節上是強烈的經驗主義，卻是用以賽亞．柏林所認為非常有偏見的模子鑄出來的。就像強納森．漢斯蘭的評論，冷戰的緩和意謂著，卡耳在一九六一年時覺得，他不像十年前左右，亦即危機四伏的時代，在《泰晤士報文學副刊》上的文章那樣，有比較強的義務要捍衛傳統自由主義歷史學家對「事實的崇高」（the sanctity of facts）的信念[63]。不過，最主要的一點是，他心底裡仍然相信歷史學家能夠克服其時代的主觀性，他們也有做到的能力，縱使他表達此一信念的方式，遭到一些人正確地批評說，其本身就是有高度的主觀性。

雖然如此，卡耳提示說，歷史學家深入研究檔案時，都帶有某種個人概念上、思想上和政治上的包袱，如今已是歷史學門的基本概念素養的一部分，而他警告說，歷史學家所使用的史料也有其自身的偏見，則激怒了他那時代歷史學當權派的更保守成員。甚少英國歷史學家會如此留心他在《何謂歷史？》中所提出的議題。到了卡耳作演講的時候，垂垂老矣的崔維廉有其代表性。他寫信給卡耳，告訴他說，他一星期一次，叫人在家裡朗讀演講內容給他聽。顯然，崔維廉忘了羅茲已經發表過一回講座，他向卡耳表達了感謝，「你為以我的名字命名之講座的方向，做了一個很好的開頭」。不過，他補充說道：「六、七十年前，我閱讀黑格爾的《歷史哲學》時，覺得它是本相當糟糕的書，以致於我再也不曾花心思在歷史理論，而僅僅是實踐而已」[64]。

這類的觀點，在劍橋的歷史系裡頭很常見。私底下，卡耳認為，劍橋的歷史系「不是一個非常出色的歷史學社群」[65]。他在《何謂歷史？》裡，把一些注意力放在抨擊該社群最重要的人物之一，亦即，時任近代史教授的赫伯特．巴特菲爾德[66]，因為很多年以前，卡耳本身未受到該教席的青睞。那個時候，巴特菲爾德出版於一九三一年的《輝格派的歷史詮釋》，被認為是一

---

[61] 'Between Past and Future'.

[62] Mehta, *Fly and the Fly-Bottle*, p.158; Haslam, *The Vices of Integrity*, p.211.

[63] Haslam, *The Vices of Integrity*, pp.194-6，引用 Carr, 'Progress in History'。

[64] Trevelyan to Carr, 15 December 1961.

[65] Carr to Isaac Deutscher, 16 November 1965，引自 Haslam, *The Vices of Integrity*, p.207。

[66] 譯按：赫伯特．巴特菲爾德（Herbert Butterfield, 1900-1979），英國歷史學家、歷史哲學家。

部重要的書籍，也是大學生的指定讀本。該書尤其連聲怒罵那些讓當今的信念塑造其對過去之詮釋的歷史學家。卡耳在他的演講中指出，巴特菲爾德在他後期的作品，就是做那樣的事。不過，他對劍橋歷史系的抨擊，則遠甚於此。卡耳強調了此一事實，他本身從來不曾是劍橋歷史系中的一員，他說他被「告知」，劍橋歷史系的成員沒有開授（舉例來說）俄國史或中國史的課程。大學部的教學課程現行的焦點，乃在於中古時代以來的英國史，他呼籲改革課程，擴大其焦點[67]。

卡耳的這些觀點，在劍橋歷史系的若干成員當中，得到若干的支持。他的演講證明是催化劑，促進該系藉由放棄英國史需必修的堅持，納入更廣的選擇餘地，納入大量的歐洲以外地區之歷史，努力改革課程。卡耳本身對這些方案提供了意見，但它們遭遇到強烈的反對，甚至劍橋的歷史系同意了修正版的方案之後，反對者還在大學評議會負隅頑抗，而且獲得部分的成功。雖然如此，模子還是打碎了；中古早期以來的英國史，由課程必修降低要求，也為漸進的變化開闢了道路；大約四十年後，使得社會史、印度和非洲史、性別史和文化史，成為劍橋的大學部歷史課的重要方向。牛津有類似的行動在進行中，而那裡的年輕基進分子，諸如馬克思主義歷史學家梅森[68]，便把卡耳的作品當成是一個導因，梅森藉由述評《何謂歷史？》，大聲疾呼反對牛津的大學部課程中「綿延不斷之英國史的沉悶的時代錯誤」，也成立了歷史革新小組（History Reform Group），而該小組十年後仍舊存在；然而，依循傳統的牛津，在此期間並未作出任何有意義的進步[69]。

五

到了劍橋課程改革方案送抵大學評議會的時候，五年過去了。嗣後不久，卡耳觀點的主要反對者，都鐸史家艾爾頓[70]，在一九六七年出版了《歷史的實作》，該書把他的異議集中在一起，做了有力的回擊。受到出版社的鼓勵，艾爾頓在他的書裡，以最強烈的措辭抨擊卡耳的《何謂歷史？》，痛斥他對歐洲以外地區之歷史的擁護、他的「歷史有目標和意義」之論點，尤其是他認為，歷史學家將他們自己的觀念和先入之見帶入其作品，而艾爾頓將這個觀點描述為「有害的胡說八道」，其帶來了「極端相對主義」，使得「歷史學家成為歷史的創造者」[71]。當然，艾爾頓在此是言過其實；不帶偏見的《何謂歷史？》讀者不可避免會注意到，卡耳相信，首先，撰寫歷史時，歷史學家應該努力克服其個人成見；其次，歷史學家所處理的證據和材料，限制了他們可能想說的事情。在他的觀點裡，歷史研究是歷史學家與史料之間的一種互動，不是歷史學家主動而史料被動的一種單行道。如果卡耳是個相對主義者，那麼他當然稱不上是極端的相對主義者。艾爾頓強有力地爭辯說，歷史學家必須聽從材料的說法，避免把任何

[67] *What is History?* pp.36-7 and 145-7.

[68] 譯按：梅森（T. W. Mason, 1940-1990），英國新左派歷史學家。

[69] Tim Mason, 'What of History?', *The New University* 8（December, 1961）, pp.13-14.

[70] 譯按：艾爾頓（G. R. Elton, 1921-1994），英國歷史學家。

[71] G. R. Elton, *The Practice of History*（Sydney, 1967, reprinted London, 2001, with an Afterword by Richard J. Evans）, pp.170-1.

現在的觀念輸入到材料；不過，這是相反方向的極端主義，其並未回答這一關鍵問題，亦即，歷史學家怎樣選擇他們處理的文獻和他們研究的主題，而艾爾頓本身對這一問題，從未提供任何讓人滿意的答案[72]。

對卡耳立場所作的一個更有效的批評乃是，他在判斷什麼是歷史事實時，太過於注重歷史學家。卡耳在《何謂歷史？》裡選取的例子，是維多利亞時代的早期，有個薑餅小販在集市上，遭到一群酒醉民眾的殺害。他說，由於卡耳三一學院的同僚喬治・基特森・克拉克[73]在一本書中提到過，而使此事變成了歷史事實。這個例子或許是不恰當的，因為後來對這件事的調查證實，當時的資料並未提及任何這類的事情。相反的，這些資料著重在我們所提及的集市上的酒醉暴行，幾乎是不存在的。在這個例證上，卡耳對於基特森・克拉克所使用的高度可疑之資料——馬戲團主喬治・桑格「勳爵」更後來的回憶錄——判別能力不足[74]。因此，幾乎沒有證據顯示，卡耳所指的究竟是哪一類的事實。雖然如此，是有理由聲稱，如果此事確實發生過，其事實性是獨立於任何歷史學家表現出來的認知過程。

《泰晤士報文學副刊》上的評論者（以撒・多伊徹）吸取了這種觀點：成千上萬的猶太人遭納粹滅絕，是一個歷史事實，不管歷史學家是否討論過它。他也指出，卡耳使用山的類比時，他實際上便是承認了這一點。卡耳寫道，「我們不能因為一座山，從不同角度可看出不同的輪廓，就推論說，就客觀而言它要嘛根本沒有輪廓，要嘛就有無限的輪廓。」多伊徹繼續提出說，應推出的論點是，山所擁有的輪廓，事實上是獨立於觀察者觀看它的方式。而卡耳本身也接受這一點。他繼續說道，歷史學家提及的事實，不僅必須根據精確性，而且也必須根據加入進來的與主題和論證相關的所有可知之事實。卡耳的保守派對手對他最常作的一個指控，亦即，徹底的相對主義，因而是相當離譜的[75]。

不過，歷史學家怎樣取捨事實呢？卡耳認為，最好的取捨方式是根據自覺的理論運用，而不是像艾爾頓在他自己討論都鐸政體的作品那樣，動員不自覺的成見。艾爾頓是個不折不扣的強硬保守派。不過，卡耳對社會學理論的興致是有限度的。若干年後，他寫給經濟史家波斯坦的信中說道：

> 我承認，很多當今的歷史學家是無生氣的，因為他們沒有理論。不過，他們缺乏的理論是歷史理論，不是從外部遞送來的理論。我們需要的是一種雙向道。我不需要告訴你，歷史學家必須向經濟學、人口統計學、軍事等方面的專家學習什麼。不過，經濟學家、人口統計學家等等也會消亡，如果他不在較寬廣的歷史模式裡工作的話，而這種模式只有「全面性的」歷史學家能夠提供。一如我以前說過的，問題在於，歷史理論本質上是關於變遷的理論；只有穩定的歷史均衡

---

[72] Ibid., pp.176-81.

[73] 譯按：基特森．克拉克（George Kitson Clark, 1900-1975），英國歷史學家。

[74] 相關細節，參見 Evans, *In Defence of History*, pp.76-9。

[75] 'Between Past and Future'; *What is History?*, pp.20-1.

中附帶的或「專門的」變遷，才是我們生活的社會想要的，或能夠不情願地接受的。因此，就從歷史躲進了「經濟領域的專門化」[76]。

到這時候，根據他為可能問世的第二版《何謂歷史？》所保留之筆記和剪報的文書夾來作判斷，卡耳相較於他一九六一年時，走得距馬克思主義立場更近一些[77]。他所謂的「歷史理論」，因此最有可能是馬克思主義。然而，不管他認為什麼理論才是合適的，他從未以顯而易見的方式，將理論用在他自己的作品。儘管他爭辯說，經濟和社會因素在歷史上是有決定性的，不過，在他的《蘇俄史》中，兩者僅僅作為政治變遷的決定因素而出現。他可以把布爾什維克革命，描述成是一場由下層發動的人民革命，不過，他對於分析如何或為何是如此，並非真的有興趣。

諷刺的是，讓他和艾爾頓感興趣的，是同一件事情，亦即，政府和行政機構的運作。從根本上說，兩人皆有一種菁英史觀。卡耳不僅摒棄歷史上的失敗者，而且也將有史以來絕大多數的人類，摒棄為引不起歷史學家的興趣，因為他們對歷史變遷的過程沒有絲毫貢獻，在此卡耳的菁英主義——他對政府而非被統治者的認同——完全顯露無遺。「無疑地」，一位批評家抗議說，「歷史學家把精力集中在政治和經濟上的弱勢者或戰敗者時，他們並未喪失其頭銜或拋棄其職責」[78]。然而，舉例來說，卡耳斥責俄國農民階級，是「一群原始、狡猾、愚昧和粗野的農民」，而且堅持說，蘇聯「政權的原始設計——乃為了教導農民將農業機械化、現代化和組織化——是相當合理而又開明的」：它實在是太烏托邦了，由於派了少數品質低劣的人去執行，因而「當他們遭遇到農民的愚蠢和農民的頑固時」，便導致了悲劇性的暴力[79]。

這種對普通百姓抱持相當官僚的看法，很快就變得過時了，因為歷史學家自一九六〇年代中期以來，將注意力轉到——引述一下湯普森[80]《英國工人階級的形成》[81]的著名說法——「從後代那種無比傲慢的態度中」，拯救出歷史上的窮人和無產者，而該書就在卡耳的演講之後兩年，也就是一九六三年出版。《何謂歷史？》的確是寫於英國歷史學識革命的前夕。更重要的是，這是在一九六六年《泰晤士報文學副刊》的三個專輯中表明的，許多歷史學家在專輯上的文章，不僅表明歐洲以外地區之歷史和社會經濟史的重要性，而且也表明需要研究過去似乎愚昧、受矇騙的人，也需要運用現代社會理論，從理性角度解釋其行為[82]。

【76】Carr to Postan, 3 December 1970.

【77】E. H. Carr, *What is History?*（2nd edition, ed. R. W. Davies）, esp. pp.lxxviii-lxxxiii；卡耳檔案，第十一箱：卡耳刊載於一九一七年六月十一日《泰晤士報文學副刊》上的一篇文章之打字稿（敦促英國歷史學家研究馬克思）。

【78】Morton White, 'Searching for the Archimedean Point', *The New Leader*, 14 May 1962.

【79】Carr to Moshe Lewin, 24 January 1967.

【80】譯按：湯普森（E. P. Thompson, 1924-1993），英國歷史學家。

【81】譯按：中譯本，參見錢乘旦等譯，《英國工人階級的形成》，南京：譯林出版社，二〇〇一；賈士蘅譯，《英國工人階級的形成》，臺北：麥田出版社，二〇〇一。

【82】'New Ways in History', *TLS* 7 April 1966, 28 July 1966, 8 September 1966。亦參見 Tim Mason to R. W. Davies, 20 February 1984，有關歷史工坊（History Workshop）運動對於卡耳的批評。

六

因此，在一些關鍵方面，卡耳的觀點並未經受住時間的考驗。他從目的論層面加以工具化的客觀性概念、他的政策取向的因果關係理論、他對民眾史高傲的蔑視、他不自覺地認同統治者而非被統治者、他徹底又傲慢地摒棄偶然性和可能性之角色、他把歷史定律跟歷史通則混淆在一起、他教條地完全摒棄歷史的道德評判成分、他堅持歷史有意義和方向——卡耳在《何謂歷史？》的這些方面論證，並未得到後來歷史學家的太多贊同。

再者，最近卡耳的觀點遭到另一個方向，也就是後現代的極端相對主義者（hyper-relativists）的強烈抨擊，他們相信，他對英國經驗主義做了太多的讓步，而許多評論者認為，經驗主義對他的書有重大的影響[83]。一位後現代主義者指摘卡耳是「知識論上的保守派」、「堅定的客觀主義者」，以及倡議「有助於經驗主義史學方法」之理念和方法的人[84]。另一位則強烈譴責卡耳是「客觀性乃至真理」的擁護者，「確定主義」、「缺乏反觀性」，以及「過於天真，今日毋庸嚴肅看待」[85]。就像論者所言，這是「撲滅運動的語言」[86]。當然，一如這些批評家所指出的，卡耳的作品中有若干矛盾，而且就像我們已經了解的，不可否認，在某些方面它已經是過時了，或者說，不久就會過時了。然而，他們把卡耳描述成一位頑固不化的經驗主義者，就像艾爾頓把卡耳描繪成一位過時的相對主義者那樣，都是扭曲的。讓這本書如此吸引人的原因之一，正是在於經驗主義與相對主義之間的不安，也即卡耳最終沒能解決的一種不安。

不可否認地，思想的變化追趕過卡耳的地方，一直是在語言和文本性（textuality）的領域，而那也是自從他的書發表以來的這幾十年中，許多歷史著述的焦點。然而，這對歷史知識，沒有像許多更極端的倡議者所聲稱那樣，有著根本的破壞作用，相當重要的原因乃是，絕對的相對主義對於他們自己作品的言外之意；因為，如果所有的事情真的都是主觀的話、如果我們無法確切知道過去，而意義僅僅是讀者對文本的解讀，那麼我們為何要相信後現代主義者本身的論調，而且我們為何不將他們的文本，解讀成與他們本意相反的意義呢[87]？

自從卡耳寫作該書以來，歷史學識的其中一個發展，乃是帶有強烈道德指控之歷史文類（genres）的浮現，從女性主義史學——而卡耳的作風之中，相當讓當代讀者氣惱的一面就是，他頻繁地把「歷史學家」稱作「他」——到納粹大屠殺的歷史；而大屠殺的歷史最重要的，或許，就是在其對抗「納粹大屠殺否認者」學派的過程中，恢復了歷史事實獨立於歷史學家之認知的概念。該否認學派斷言，沒有猶太人在奧茲維斯（Auschwitz）遭毒氣殺害，沒有納粹的滅

---

[83] 例如，'Between Past and Future'。

[84] Alun Munslow, 'E. H. Carr（1892-1982）What is History?', *Reviews in History*（Institute of Historical Research, London, website）.

[85] Keith Jenkins, On 'What is History? ' From Carr and Elton to Rorty and White（London, 1995）p. 61；在 Keith Jenkins, 'Rethinking What is History?', in Cox（ed.）, *E. H. Carr*, pp.304-22 作了複述，且有的地方乃是逐字地抄寫前者。

[86] Anders Stephanson, 'The Lessons of *What is History* ?', in Cox（ed,）, *E. H. Carr*, pp.283-303, here p.300 n. 5.

[87] 參見 Richard J. Evans, *In Defence of History*（new edition with Afterword, London, 2001）。

絕計畫，沒有六百萬人死亡[88]。卡耳執拗地堅持，歷史中的道德評判不具有正當性，這種堅持就經不起面對這類的主題，儘管另一方面，歷史學家最好還是注意到他警告說，太多且太過簡化的道德評判，而非增添讀者對探討中之主題的理解，很可能會使歷史學家顯得可笑[89]。另一種晚近又可喜的發展，乃是歷史學家已經轉而研究過去的非理性事物，而這些事務至少在集體層面，卡耳要嘛是完全拒絕承認，要嘛當他不得不承認其存在時就立即予以譴責。的確，卡耳對理性和進步的樂觀信念，在二十一世紀早期持重又精練的氣氛中，似乎有點不合時宜。

然而，對於歷史研究的很多方面來說，就算它有錯誤、內在矛盾，以及過時的研究取向，《何謂歷史？》仍然是一部經典之作。畢竟，自從首度發行以來，它已經銷售超過二十五萬本，這是有理由的。就像許多寫得很快、原為演講稿的書籍那樣，它有流暢又尖刻的風格，而那是深思熟慮的作品所經常缺少的。不像很多討論歷史理論和實作的書籍那樣，它包含了很多真正歷史學家和真正歷史書籍的具體例子，闡明它提出的更抽象的論證。相較於大多數的歷史入門書和各式各樣的歷史導論，它不會以居高臨下的口氣對讀者說話，而是一視同仁地跟他們講話。即使處理非常深奧而又傷腦筋的理論性問題時，它也是富於機智、引人發笑，而又使人愉快的。四十年後，它依舊保有它撩動人心的力量。它處理的不只是歷史的根本問題，也是政治和倫理的根本問題。它處理大的議題，而且以一種巧妙的方式處理它們。對歷史學家、哲學家、作家和思想家來說，該書涉及的範圍，簡直可以說是令人驚嘆的。卡耳學問淵博，是個非常聰明的人，而《何謂歷史？》部分誘人的吸引力在於，其不費力氣地顯露了學識和智力。

對於歷史學家而言，《何謂歷史?》之所以重要，是有許多理由的，尤其是其堅決主張下述的事實，亦即就像卡耳所言，「歷史是一個過程，而你無法隔離出過程，單獨對它作研究，……每一件事都完全有相互的關係」[90]。卡耳正確地認識到，不論歷史學家決定考察過去的哪一部分，他們的職責乃是從該部分之前與之後的脈絡加以研究，研究他們考察的對象與對象的更大脈絡之間的相互關係。然而，最重要的是，他的書一再清楚表示，不論我們喜歡與否，歷史書寫裡總是有主觀的要素，因為歷史學家是人，他們時代的人，有著他們無法從其著述與研究中消除的有關世界的觀點和預設，縱使他們希望能夠克制它們、以他們處理的材料之難度為主而它們其次，而且藉由弄清楚這些觀點和預設，讓讀者能夠批判地研究他們的作品。正是在這方面，卡耳一直有相當的影響力，而且他的觀點廣為歷史學家接受；也正是基於這個理由而不是別的，他的作品會繼續流傳。

---

[88] 參見 Richard J. Evans, *Lying About Hitler: History, Holocaust and the David Irving Trial*（New York, 2001）。

[89] 關於以道德評判為基礎之歷史研究法的歸謬法（*reductio ad absurdum*），排除了各種詮釋或分析，參見 Michael Burleigh, *The Third Reich: A New History*（London, 2001）。

[90] Mehta, *Fly and the Fly-Bottle*, pp.159, 161.

延伸閱讀

在本版的書中，一起刊印了卡耳為籌畫中但未完成的第二版《何謂歷史？》所寫的前言，以及戴維斯的一篇關於卡耳為撰寫新版而準備之筆記的敘述。從一九五〇年到一九七八年，卡耳的《蘇俄史》，由麥克米倫出版社，也即現名帕爾格雷夫出版社，以十四卷本發行。他的《從列寧到史達林，一九一七—一九二九》，於一九七九年出版了一本便於使用該書的文摘。次年，卡耳以《從拿破崙到史達林》為書名，出版了一部有幾篇重要文章的論文集。

卡耳的〈自述〉重新刊印於 Michael Cox（ed.）*E. H. Carr: A Reappraisal*（London, 2000），書中亦收錄 Anders Stephanson, 'The Lessons of *What is History?*', pp.283-303 一文，對卡耳史觀作了非常有見地的批判。該書裡的其他文章，很多篇都非常有助於了解卡耳的生平和作品。然而，最為重要的是 Jonathan Haslam, *The Vices of Integrity: E. H. Carr 1892-1982*（London, 1999）這本傳記，其中有一個重要的篇章，討論《何謂歷史？》的起源和各界反應，以及該書跟卡耳其他作品的關係。對於卡耳及其觀念有興趣的人，漢斯蘭所寫的傳記，是個不可缺少的出發點。卡耳自己的檔案存放於伯明罕大學圖書館特藏區（Special Collections section），而 Michael Cox 所編的那本論文集，其附錄有簡要的描述。

有很多關於卡耳史觀的批判。卡耳的一生中，最強有力的批評來自他的朋友以賽亞・柏林；尤其參見他的講稿論文 *Historical Inevitability*（London, 1954），重新刊印於 Henry Hardy

和 Roger Housheer 所編輯的 Isaiah Berlin, *The Proper Study of Mankind: An Anthology of Essays*（London, 1997）。柏林的作品集由 Henry Hardy 編輯出版。*Michael Ignatieff, Isaiah Berlin: A Life*（London, 1998）這一傳記，對柏林觀點的背景有仔細的描繪。來自一個更保守角度的批評，　有 G. R. Elton, *The Practice of History*（2nd edition with an Afterword by Richard J. Evans, London, 2001）的最尖銳抨擊。Arthur Marwick 在 *The Nature of History*（2nd edn, London, 2001）[91]一書，以及 "'A Fetishism of Documents'? The Salience of Source-Based History', in H. Kozicki（ed.）, *Developments in Modern Historiography*（New York, 1993）pp.107-38 一文裡，亦加入批評的行列。來自阿圖塞學派馬克思主義角度之批評，有 Paul Hirst, *Marxism and Historical Writing*（London, 1985）；在後現代主義的角落，有 Keith Jenkins, *On 'What is History?' From Carr and Elton to Rorty and White*（London, 1995）[92]的批評，而 Geoffrey Roberts 則在 *History and Theory* 36/2（1997）pp.249-60 之中，對 Jenkins 該書作了批判性的評論[93]。Alun Munslow 在倫敦大學歷史學研究所的網站 http://ihr.sas.ac.uk 上討論《何謂歷史？》時，表達了類似 Jenkins 的觀點。該網站亦留有一區，專供卡耳提出的那類問題。

[91] 譯按：二〇〇一年的第二版，書名有小更動，改為 *The New Nature of History*。

[92] 譯按：中譯本，參見江政寬譯，《後現代歷史學：從卡耳和艾爾頓到羅逖與懷特》，臺北：麥田，二〇〇〇。

[93] 譯按：中譯文，參見王貞平譯，〈後現代主義與行動論〉，《歷史：理論與批評》，頁一三九—一五二。

晚近，Richard J. Evans, *In Defence of History*（2nd edn with a new Afterword, London; 2001）[94]、C. Behan McCuUagh, *The Truth of History*（London, 1998），以及 Robert F. Berkhofer, Jr, *Beyond the Great Story*（Cambridge, Mass., 1995），試圖重新處理這些問題。Peter Novick, *That Noble Dream: The 'Objectivity Question' and the American Historical Profession*（Cambridge, Mass., 1988），以引人注意、論證明瞭的概觀，將卡耳相對主義帶到新的境地。Georg G. Iggers, *Historiography in the Twentieth Century*（Hanover, New Hampshire, 1997）[95]，對於卡耳在世期間英國、法國、德國和美國的歷史思維之發展，作了穩健又有可讀性的敘述。

[94] 譯按：該書有英國和美國兩種版本，中譯本係根據稍早一九九七年美國版譯出，因而未有此一跋文，參見潘振泰譯，《為史學辯護》，台北：巨流，二〇〇二。

[95] 譯按：中譯本，參見楊豫譯，《二十世紀的史學》，臺北：昭明，二〇〇三；何兆武譯，《二十世紀的歷史學：從科學的客觀性到後現代的挑戰》，濟南：山東大學出版社，二〇〇六〔二〇〇三〕。

入門短箋

E・H・卡耳為第二版的《何謂歷史？》，蒐集了相當多的材料，不過，他在一九八二年十一月辭世的時候，僅寫完了第二版前言。

現在這個身後出版的版本，將以此一前言，以及新的一章〈來自卡耳的檔案：第二版《何謂歷史？》的筆記〉作開始。在該章中，我盡力呈現出卡耳一大箱簡短備忘錄、草稿和摘錄裡頭的若干材料和結語。緊接兩者之後的，則是未修訂的第一版原文。

在新的一章之中，引文裡頭方括弧內的辭語，是我自己加上去的。我要感謝凱薩琳・梅里戴爾仔細地核對卡耳的參考資料，也要感謝強納森・漢斯蘭和塔瑪拉・多伊徹的評論。卡耳第二版《何謂歷史？》的筆記，跟伯明罕大學圖書館E・H・卡耳檔案存放在一起。

一九八四年十一月

R・W・戴維斯

第二版前言

一九六〇年，我寫好我的《何謂歷史？》六講之初稿的時候，西方世界受到兩次世界大戰以及俄國和中國兩個重大革命的重擊，依然步履蹣跚。有著純真的自信和再自然不過之進步信仰的維多利亞時代，已經落在後面很遠了。世界是一個混亂、甚至險惡的地方。雖然如此，開始有跡象顯示，我們正開始從我們的某些動盪中浮現。廣泛預料，會隨二次大戰結束而來的世界性經濟危機，並未出現。我們幾乎沒有留意到，大英帝國安靜地解散了。匈牙利和蘇伊士運河的危機，獲得克服，或者說，被淡忘了。蘇聯的去史達林化（de-Stalinization）和美國的去麥卡錫化（de-McCarthyization），是值得讚賞的進步。德國和日本已從一九四五年的廢墟中快速復原，經濟有了出色的進展。戴高樂統治下的法國恢復了國勢。在美國，艾森豪時期的陰影接近尾聲；充滿希望的甘迺迪時代正要揭幕。事故頻繁的地方——南非、愛爾蘭、越南——問題還不迫切。全世界的股市交易急速發展。

無論如何，這些情況為樂觀主義的言辭和對未來的信仰，提供了某種表面上的正當性，也因為這一緣故，我的演講以一九六一年作為結尾。往後的二十年，讓這些希望落空，也讓這種自滿受挫。冷戰以更強的強度重新開啟，隨之而來的是核子滅絕的威脅。遲來的經濟危機開始展開復仇，蹂躪著工業國家，將失業的積弊散布到整個西方社會。現在幾乎沒有國家能免於暴力及恐怖主義的敵對。中東產油國的反抗，轉變成對西方工業國家不利的力量。在國際事務上，「第三世界」已經從消極的因素，轉變為積極而又令人不安的因素。在這些情況下，任何樂觀言辭似乎都是荒謬的。災禍的預言家大獲全勝。灑狗血的作家和新聞記者勤勉描繪的大難臨頭畫面，透過媒體的傳播，滲入了每天講話的語彙。幾個世紀以來，世界末日的預言似乎不曾如此應驗。

然而，就在這一刻，常識喚起了兩個重要的保留意見。首先，雖然未來無望的診斷，據稱有無法反駁之事實作基礎，但它是一種抽象的理論建構。絕大多數的人，完全不相信那樣的診斷；而他們的行為，清楚表達出對此的不信。人們做愛、受孕，滿懷摯愛地生養小孩。於公於私，為了提升下一代的福祉，十分關心健康狀況和教育。新的能源來源，不斷地勘探出來。新的發明提升了生產效率。大批的「零星儲戶」投資了國家儲蓄公債、房屋建築協會，以及單位信託。對於國家建築文物和藝術文物保存，展現出造福未來世代的廣泛熱情。我想下結論說，提前滅絕的信仰局限於一群滿腹牢騷的知識分子，他們應為當前眾所周知的狀況負最大的責任。

這些全體災禍之預言的地理源頭，主要地——我想說，專門地——來自西歐及其海外旁系。我的第二點保留意見，與此有關。這並不會讓人意外。五個世紀以來，這些國家曾毫無疑問是世界主人。他們能夠似有道理地宣稱說，他們在野蠻黑暗的外部世界之中代表了文明之光。一個逐漸挑戰和摒棄這種宣稱的時代，非得引起災禍不可。發覺英國是騷亂的集中點、深刻悲觀思想的所在地，也同樣不會令人訝異；因為沒有別的地方，十九世紀的輝煌與二十世紀的乏味、十九世紀的至高無上與二十世紀的自卑，形成如此醒目而又如此痛苦的對比。這種心態已遍佈西歐以及——或許在較小程度上——北美。所有這些國家都積極地參與了十九世紀的大擴張主義時代。不過，我沒有理由相信，這種心態普遍存在於世界的其他地方。一方面，無法克服的溝通障礙豎立起來了，而另一方面，絡繹不絕的冷戰宣傳，使得任何對蘇聯情勢的合理評估，困難重重。不過，沒有人能相信，在絕大多數的人口必定意識到情況遠比二十五年、五十年、或一百年前要來得好的國家裡，會普遍對未來感到絕望，不論當前他們有什麼抱怨。在亞洲，日本和中國都以不同的方式，進到向前看的位置。在中東和非洲，甚至目前動亂狀態的地區，新興國家艱難地朝向未來，無論如何盲目，它們也相信未來。

我的結論是，當前這波懷疑論和絕望的浪潮，只看到未來的毀滅和衰退，把一切進步的信仰，或者，人類的任何進步信仰，或任何進一步進展的期望，都摒之為荒謬，這是某種形式的菁英主義；是那些在安全和特權上已被經濟危機侵蝕殆盡之菁英社會集團的產物，也是那些往昔對世界其他地區的支配遭遇重大挫折之中間國家的產物。這種趨向的主要旗手是知識分子，也即他們所服務的掌權社會集團之理念的信差（「社會的理念，就是其統治階級的理念」）。這裡談到的某些知識分子，其出身背景也許隸屬於其他的社會集團，但這無關緊要；因為，一旦成為知識分子，他們就被自動同化為智識菁英。根據定義，知識分子構成了一種菁英集團。

然而，在當前脈絡裡更重要的是，社會裡頭的所有集團，不論多麼有凝聚力（而歷史學家經常有正當理由把這些團體看做如此），都會產生許多的怪人或異議分子。這在知識分子中尤其有可能發生。我並非指知識分子之間在社會主要預想的共同接受之基礎上所進行的習見爭論，而是指對這些預想的挑戰。在西方的民主社會裡，只要這類的挑戰局限於少數的異議分子，是會受到容忍的，而提出挑戰的人，不愁沒有讀者和聽眾。憤世嫉俗的人會說，他們受到容忍，因為他們人數不多，影響力也沒有大到有危害。四十幾年來，我貼著「知識分子」的標籤；而晚近幾年，我逐漸自視為是思想的異議分子，也被視為是思想的異議分子。手邊就有一則解釋。我必定是極少數依然在寫作，雖不是成長於充滿信心和樂觀的偉大維多利亞時代的顛峰時刻，但仍受到其餘暉映照的一位知識分子。即使到今日，我都很難相信，世界已處於永恆的、無法挽回的衰落之中。在以下的篇幅裡，我試圖讓我自己遠離西方知識分子，尤其是今日英國知識分子當中的流行趨勢，以表明我如何且為何會認為他們走錯了路，同時，我要提出一種對未來的主張，這種主張即令不是樂觀的展望，無論如何，也是一種較明智、更平衡的展望。

來自卡耳的檔案：《何謂歷史？》第二版的筆記

R．W．戴維斯

卡耳在一九八二年十一月辭世前的最後幾年，正起草著一個近乎全新版本的《何謂歷史？》。一九六一年第一版發行以來二十年過去了，而這二十年的特徵乃是人類進步遭到頓挫，卡耳並未因頓挫而氣餒，他在前言中表示，新作的意圖在於「提出一種對未來的主張，這種主張即令不是樂觀的展望，無論如何，也是一種較明智、更平衡的展望。」

他只寫完了前言。不過，在卡耳的檔案裡頭，有一個大箱子，裝著半打棕色大頁書寫紙的文件夾，上頭的標題寫著：「歷史—原則；因果關係—決定論—進步；文學與藝術；革命與暴力的理論；俄國革命；馬克思主義與歷史學；馬克思主義的未來」，另外還有一個塞滿跟一九六一年版有關之書評和信件的封袋。他在完成這個第二版之前，顯然有意要作更多的研究。文件夾裡有許多他還未作摘錄的著作書名和文章篇名。不過，文件夾裡也有部分已經處理過的資料：作了記號的抽印本和從學報撕下的文章，以及少量大小不一的紙片上的很多手寫簡短備忘錄。跟以撒．多伊徹、以賽亞．柏林、昆丁．史金納[1]及其他人之間有關歷史哲學與歷

[1] 譯按：昆丁．史金納（Quentin Skinner, 1940- ），政治思想史家，現任倫敦大學瑪麗皇后學院教授。

史學方法論的往返信函，也放在文件夾裡，顯然有意將它們運用在這一新的版本。偶有打字的或手寫的短箋，顯然是句子或段落的初稿。沒有新版本的規劃方案，不過，一則簡短備忘錄寫著：

歷史學的紊亂狀態
統計學的襲擊
　心理學
結構主義
　文學的紊亂狀態
　語言學
烏托邦等等
〔還有一小張紙片寫著：
「**最後一章**
烏托邦
歷史的意義」〕

根據現有證據來看，卡耳打算撰寫新的章節，以便處理第一版裡忽略或探討不足的論題；

也打算擴充《何謂歷史？》裡的現有章節，以便回應批評家，同時用另外的材料，闡明、間或修訂他的論證。有時，討論我們當前不滿的一本嶄新的書，以及我們該力爭獲得的世界，似乎艱難地從他廣泛的摘錄和簡短備忘錄中浮現出來。當然，他打算提供的最後一章或幾章，或許是全面改寫過的第六講「打開眼界」，將會比他先前的任何著述，更直接貼近當前的政治關懷，能夠呈現他自己對歷史意義的看法以及他對未來的展望。

根據現有證據來看，卡耳看不出有理由要修訂他在前兩講「歷史學家和歷史學家的事實」及「歷史學家和社會」中的論證。關於經驗主義的歷史事實研究法，他引述傑出的海軍史家羅斯吉爾，作為錯誤主張的一個例證，因為他稱讚「歷史學家的現代學派」，而這些人「認為他們的功能僅僅在於帶著極為精確和公正，去收集和紀錄他們時代的事實」。對卡耳而言，這類的歷史學家，要是真的言行一致，就會像阿根廷小說家波赫士的短篇小說〈〈博聞強記的富內斯〉〉中的男主角，從不曾遺忘任何他看過、聽過或體驗過的事物，不過，卻也承認，結果「我的記憶庫是一個垃圾箱」。富內斯「不會進行思考」，因為「思考就是要忘掉事物的差異，就是要善於進行概括和抽象化」[2]。卡耳將歷史中的經驗主義和社會科學，界定且摒棄為「這樣的信念：應用一些科學的、免於價值判斷的方法，所有的問題都能夠得到解決，亦即，有一種客觀又正確的解決方法和達成它的方式——被信以為真的科學預設，轉變為社會科學」。卡耳指出，經驗主義歷史學家之護身符的蘭克，從這個意義上說，他描述了一系列的事件、

[2] J. L. Borges, *A Personal Anthology*（1972）pp.32-3.

社會和制度，而不是一種從「此」前進到「彼」的過程，因而被盧卡奇視為是反歷史的（anti-historical）；盧卡奇寫道，「歷史變成一堆別緻的軼事」[3]。

對於經驗主義的這類猛烈抨擊，卡耳的筆記提供了重要的支撐。吉朋相信，「歷史學家暨哲學家」才能夠寫出最佳的史著，因為他辨別了支配關係體系的那些事實[4]；他表明他對塔西陀的感謝，因他是「第一位將哲學科學應用到事實研究的歷史學家」[5]。維科將「確實」（il certo，事實方面正確無誤的事物），跟「真實」（il vero）作了區分；「確實」——良知（coscienza）的對象——就個體而論是特殊的，「真實」——科學（scienza）的對象——是共同的或普遍的[6]。卡耳認為，「近來，英國相當多的政治著述和歷史著述，貧乏又缺少深度」，乃是由於史學方法的差異，而這樣的差異，「如此不幸地使馬克思有別於英語世界的思想家」：

> 英語世界的傳統是根深柢固的經驗主義。事實會自己說話。「按照事情的是非曲直」爭論某一特別問題。根據某些秘而不宣、可能還是不自覺的相關標準，隔離出主題、事件、時期，以便從事歷史研究。……馬克思對這一切深惡痛絕；馬克思不是經驗主義者。對馬克思而言，研究部分而不考慮整體，研究事實而不考慮其重要性，研究事件而不考慮原因或後果，研究特別的危機而不考慮一般的情勢，似乎都是無益的舉動。

這樣的史學方法差異，有其歷史根源。英語世界仍舊是如此頑強的經驗主義，並非沒有原因。在穩固確立、沒有人會想去質疑可信度的社會秩序中，經驗主義旨在進行驗修。……這一類的世界，十九世紀的英國提供了完美的模型。不過，在所有的根基都遭到挑戰，而我們在沒有任何指導方針的情況下，掙扎於危機不斷的時代，經驗主義是不足夠的。[7]

無論如何，所謂經驗主義的面紗，旨在隱蔽不自覺的選擇原理。卡耳寫道，「歷史是一種關於什麼構成人類理性的特別概念：每一位歷史學家不論知道與否，都有這一類的概念。」在《何謂歷史？》裡，卡耳將很多注意力，放在歷史環境和社會環境對於歷史學家的事實選擇及事實詮釋的影響；自從學生時代以來，他就被人文環境的這一方面給吸引住了。他為新版本所作的筆記，進一步舉出歷史知識的相對性來作說明。希羅多德為雅典在波斯戰爭中扮演舉足輕重的角色，找到了道德上的正當理由；而波斯戰爭證明，有理智的希臘人必須拓寬其視界，而且也說服希羅多德將他的探討，擴展到更多的民族和地區[8]。對於游牧生活方式的同情，強烈影響

[3] G. Lukacs, *The Historical Novel*（1962）pp.176, 182.

[4] Edward Gibbon, *Essai sur l'etude de la liitrature*（1761）.

[5] Gibbon, *Decline and Fall of the Roman Empire*, Bury（ed.），（1909）ch. 9, p.230。譯按：節譯本，參見梅寅生譯《羅馬帝國衰亡史》，新竹：楓城，一九七六；李學忠譯，《羅馬帝國衰亡史》，新竹：張天然，一九八二；全譯本，參見席代岳譯，《羅馬帝國衰亡史》，臺北：聯經，二〇〇四。

[6] G. Vico, *Principj di scienw nuovo*（8744）Books I, IX and X, translated as *New Science of G. Vico*（1968）, paras. 137, 321。譯按：中譯本，參見朱光潛譯，《新科學》，北京：商務印書館，一九八九。

[7] 卡耳筆記中的這段打字稿文字，出現在他討論盧卡奇的短文，參見 *From Napoleon to Stalin*（1980）p.250。

[8] *The Greek Historians*, M. I. Finley（ed.），（1959）Introduction, pp.4, 6.

著阿拉伯史觀。阿拉伯人認為，歷史是一個連續不斷或循環的過程，城鎮或綠洲的居民在過程中，遭到沙漠游牧民族的蹂躪，而這些游牧民族定居下來之後，反過來也遭到一波波新游牧民族的蹂躪；對於阿拉伯歷史學家而言，跟蠻族相比，安居的生活導致了削弱文明人的奢侈。相對照之下，在十八世紀的英格蘭，吉朋則認為歷史不是循環的，而是一種勝利的進展：套用他名言，「每個時代都不斷地增長著人類的真正財富、幸福、知識，或許還有美德」。定居的文明存在已久，而吉朋從定居文明的自信統治階級的有利地位，來看待歷史。他認為，歐洲未受到蠻族的侵襲，因為「在他們進行征服之前，必然不再是蠻族」。卡耳評論說，革命的紀元對歷史研究，產生革命性的影響：「什麼也比不上革命所引起的對歷史的興趣」。十八世紀英國歷史學家，形成於一六八八年「光榮革命」勝利的脈絡。「法國啟蒙運動的非歷史觀（a-historical outlook），依仗的就是人性不變的概念」，而法國大革命則漸漸削弱了這種非歷史觀。在這種急遽變化的時代，歷史知識的相對性便受到廣泛的認可。麥考萊表示「對於一七八九年、一七九四年、一八〇四年，以及一八三四年的革命，抱持完全一樣意見的人，要嘛是受神啟示的預言家，要嘛是倔強的蠢蛋」，那時他僅僅是對他同時代的人，陳述眾所周知的道理[9]。

如果歷史知識有相對性，那麼在何種意義上能夠說客觀歷史存在呢？在《何謂歷史？》裡，卡耳爭辯說，儘管沒有歷史學家能夠聲稱，他自己的價值觀有超出歷史的客觀性，不過，「客觀的」歷史學家可說是「有能力克服社會形勢和歷史形勢對其願景所造成的局限」的歷史學家，而且有「思考未來的能力，如此一來，讓他比起看法完全受到自己當前之處境限制的那些歷史學家，對過去有更深刻、更持久的了解」。幾位《何謂歷史？》的批評家，強烈反對對「客觀性」做這樣的闡述，他們捍衛傳統的觀點，認為客觀的歷史學家，乃是儘管自己有先入之見，但還是在證據的基礎上形成評判的歷史學家。卡耳沒把這一點看做是一種嚴肅的批評。他的《蘇俄史》經常表現出顯著程度的傳統意義上的「客觀性」，亦即，呈現其他歷史學家慣常召喚來證實種種詮釋的證據，而與卡耳對客觀性的詮釋相衝突。不過，他認為這類的盡責，是稱職歷史學家的必要義務；這不意謂著，歷史學家對證據的處理方式，不受他的社會環境和文化環境的影響。

雖然如此，卡耳有點小心翼翼地準備承認，進步發生在歷史研究中，也發生在社會發展中，而歷史知識的進步，跟不斷增加的客觀性有關。在《何謂歷史？》裡，他承認過去兩個世紀歷史學有很大的進展，而且稱讚我們的視界，從菁英的歷史擴展到全世界人民的歷史。舉例來說，談到一代代歷史學家對俾斯麥成就的評價時，他爭辯說（或同意說），「一九二〇年代的歷史學家，比起一八八〇年代的歷史學家，更接近客觀評判，而今日的歷史學家，比起一九二〇年代的歷史學家又更接近了」。不過，他隨後修正了這種表面上對於歷史學家客觀性標準中之絕對元素的接受，堅持說，「歷史的客觀性不仰賴、也無法仰賴存在於此時此地的某些固定不動的評判標準，僅能仰賴儲存於未來、隨歷史進展過程逐步形成的標準。」他完成《何謂歷

[9] G. Macaulay, *Works*（1898）viii, 431（from an essay on Sir James Mackintosh）.

史？》之後，歷史的客觀性問題，顯然持續困擾著他。他的筆記中，儘管把「絕對而又不受時間影響的客觀性」，看成是「一種不真實的抽象概念」，但他卻寫道：「根據歷史學家接受的某些客觀性原理或規範，歷史需要對過去的事實加以選擇和整理，這必然包括了詮釋的成分。沒有了詮釋，過去就瓦解成一堆雜亂的、無數孤立又瑣碎的小事，而歷史根本無從撰寫」。

卡耳在《何謂歷史？》中，也從另一個角度，著手處理歷史客觀性的問題（雖說在此一脈絡裡，沒有使用「客觀性」這個詞）。他考察了歷史學與自然科學之間在方法上的相似處和差異處。結果相似處大於差異處。自然科學家不再自視為根據可觀察的事實作歸納，以建立普遍法則，而是通過假說與事實之間的互動，從事於發現事物。而歷史學就像自然科學那樣，並非涉及了人們有時料想的獨特事件，而是涉及了獨特性與一般性之間的互動。歷史學家致力於通則，誠然，「歷史學家真正感興趣的，不是獨特性，而是在獨特性之中有什麼是普遍的」。

卡耳為了該書的新版本，積累了大量關於科學方法論的筆記。他的思考走向浮現於他的簡短備忘錄，但卡耳並未對它們寫下論證；以下我節選了幾則，但不打算對它們強加我自己的看法（我給每一則引用文作了個別的標號）：

（一）科學真理的形式標準或邏輯標準：波柏相信，「真正的」科學是有別於永恆的理性原則……

孔恩反對一種唯一的科學方法，支持一系列的相對主義方法……

從靜力科學觀到動力科學觀、從形式到功能（或目的）的轉變。

相對主義（沒有唯一的「科學方法」）驅使費耶若本德的《反對方法》（1975）全盤拋棄理性主義[10]。

（二）柏拉圖的《美諾篇》，提了這樣的問題：不知我們在找尋什麼，怎麼能夠進行調查（編號為80d的段落）。

「直到我們依循潛藏我們心中之理念的指引，長期無系統地收集觀察資料充當建材，而且唯有我們花了很多時間在這些材料的技術配置之後，我們才能夠從更明晰的角度審視該理念，也能夠從建築術的角度，對它作總體的概述。」

康德，《純粹理性批判》（1781），頁八三五。

波柏的論題是，未能提出可測試之結論的假說，沒有意義，也站不住腳（自然選擇）。

〔參見〕博蘭尼，《邂逅》，一九七二年一月

以下段落〔也是〕取自《邂逅》……

【10】P. Feyerabend, *Against Method: Outline of an Anarchistic Theory of Knowledge*（1975），總結說，根據「歷史提供的豐富材料」，不論時地，祇有一個原理能夠捍衛，那就是：「怎麼做都行！」(p.27)。譯按：中譯本，參見周昌忠譯，《反對方法：無政府主義和知識論綱要》，臺北：時報文化，一九九六〔一九九二〕。

一九二五年，愛因斯坦對海森堡說，「你能觀察到事物與否，取決於你運用的理論。正是理論決定了能夠觀察到什麼」。

（三）〔卡耳標明說，出自魏斯科夫的一次演講〕

「我們了解這類〔山峰〕山脈因地殼的構造活動而形成，不過，我們無法解釋，白朗峰為何有我們今日看到的特定輪廓，我們也無法預言下一次爆發時，聖海倫火山的哪一邊會坍塌……」

「不可預知之事件的發生，並不意謂自然定律被違反了。」

（四）史多伊克，《簡明數學史》（1963）指出了數學的社會根源性【11】。

（五）宇宙因一次大爆炸，而以某種隨機方式開始，且注定要消失到黑洞中的理論，反映了時代的文化悲觀情緒。隨機性是對無知的推崇。

（六）只要你相信，後天的特性是遺傳的，相信遺傳極為重要的看法就成了進步的。當這種看法遭到拋棄，相信遺傳的看法就變得反動了。

參見羅森柏格，《沒有其他眾神：論科學與美國社會思想》（1976）〔尤其是頁十〕中的論證。

根據這些簡短的備忘錄，卡耳顯然已經得出這樣的結論，即科學知識的相對性，比起他先前所提示的還要來得大。時空對於自然科學家的理論和實踐，發揮著巨大的影響。在自然科學之中，假說與具體材料之間的相互作用，相當類似於歷史學之中通則與事實之間的相互作用。人們通常認為，科學假說能夠精確預言，但有效的科學假說，不必然擁有精確預言的能力；在一些自然科學中，其相當類似於歷史學家的通則。

在《何謂歷史？》的「歷史中的因果關係」這一講裡，卡耳更緊密地考察歷史通則的性質。歷史學家面對歷史事件的各種不同原因，希圖建立「能確定彼此間關係的某種原因等次」。在為新版本所作的筆記中，卡耳抄寫了孟德斯鳩和托克維爾一些採取類似觀點的段落。孟德斯鳩寫道，原因「變得不那麼恣意了，因為其有更一般的效應。因此，我們所知道的賦予民族某種性格之原因，超過賦予個人特定心態之原因，……我們所知道的塑造包括生活方式之社會精神的原因，超過塑造個人性格的原因」[12]。而論及托克維爾對「古老又一般的原因」與「特殊又晚近的原因」之間所作的區分[13]，卡耳評論說：「這很合理；一般就等於長時期；歷史

[11] 譯按：中譯本，參見吳定遠譯，《數學史》，台北：水牛出版社，一九八三。

[12] 'An Essay on Causes affecting Minds and Characters', in Montesquieu, *The Spirit of Laws*, ed. D. W. Carruthers (1977) p.417。譯按：中譯本，參見張雁深譯，《論法的精神》，臺北：臺灣商務印書館，一九九八。

學家主要的興趣在長時期」。

對於實作的歷史學家來說，希圖根據長時期、一般或重要的原因，對歷史事件作解釋，立刻引起了此一問題：偶發事件在歷史中的角色。在《何謂歷史？》裡，卡耳承認，偶發事件能夠更動歷史的進程，但也爭辯說，它們不該成為歷史學家的「重要原因的等次」的一部分。一個合乎情理又有歷史意義的解釋，可被應用到其他的歷史情勢，而在這個意義下，一九二〇年代，列寧早逝的這一偶發事件，在蘇聯歷史上扮演一個角色，但並不是事件發生的「真正」原因。《何謂歷史？》出版之後，他進一步開展這個理念，他在筆記中寫道，「歷史實際上從屬於充足的規律性，使其成為一門嚴肅的學科，儘管這些規律性有時會遭到枝節因素的擾亂」。

偶然因素的問題，在偶發事件——個人在歷史中的角色——的那個特殊情況中，證明是特別棘手的。卡耳一再回到這一議題，而他自己關於蘇聯在史達林掌權年代之發展的研究中，該議題自然就顯得凸出。他的文件「歷史中的個人」，將這個問題放在一個大的歷史脈絡。他暗示說，個人崇拜是「一種菁英主義的信條」，因為「個人主義僅僅意謂，以非個人的大眾作背景，襯托出個別的行動者（agent）」。對於自由之個人絕對權利的極端堅持，在知識分子之間得到了廣泛的支持。一九二〇年代和一九三〇年代，這種看法最重要的英國倡議者，阿道斯·赫胥黎，在他恰當地稱之為《隨你的意思》的作品中聲稱，「人生的目的……乃是我們加入人生裡的目的。我們想稱人生的意義為何都無妨。……人生哲學的大前提，就是每一個人都有不可剝奪的權利」[14]。一九三〇年代，沙特有影響力的《存有與虛無》，對「自為的」存有與「自在的」存有作了區分；前者是個人的純粹意識、絕對自由和責任，而後者是物質的、客觀的、無意識的世界。在這個階段，沙特有「（他從來不缺的）無政府主義的特點」，是反馬克思主義的。而在一九六〇年，儘管《辯證理性批判》號稱，其認定馬克思主義是「我們時代的最終哲學」，不過，事實上，根據卡耳的說法，「他那種存在主義、絕對自由、個性與主觀性，跟馬克思主義是不相符的」。類似地，阿多諾儘管受到馬克思主義的影響，但「想要在專家政治和官僚政治的世界，以及封閉哲學體系（黑格爾的唯心論、馬克思的唯物論）的世界中，將聽憑擺佈的個人拯救出來」。而對佛洛伊德來說，個人自由不是文明的產物；恰恰相反，文明的後果就是對個人作限制[15]。

個人受到社會的束縛，應該從這些桎梏中解脫出來，此一主張跟同樣存在已久的下述主張，「某些個人的行動，實際上能夠不受社會的束縛」，部分同源，部分相抵觸，而且該主張屢次堅稱，偉人在歷史中佔著非常重要的地位。馬韋爾便使勁地宣稱，克倫威爾是這種角色：

【13】參見 A. de Tocqueville, *De l'ancien regime*（trans. S. Gilbert, 1966），II, III，尤其是 p.160。譯按：中譯本，參見馮棠譯，《舊制度與大革命》，北京：商務印書館，一九九二。

【14】A. Huxley, *Do As You Will*（1929），p.101.

【15】S. Freud, *Civilization and its Discontents*（1975）p.32；卡耳的另一則簡短備忘錄觀察到，「佛洛伊德的潛意識是個人的；與榮格的『集體潛意識』（collective unconsciousness）無關」。譯按：中譯本，參見賴添進譯，《文明及其不滿》，臺北：南方叢書出版社，一九八八；嚴志軍、張沫譯《文明及其不滿》，石家莊：河北教育出版社，二〇〇三。

他掌握了零星役期的軍隊
在一年內就完成了需要多年的工作。

相反地，薩姆爾・強森則聲稱：

人心所能承受的何其渺小
但卻可以被國王或法律造就或消除。

不過，卡耳寫道，強森的說法僅是在「負隅頑抗此一信念：國王和法律的確造就和消除了罪惡」。

針對那些宣稱個人意志有決定性角色，不受社會約束或獨立於社會的人，馬克思辯駁說，「把孤立的人當作其出發點」的看法，是「荒謬的」（*abgeschmackt*）。人「起初是作為一般生物（a generic being）、群居動物而出現的」，其「通過歷史過程使自身具有個人性」；「交換的行為是這種個人性過程（individualization）的一種主要手段（agent）」[16]。談及米爾頓時，麥考萊觀察到，「就比例而論，當人們知道愈多，思考愈多時，他們著眼於個人就愈少，著眼於群體就愈多」[17]。而托克維爾在一八五二年表達了相當有代表性的概念，即個別政治人物的行動，由其自身以外的力量所決定：

> 政治科學在所有的文明民族當中，創造了一般性想法，或者說，至少使一般性想法具體化；而政治人物必須搏鬥的問題，以及他們認為自己所創造的法則，都是從這些一般性想法中形成。政治科學構成了一種思想氣氛，而社會中的統治者和被統治者，都呼吸著這種氣氛，也都不知不覺地從中獲得其行動的原則。

托爾斯泰不斷地表達下述的極端看法，即個人在歷史中扮演無足輕重的角色：在《戰爭與和平》結尾部分的草稿中，他坦率地陳述說，「歷史的要人是其時代的產物，從當前事件與先前事件之間的前後關係中浮現」[18]。一八六七年時他的看法已經完全成型：

> 郡縣議會（zemstvo，俄國地方自治機構）、法院、戰爭，或者沒有戰爭等等，無一不體現了社會組織——（就像蜜蜂那樣的）群體性的組織：任何人都能表現出這一點；事實上最佳的表現，就是那些不知道自己在做什麼、為何這麼做的人——而他們共同勞動的結果，始終是千篇一律的活動，也是動物法則中常見的活動。士兵、皇帝、上層階級的王室高階官員，或者，莊稼漢等等的動物性活動，則是最低形式的活動；而在這種活動中——唯物主義者是對的——是沒

【16】*Grundrisse*（Berlin, 1953）pp.395-6.

【17】*Works*（1898）vii, 6.

【18】L. Tolstoi, *Polnoe sobranie sochinenii*, xv（1955）279.

有絲毫任意性的[19]。

而三十年後，論及波耳戰爭的爆發，他寫道，對「張伯倫們與威廉們」生氣，是徒勞無益的；「歷史正是一連串政客所為的這類行動」，而這類行動源於努力以新的市場來維持少數人不尋常的財富，「然而，大多數的百姓卻被繁重的工作壓得透不過氣來」[20]。

卡耳大體上跟馬克思和托克維爾有著共同的態度，他指出，「個人在歷史上有『角色』；從某種意義看來，角色比個人更為重要」。他評述說，雷姆塞．麥克唐納的「搖擺不定，與其說是個人性格所致（僅有使他勝任領導職位時性格才有意義），不如說是英國工黨所代表的整個團體，陷於根本兩難的結果」。更常見的看法是，他宣稱，與其打算評價個別政治人物，不如「分析塑造其思維的團體利益和態度」。他寫道，個人腦子的運作方式，「對歷史學家而言，不是很要緊」，而且寧可「多依據下意識的團體情況和態度，少依據有意識的個人行為來看待歷史」。本著這種精神，他揶揄地指出，某本關於希特勒的書籍，「把所有事情歸因於希特勒的人格，以作為開端，而談及威瑪政權的不穩固和無能，以作為結束」[21]。

不過，卡耳並未堅持托爾斯泰的極端立場：作為現役的歷史學家，他的辛勤工作不斷地驅使他回到「克麗歐佩特拉的鼻子」。他說道，歷史上偶然因素的問題「依舊使我感到興趣，也感到困惑」，而他在筆記中，就像在《何謂歷史？》裡那樣，再次堅持說，儘管列寧之死是由於與歷史無關的原因，但卻影響了歷史的進程。他繼續補充說，「縱使你堅稱，從長遠看，所有的事情或許結果是大同小異的，然而，還是有重要的短程事情，也對許許多多的人有很大的影響」。相較於他在《何謂歷史？》中對於歷史偶然因素的討論，在此，強調的重點有了顯著的轉變。這是他在培里·安德森對他的訪談中，論及其《蘇俄史》完成的理由時，對列寧和史達林之角色所作的饒有興味之評論的前奏。他堅持說，「列寧要是充分掌握權力，經歷過二〇和三〇年代，他便會面臨一模一樣的問題」，也會從事大規模機械化農業的產生、急促的工業化、對市場的控制，以及著手勞動的控制和方針。不過，他會「減低、緩和高壓政治的成分」：

> 在列寧領導下，轉換過程不見得會全然平順，不過，絕對不會像已發生的事情那樣。列寧不會容忍史達林不斷地肆意竄改記載。……列寧領導下的蘇聯，絕對不會變成——用西里加的話來說——「漫天大謊的國度」。這些是我的推斷[22]。

在此，卡耳認為蘇聯史之關鍵時期的偶然因素，有實質的作用。這是口頭的聲明，而不是深思熟慮的評判。不過，他在《蘇俄史》裡也以更克制的語言，寫道「史達林的人格，結合了

【19】Letter to Samarin, 10 January 1867, in *Tolstoy's Letters*, R. F. Christian（ed.）, i（1978）211.

【20】Letter to Volkonsky, 4/16 December 1899, ibid., ii, 585.

【21】這裡是指 Sebastian Haffner, *The Meaning of Hitler*（1979）。譯按：中譯本，參見周全譯，《破解希特勒》，台北：左岸文化，2005。

【22】*From Napoleon to Stalin*（1980）pp.262-3（interview with Perry Anderson, September 1978）

俄國官僚制度原始又殘忍的傳統，給由上而下的革命增添了一種顯著的蠻橫特質」[23]。大體上，「由上而下的革命」取決於長時期的原因，而這些原因必定成為歷史學家首要考慮的事，不過，推行高壓政治的程度，則是一種歷史的偶發事件。

在卡耳檔案的各式各樣筆記和信件中，他評價了歷史研究的現狀。他指出，馬克思主義的影響力是過去六十年主要的新趨勢：

自從第一次世界大戰以來，歷史唯物論對於歷史書寫的影響，始終非常強烈。的確，吾人可以這麼說，這段時期所寫的所有嚴肅歷史作品，皆受到其影響的塑造。這種變化的徵候，便是有關經濟因素、社會條件、人口統計學、階級興起與衰落的研究，取代了通常被當成是歷史學之主要論題的戰役、外交伎倆、憲政爭論和政治陰謀——也就是廣義的「政治史」。社會學漸次的流行，乃是相同發展的另一種特徵；有時，歷史學就被看成是社會學的一個分支。

在《何謂歷史？》裡，卡耳已經指出，社會學對歷史學的正面影響，其評論說，「歷史學愈注意社會學，社會學愈注意歷史學，則對兩者愈有利」。在為新版本所作的筆記裡，他更加鄭重地聲明：「社會史是根底。光研究根底是不夠的，會變得單調乏味；或許這就是年鑑學派所遭遇的事。不過，你不能廢棄它。」

儘管承認這些正面的發展，但卡耳堅持說，依據普遍的或流行的趨勢，歷史學和社會科學都陷入了危機。卡耳指出，膚淺的經驗主義「從歷史學躲避到狹隘專業化」（對此他嚴厲地批評為「一種自殘的形式」），而歷史學家則有在方法論中找隱蔽的傾向（他評論說，「『計量』史學使統計資料成為所有歷史探討的材料，而對它的崇拜，或許把歷史唯物論帶到荒謬的地步」）。而伴隨歷史學內部的這種危機而來的，是從歷史學躲避到社會科學，卡耳亦將這種躲避看成是一種保守、甚至是反動的趨勢：

> 歷史學專注於基本的變遷過程。如果你討厭這些過程，那麼你就該拋棄歷史學，到社會科學裡找隱蔽。今日，人類學、社會學等等蓬勃發展。歷史學生病了。但另一方面，我們的社會也生病了。

他也指出，「當然，社會科學內部也在進行『找隱蔽』——經濟學家在計量經濟學、哲學家在邏輯學和語言學、文學批評家在文體技巧的分析裡找隱蔽」。塔爾科特・帕深思[24]正是社會學家的顯著範例，其「抽象到如此的地步，以致於失去了與歷史學的所有聯繫」。

卡耳十分重視結構主義（或者說，「結構功能論」）。他曾在談話中評論說，至少結構主義

[23] *A History of Soviet Russia*（1978）xi, 448.

[24] 譯按：塔爾科特・帕深思（Talcott Parsons, 1902-1979），美國社會學家。

者的可取之處在於將過去看成是整體，避免掉入過度專業化的缺陷。不過，他相信，結構主義對歷史研究大體上造成有害的影響。他把結構的或「橫向的」研究取向，跟歷史的或「縱向的」研究取向作了比較；前者「根據社會的不同部分或方面，在功能或結構上的相互關係，來對社會作分析」，而後者「根據社會從何而來、從何而去，來對社會作分析」。他暗示說，「每一位明智的歷史學家都會同意，兩種研究取向都是必須的」（一則潦草寫在一張小紙片上的短箋，坦率地評論說「敘事史學與結構史學之間的區別，純屬子虛烏有」）：

> 不過，能否引起〔歷史學家的〕注意和興趣，則有很大的差別。無疑地，這有部分依靠他的稟賦，不過，大多依靠他工作的環境。我們所生活的社會，絕大部分人都認為，變遷是往壞的方面發展，擔憂變遷，更喜歡只需要稍加調整即可的「橫向的」看法。

卡耳在別處評論說，「前者的研究取向考察了靜態的情況，在這個意義下，它是保守的，而後者的研究取向則開啟了變遷，在這個意義下，它是基進的」：

> 不論ＬＳ〔李維斯陀〕基於他的目的，引述了多少的馬克思觀點，……我仍懷疑，結構主義是保守時期的時髦哲學。

卡耳的筆記，包括了幾則與李維斯陀有關的短文，特別是《世界報》上的一則訪談錄，其標題似乎證實了卡耳所懷疑的最糟糕的事情：「馬克思主義、共產主義和集權主義的意識形態，只是歷史的一種詭計」（*L'ideologie marxiste, communiste et totalitaire n'est qu'une ruse de l'histoire*）[25]。

伴隨卡耳對歷史研究之現狀的廣泛批評，以及整體上負面評價而來的，是正面地主張歷史學門本身的重要性。他宣稱「通史」（general history）有必要性，而這種通史是將法律史、軍事史、人口統計史、文化史以及其他歷史學的分支結合在一起，考察它們之間的相互關連。同樣地，他堅持說，歷史學不僅僅是社會科學的女僕，亦即，為了理論而迎接它們，而且為它們提供材料：

> 我承認，很多當今的歷史學家是無生氣的，因為他們沒有理論。不過，他們缺乏的理論是歷史理論，不是從外部遞送來的理論。我們需要的是一種雙向道。我不需要告訴你，歷史學家必須向經濟學、人口統計學、軍事等方面的專家學習什麼。不過，如果經濟學家、人口統計學家等等，不在較寬廣的歷史模式裡工作的話，他們也會消亡，而這種模式只有「全面性的」歷史學家能夠提供。棘手之處在於……歷史理論本質上是關於變遷的理論；我們所生活的社會，想要的或能夠不情願地接受的，只有穩定的歷史均衡中所附帶的或「專門的」變遷。

[25] *Le Monde*, 21-22 January 1979.

不過，卡耳當然相信，歷史學家的看法仰賴他的社會環境；而在一九七〇年代的英國，他無法預料，他的忠告所受到的歡迎，竟不囿限於少數基進或持不同意見的歷史學家：

對現在充滿了惶惑，而對未來失去信心的社會，過去的歷史似乎是一堆無意義的不相關事件。如果我們的社會重新掌握現在，以及其未來的願景，那麼靠著相同的過程，社會也會恢復其對過去的洞察力。

這段話寫於一九七四年，也就是在英國的保守主義學說，以及對保守主義未來的信心高漲之前的幾年。自從那時候以來，尤其自卡耳辭世以來，針對未來缺乏信心和伴隨而來的經驗主義，浮現了其他的選擇；而經驗主義是以前在英國歷史學家之間流行的正統觀念。保守派的政客和歷史學家顯著的作為，便是重新讓有愛國心的英國史成為歷史課程的核心，以鼓舞對未來的信心。在休．湯瑪斯勳爵的聲援下，教育大臣凱斯．約瑟夫爵士要求學校多注意英國史，少注意世界史一些。艾爾頓教授在他擔任欽定近代史教授的就職演說中，譴責社會科學對劍橋的大學部歷史教學造成有害的影響，而且堅稱，英國史研究應該在歷史文學士榮譽學位考試（tripos）中，佔著主導的地位。英國史將會表明「這個社會藉由不斷的變遷，設法使自身之權力和秩序文明化的方式」；「充斥著錯誤信念和不斷翻新預言之先知的不確定性年代，迫切需要知道其根源」[26]。這些事情對卡耳而言，似乎是病態社會的徵候，因為這種社會在光榮過去的回憶中尋找安慰，而且這些事情也對歷史學家反映社會流行趨勢的程度，提供了醒目的證明。

卡耳打算讓新版的《何謂歷史？》，從我們時代的社會危機與思想危機這一廣泛脈絡，思考歷史研究的危機。基於這個目的，他建立了一個討論「文學與藝術」的檔案，而在他原先的演講中，並未對此作個別主題的討論。這個檔案包括了討論「文學本身」和「文學批評與藝術批評」的筆記。工作還停留在相當初期的階段。他的論證脈絡乃是，文學與文學批評，就像歷史學、自然科學和社會科學那樣，受到社會環境的影響和塑造。在他的筆記中，有兩則鮮明對比的引文，讓人一目了然。儘管歐威爾鄭重聲明，「所有的藝術都是宣傳」[27]，但留下許多討論社會對藝術的影響之筆記的馬克思，卻在《政治經濟學批判導讀》中警告說，「關於藝術，眾所周知，其某些顛峰時期決不是相對應於社會的普遍發展；因此，亦不相對應於宛如社會組織之架構的物質結構」[28]。

根據卡耳的評估，馬克思有保留的說法，無法應用到二十世紀，因為二十世紀根本上是帶著悲觀、無所作為和絕望的特點。對卡耳而言，哈代是「某種世界的小說家。那種世界沒有一點意義，根本上是歪斜扭曲，並非出了差錯，或能夠得到糾正的世界，而是永恆謬誤和毫無意

---

[26] G. R. Elton, *The History of England: Inaugural Lecture delivered 26 January 1984*（Cambridge, 1984），尤其 pp.9-11, 26-9；亦參見他在 *New York Review of Books*, 14 June 1984 上對家庭史的抨擊。

[27] G. Orwell, *Collected Essays, Journalism and Letters*（1968）i, 448（最早發表於 *Inside the Whale*〔1940〕）。

[28] Translated in K. Marx, *The German Ideology*, C. J. Arthur（ed.），（1970）p.149.

義的世界——因此，是一種絕對悲觀」。郝斯曼評論說，「除非健康相當不佳，不然我很少寫詩」[29]，而艾略特則帶著同情評論說，「我相信，我了解那句話」。卡耳銳利地評論說，「這兩人都寫了『病態的』詩，兩人都不是反叛者」。卡耳筆記中的一系列引文，舉例說明艾略特缺乏希望和悲觀。儘管莎士比亞十四行詩的第九十八首是對四月的頌揚，但艾略特的〈荒原〉卻視四月為最殘酷的月份。在一九二〇年所寫的〈小老頭〉裡，艾略特抱怨說，歷史「壓低嗓子，以夙願作哄騙，以虛榮引導我們」[30]。〈荒原〉把經過倫敦大橋的成群工人，看成是「雖生猶死之人」（dead people），而溫德姆．路易斯則寫道，「半死不活之人」（half-dead people）的滅絕是無關緊要的[31]。失敗的先知卡夫卡，在他的遺囑中，意味深長地要求銷毀他的著述；卡夫卡曾說，我們的世界是上帝的一種「壞情緒」的產物；我們的世界之外，存在「很多的希望——為上帝……卻不是為我們而存在的希望」[32]。而根據卡耳的說法，甚至連歐威爾，「到頭來跟艾略特抱持一樣的立場，尤其以厭惡下層階級的形式——一種菁英主義的形式——對人類感到絕望」。名稱上有顯著巧合的兩部現代經典，卡瓦菲的詩〈等待野蠻人〉和貝克特的《等待果陀》，兩者都呈現了「無助又盼望著的無所作為」。而受人崇拜的赫曼．赫塞，則被卡耳說成是「一個逃避他不再相信之世界的唯我論者」的作家。

另一組的筆記想把二十世紀文學批評置於其社會脈絡。李維斯「重振了馬修．阿諾德的階級觀，亦即，公正無私的知識分子，成了社會的菁英，且凌駕社會之上」。新的文學批評「始於理查茲，其在文學裡的客觀（科學）與主觀（情感）成分之間作了區別」；他的後繼者「想把文學批評家跟科學的觀察者作等同，將客觀標準應用在文本，而忽略了所有語詞派生或脈絡的問題」。對於這些發展，卡耳評論說：

> 一九三〇年代、一九四〇年代和一九五〇年代的形式主義者，以及一九六〇年代和一九七〇年代的結構主義者，想把文學離析成一種「純粹的」實體（entity），一種限制在語言的限度，而且未受其他實在（reality）玷污的實體。
>
> 不過，我們不能把文學批評僅僅紮根於文學，因為批評家本身是在文學之外，而且帶來了其他領域的成分。

至於「語言哲學」（一個錯用的詞語，就像傳統所認為的，它是對哲學的逃避），如同「為藝術而藝術」那樣，對所有的理念都沒有貢獻[33]。它不適用於倫理學或政治學，也毫不注意歷史學：「甚至連語詞改變自身意義的想法都付之闕如」。

---

[29] A. E. Housman, *The Name and Nature of Poetry*（1933）p.49。譯按：郝斯曼（A.E. Housman, 1859-1936），英國詩人、古典研究學者。

[30] T. S. Eliot, *Collected Poems* 1909-1962（1963）p.40.

[31] D. B. Wyndham Lewis, *Blasting and Bombardiering*（1937）p.115.

[32] Max Brod, *Kafka: a Biography*（1947）p.61

[33] 參見 J. Sturrock, *Structuralism and Since*（1979）。譯按：中譯本，參見渠東、李康、李猛譯，《結構主義以來：從列維——斯特勞斯到德里達》，瀋陽：遼寧教育出版社、牛津大學出版社，一九九八。

為了反對近幾年普遍的悲觀，卡耳在新版的最後幾章中，打算重申主張說，人類的過去大體上是個進步的故事，也打算表明他對人類的未來有信心。他在《何謂歷史？》裡指出，啟蒙運動的理性主義者所開創的進步歷史觀，在英國的自信和權勢達到頂點時，獲得了最大的影響。然而，二十世紀西方文明的危機，導致很多歷史學家和其他知識分子，拋棄進步的假說。在為新版而作的筆記中，他把進步的年代，區分成三方面：始於一四九〇年的世界擴張；或許自十六世紀開始的經濟成長；以及，自一六〇〇年以來的知識擴張。意識到世界擴張的伊麗莎白時期，是進步年代燦爛的第一階段。最偉大的輝格派歷史學家麥考萊，把歷史描寫成以國會改革法案告終的一種勝利進步[34]。根據卡耳的筆記，他顯然打算在新版《何謂歷史？》中，提供醫學和其他領域的進一步證據，證明進步基本上依賴且來自於，一代接著一代把已經學到的技能傳送下去。

自從第一次世界大戰以來，歷史即進步的信念，逐漸變得不流行了。墜入絕望深淵，有時是有點不成熟的：「卡爾．克勞斯以《人類最後的日子》這部激動人心的狂曲，頌揚奧匈帝國的崩潰」。但是，對過去的進步抱持懷疑態度，以及對未來的展望抱持悲觀，隨著二十世紀的推移，已變得愈有力、愈有自信。波柏在二十五年前，以「我們時代的歷史：一個樂觀的看法」為題，作了演講，而在一九七九年的一次演講中，他則評論說，「無獨有偶，我不相信進步」[35]。對於某些歷史學家而言，進步的理念是一個過時的笑話：理察．科布論及勒費夫賀時，說道「他是一個相信人類進步的非常天真的人」[36]。

卡耳相信人類在過去的進步，也相信「對過去的了解……隨之而來的，是對未來洞察力的提高」。因此，他贊同霍布斯的說法，「由於有關過去的概念，我們才造就了未來」[37]。不過，他補充了這一重要評論，「反過來說，也幾乎同樣是正確的」：我們對未來的願景，影響著我們對過去的洞識。恩斯特．布洛赫用來總結《希望原理》的諺語，有其效力：「**真正的起源不是在開端，而是在結尾。**」[38]

在疑惑又絕望的時代，卡耳認為，作為歷史學家，考察和闡明他自己對現在的了解與未來的願景，對他尤其重要。四十年前，他爭辯說，烏托邦和現實是政治科學的兩個重要側面，而「兩者都有一席之地的地方，才會發現健全的政治思想和健全的政治生活」[39]。其間這些年，他獲得了一絲不苟之現實主義者的名聲。不過，在他辭世的前幾年所準備的簡要回憶錄裡，他評論說：「或許世界是由諷世者（cynics）和空想主義者（Utopians）組成的；前者認為，沒有什

[34] Works（1898）xi, 456-8 and cf. 489-91；不過，卡耳亦問道，「麥考萊對紐西蘭人的憧憬（*Essay on Ranke's History of the Popes*），與進步信仰相抵觸嗎？」；麥考萊捉摸著，一位未來的紐西蘭人站在倫敦大橋的斷橋臂，對聖保羅大教堂的廢墟作素描，不過，他卻在相同的段落裡，提到新世界未來的偉大（Macaulay's *Essays*, selected and introduced by H. Trevor-Roper（1965）p.276）。

[35] *Encounter*, November 1979, p.11；雖然如此，波柏在這次的演講裡仍舊自稱是個樂觀主義者。

[36] *A Second Identity*（1969）p.100.

[37] Thomas Hobbes on Human Nature, *Works*（1840）iv, 16.

[38] Ernst Bloch, *Das Prinzip Hoffnung*（1956）iii, 489

[39] *The Twenty Years' Crisis*, 1919-1939（1939）

麼是有意義的，而後者則在某些高尚又無法檢驗的關於未來的預設基礎上，了解事物的意義。我偏好後者」。卡耳檔案中標題為「希望」的一條簡短筆記，評論道：「烏托邦的功能，乃是使白日夢變得實際。……烏托邦會讓個人利益跟普遍利益調和。真正的烏托邦，是有別於徒然（無明確目標）的樂觀」。

在卡耳的看法裡，兩位英國正統資本主義的偉大研究者，亞當・斯密和卡爾・馬克思，都把對於社會的深刻洞見，跟潛在的烏托邦作了結合：

> 撰寫了《道德情感論》[40]的亞當・斯密，在《國富論》[41]裡，離析出「互通有無、物物交換和互相交易」傾向，作為人類行動的主要驅動力。這是一種天才的洞見，不是對人性本身，而是對社會性質的洞見，這種社會性質即將在西歐（和美國）發展；正因如此，該洞見促進了那樣的發展。
>
> 馬克思的洞見也是如此，他認為，工人不肯容忍遭受到的剝削時，在工人抗拒的重壓下資本主義會崩潰。
>
> 不過，斯密關於看不見之手的世界的烏托邦，以及馬克思的無產階級專政，有人想將其實現時，立即會顯露出醜陋面。

早在一九三三年，卡耳提及，馬克思有「理由可以宣稱，他是十九世紀最有遠見的天才，以及歷史上最成功的先知之一」[42]。他討論「馬克思主義和歷史學」以及「馬克思主義和未來」的檔案，包括了許多有關馬克思、恩格斯、列寧，以及其重要追隨者的筆記；他顯然打算根據對於馬克思和馬克思主義的審慎評估，作為他自己對現在和未來的評價。在他晚近的幾部著述中，就像他的朋友赫伯特．馬庫色那樣，他明確表態說，他相信，「在今日的西方，無產階級——如同馬克思對該術語的用法，意指工廠裡有組織的工人——不是一種革命力量，或許，甚至還是一種反革命的力量」[43]。他指出，有關無產階級無能執政的懷疑態度，導致「托洛斯基最終再度陷入悲觀」[44]，而對於無產階級的負面評價，則成為馬庫色悲觀的依據：

> 《理性與革命》。否定的力量體現在無產階級之中。

---

[40] 譯按：此處引述將書名 *Theory of Moral Sentiments* 中的「Moral」誤植為「Modern」，中譯直接更正。中譯本，參見蔣自強等譯，《道德情操論》，北京：商務印書館，一九九七；余湧譯，《道德情操論》，北京：中國社會科學出版社，二〇〇三；呂宏波、楊江濤譯，《道德情操論》，北京：九州出版社，二〇〇七；謝宗林譯，《道德情感論》，臺北：五南，二〇〇七。

[41] 譯按：本書的中譯本甚夥，晚近的版本參見謝宗林、李華夏譯，《國富論》，臺北：先覺，二〇〇〇—二〇〇五；楊敬年譯，《國富論》，西安：陝西人民出版社，二〇〇一；唐日松譯，《國富論》，北京：華夏出版社，二〇〇五；陳星譯，《國富論》，西安：陝西師範大學出版社，二〇〇六；謝祖鈞譯，《國富論：國民財富的性質和起因的研究》，北京：新世界，二〇〇七；趙東旭、丁毅譯，《國民財富的性質與原理》，北京：中國社會科學出版社，二〇〇七。

[42] *Fortnightly Review*, March 1933, p.319.

[43] *From Napoleon to Stalin*（1980）p.271

[44] 參見 Knei-Paz, *The Social and Political Thought of Leon Trotsky*（1978）p.423。

對於個人人格從壓抑的社會中解放感到興趣——佛洛伊德。

〔在馬庫色的〕《愛欲與文明》——懷疑無產階級創造沒有壓抑之社會的能力。

《蘇維埃馬克思主義》。蘇聯的歷史表明，俄國的無產階級未能創造出沒有壓迫的社會——由於先進國家無產階級的失敗而失敗。

《單向度的人》說明，無產階級已遭到工業社會的吞噬，以致於社會在原則上變得無法改變。

結果是絕對的悲觀——左派理論與現實脫離：「理論與實踐，思想與行動，沒有交會的依據」[45]。

卡耳大致接受這類關於馬克思的批評，不過，他沒有得出如此悲觀的結論。在他自傳性的回憶錄裡，他鄭重聲明：

誠然，除了衰落與式微之外，我無法預見像現存形式的西方社會有任何展望，或許吧，但不見得以戲劇性的崩潰作結束。不過，我相信，我們仍無法猜測其形態的新興勢力和運動，在這裡或其他地方的表面下孕育成長著。那就是我無法檢驗的烏托邦。……我想，我該稱它為「社會主義的」，而在這個意義上，我是個馬克思主義者。不過，除了幾句烏托邦雋語之外，馬克思並未界定社會主義的內容；而我也無法界定。

那麼，卡耳本身怎樣評價資本主義體系的發展和衰亡；他察覺到什麼樣的「新興勢力和運動」呢？在標題為「馬克思主義和歷史學」的筆記中，他的草稿給了部分的答案，而該筆記似乎在一九七〇年左右就已撰寫。儘管內容並不完整，發表前當然會作相當程度的修改，但它清楚地傳達了卡耳對現在和未來之看法的精神：

因此，世界的形態在過去五十年裡已變得認不出來了。西歐強權先前的殖民地——印度、非洲、印尼——已宣告其完全獨立。拉丁美洲的國家之中，只有墨西哥和古巴採取革命道路；不過，在其他地方的經濟發展，則指出更完全自主的道路。這段時期最引人注目的事件，乃是蘇聯——前俄羅斯帝國——的崛起，而晚近則是中國登上世界強權和世界重要性的地位。這些變動的後果還在未來，而其所產生的不確定感，與十九世紀世界模式的相對穩定和安全，形成了鮮明的對比。新社會當前的願景，正是從這種不確定性和不安全感的氣氛中誕生。

俄國革命——以及其後的中國革命和古巴革命——公開宣稱以卡爾．馬克思的教義為依據，這是有最重大意義的事實。馬克思寫作的期間，資本主義體系還在全盛時期，關於十九世紀資本主義體系的衰落，他是最強有力的先知。那些試圖挑戰此一體系、為其垮台而歡欣鼓舞的人，訴諸於馬克思的權威，乃是理所當然的事。新社會取代十九世紀資本主義的願景，會從馬克

---

[45] H. Marcuse, *One Dimensional Man*（1968），pp.11-12。譯按：中譯本，參見張峰譯，《單向度的人》，重慶：重慶出版社，一九八八；劉繼譯，《單向度的人：發達工業社會意識形態研究》，臺北：桂冠，一九九〇。

思主義汲取靈感，亦是理所當然的事。這些願景有部分必然是烏托邦的；馬克思討論未來社會的著作，內容零星且經常有烏托邦的性質。他的某些預言失效，不然就證明是不能實行，而這已經導致他的追隨者之間的論辯和惶惑。不過，他的分析力量是不容否認的；而人們所能夠勾勒的未來社會圖像，不管多麼帶有推測性，必定都大量注入了馬克思主義概念。

馬克思是生產性的先知，預見了工業化是通往最高生產性形式的道路，也遇見了現代化需運用最發達的技術形式。自《共產黨宣言》以來，他的著作充斥著對資本主義成就的稱頌，稱讚它把生產過程從封建制度的桎梏解放出來，也使得現代技術發展的擴張性經濟，在全世界運轉。不過，馬克思自認為他的分析已說明，以個人私有事業之原理為基礎的資產階級資本主義，由於其巨大的成功而打造出新的桎梏，會使進一步的生產擴張停頓，而且從資產階級資本家手中取走了生產控制，取而代之，由工人本身作某種形式的社會控制。唯有如此才能維持和強化生產性的擴張。關於未來共產主義社會，馬克思所描繪的少數圖像之一乃是，在那裡「財富的源泉會更充足地流出」。

在一個眾多人民甚至連現代文明最基本的物質好處亦未享受到的世界裡，這些學說會強烈地影響新社會的人民願景，乃是不足為奇的。這些學說，不是在先進國家，而是在落後的國家裡，發出了其最有說服力的呼籲，也是不足為奇的（儘管與馬克思所期待的恰恰相反）；前者的人民享有過去資產階級資本主義的偉大成就，因而覺得很難相信，此一體系的潛在性已然枯竭，而在後者，資產階級的資本主義，要嘛還沒出現，要嘛是一種外來的主要壓迫力量。俄國革命發生在一個技術上落後的國家，在那裡資產階級資本主義的經濟轉型和社會轉型才剛開始；一如列寧所言，在能夠進行到社會主義革命之前，其最初的功能，乃是「完成資產階級革命」。自從第二次世界大戰以來，社會主義革命已蔓延到還沒開始資產階級革命的國家。跨過了如今過時的資產階級資本主義革命，未來社會的願景將實現經濟的工業化和現代化，而伴隨而來的高度生產性，則通過對生產作某種形式的社會控制和計畫控制，支配了今日西歐國家範圍以外的整個世界。

卡耳繼續補充說道，「然而，這種願景的政治層面，仍然模糊不清又難以捉摸。馬克思主義幫不上忙。社會由工人控制的這種概念，在無產階級規模很小的俄國，沒有多大的實用性；在無產階級不存在的較不先進國家，更是沒有任何的實用性」。雖然如此，這些國家的革命，好像要使資本主義體系終結，而且提供了實現卡耳「無法檢驗的烏托邦」的可能性：

我想，我們必須嚴肅地考慮（他在一九七八年九月宣稱的）此一假說，（布爾什維克革命）是世界革命的第一階段，而將使資本主義垮台的世界革命，會是殖民地人民對帝國主義幌子下之資本主義的反抗[46]。

[46] *From Napoleon to Stalin*（1980）p.275.

目次

第一章　歷史學家和歷史學家的事實

「何謂歷史？」為了不要讓人覺得，這是個毫無意義或者多餘的問題，我在本文中要引用兩段分別跟第一版與第二版《劍橋近代史》有關的段落。一八九六年十月，阿克頓[1]針對他負責編輯的《劍橋近代史》，向劍橋大學出版社的評審員提出了一份報告：

這是一個難得的機會，以對最大多數人有用的方式，完整地記載十九世紀即將遺留下來的知識。……藉由審慎的分工，我們應當能做到這一點，也能使每一個人明瞭最新的證據，以及國際研究中最成熟的結論。

我們這一代還不可能擁有定論的歷史（ultimate history）；不過，我們能夠拋棄因循守舊的歷史（conventional history），也能夠說明從這一頭到另一頭的歷史道路上，我們已經得到的論點。既然所有的資料都能得到，每一問題也就有可能迎刃而解[2]。

然而，幾乎整整六十年後，喬治．克拉克[3]教授在他為第二版《劍橋近代史》所寫的總論裡，對阿克頓及其共同撰稿人的信念——有一天終將寫出「定論歷史」——做了評論，他說道：

下一代的歷史學家並不期待這樣的機會。他們期盼自己的作品一再被人取代。他們認為，有關過去的知識，是通過一人或多人的心靈而流傳下來，也經由他們做過「處理」，因此，不可能由任何情況也改變不了的元素原子（atoms）和非人原子來構成。……歷史的探究似乎是毫無止境的，因而一些缺乏耐性的學者，便在懷疑主義，或者，至少是在下述信條中找慰藉：既然所有的歷史評判皆涉及到人和觀點，那麼此與彼，並無所謂的優劣，也沒有「客觀的」歷史真實[4]。

學者彼此怒目相對之處，正是這一領域有待探研的所在。我希望，我還趕得上時代，能看出一八九〇年代所寫的東西，不可避免無太大的價值；不過，我也還不至於先進到熱衷於這樣的看法，也即：一九五〇年代所寫的東西，必然都有其道理。誠然，你可能已經想到，這樣的探研很容易歧出到比歷史性質還要廣泛的範圍。阿克頓與喬治·克拉克爵士之間的意見衝突，反映出歷經了這兩則表述之間的這段間隔，我們對社會的整個展望改變了。阿克頓所說的，是一種積極的信念，維多利亞時代後期的那種敏銳的自信；喬治·克拉克爵士則迴響了「頹廢世代」（beat generation）[5]的惶惑以及不安的懷疑主義。當我們努力想回答「何謂歷史？」這一問題的時候，無論有意或無意，我們的答案，反映了我們自己當下的立場，也構成了我們對這個

---

[1] 譯按：阿克頓（John Acton, 1834-1902），英國歷史學家和政治哲學家。其為人稱頌的一則名言便是：「權力使人腐化，絕對的權力導致絕對的腐化」。

[2] *The Cambridge Modern History: Its Origin, Authorship and Production*（1907）, pp.10-12.

[3] 譯按：喬治·克拉克（George Norman Clark,1890-1979），英國歷史學家。

[4] *The New Cambridge Modern History*, i（1957）, pp.24-25.

[5] 譯按：亦有譯為「垮掉的一代」和「敲打的一代」。此一稱呼最早出現在一九四八年左右，主要指一九五〇年代晚期和一九六〇年代早期美國的一群頹廢年輕詩人和作家。

廣泛的問題——「我們採取什麼觀點來看待我們生活的社會」——所作之回答的一部分。我不擔心在仔細審視下，我的主題會顯得有些瑣碎。我怕的只是，我提出了一個浩瀚而又重要的問題，會顯得有些不自量力。

十九世紀是一個講事實的偉大時代。《艱難時世》[6]中的葛擂硬先生說道：「我所要的就是事實。……生活中所需要的也只有事實！」總體來說，十九世紀的歷史學家是同意他的看法。一八三〇年代，蘭克合乎邏輯地抗議以歷史進行說教，其評論說，歷史學家的任務「僅在如其事而直書」（wie es eigentlich gewesen），那時這句不怎麼深奧的諺語，卻得到了令人驚愕的成績。德國、英國，乃至法國三個世代的歷史學家，口中唸著這些神奇的字眼，向戰場邁進。「僅在如其事而直書」就像一句咒語——也像大多數咒語那樣，用途在於讓他們自己免除掉思考的煩人重負。實證主義者急不可耐地堅持歷史學是科學，其對於這種「事實崇拜」（cult of facts）有很大的影響。實證主義者說，先確定事實，再從事實中得出結論。在英國，這種歷史觀恰恰適合於經驗主義的傳統，而該傳統是從洛克[7]到伯特蘭·羅素[8]的英國哲學主流。經驗主義的知識理論，預先假定主體（subject）與客體（object）之間是完全分離的。事實，一如感官印象那般，從外在映照到觀察者，同時獨立於他的意識之外。觀察者的接受過程是被動的：接受了資料，然後對這些資料作出反應。《牛津簡明英文辭典》是經驗主義學派的作品，有用但又具有立場傾向，其將事實界定為「截然不同於結論的一種經驗資料」，清楚地指明了兩種過程之間的分離。這或可稱之為常識的歷史觀（common-sense view of history）。歷史由一些已查明的事實素材所組成。歷史學家從文獻、碑銘等等取得事實，就像在魚販砧板上取得魚一樣，歷史學家取走它們，帶回家，用他有興趣的方式下廚料理、上菜端湯。阿克頓的烹調口味樸素了些，對它們做了簡單的處理。在給《劍橋近代史》第一版撰稿人的吩咐信裡，他要求說：「我們撰寫的滑鐵盧，必須讓法國人和英國人滿意，同樣也必須讓德國人和荷蘭人滿意；倘若不看作者名單，沒有人能分辨得出，牛津的主教在哪裡停下了筆，到底是費爾貝恩還是加斯奎特，李伯曼還是哈里森，接手往下寫」[9]。即使批評阿克頓態度的喬治．克拉克爵士，也是把歷史中的「事實」比喻作「硬核」，把「有待爭論的詮釋」比喻作「裹在外面的果肉」，以資對照[10]——或許他忘了，水果的果肉，還是比硬核更實惠。先弄清楚事實，再冒險投入有如流沙的詮釋——這就是經驗主義的、憑藉常識的歷史學派的至理名言。這讓人想起偉大的自由派報人史考特[11]受人喜愛的格言：「事實該受尊重，但評論不受限制」。

顯然這是行不通的。關於過去之知識的性質，我不想作哲學討論。為了當下的目的，讓我

---

[6] 譯按：英國小說家狄更斯（Charles Dickens, 1812-1870）於一八五四年發表的長篇小說。葛擂硬是書中主人翁之一。中譯本，參見全增嘏、胡文淑譯，《艱難時世》，上海：上海譯文出版社，一九九八。

[7] 譯按：洛克（John Locke, 1632-1704），英國哲學家、經驗主義的開創者。

[8] 譯按：伯特蘭．羅素（Bertrand Russell1872-1970），英國哲學家、數學家和邏輯學家，也是活躍的政治活動家。

[9] Acton, *Lectures on Modern History*(1906), p.318。譯按：中譯本，參見朱愛青譯，《近代史講稿》，上海：上海人民出版社，二〇〇七。

[10] 引自 *The Listener*（June 19, 1952）, p.992。

[11] 譯按：史考特（Charles Prestwich Scott, 1846-1932），英國《衛報》（*Guardian*）的創辦人。

們假定說，凱撒渡過盧比孔河[12]這一事實，跟房間當中有張桌子這一事實，是相同的事實，或者說，是類別上可比較的事實；這些事實都以相同的或可比較的方式，進入到我們的意識，而且對於知道這些事實的人來說，它們擁有相同的客觀特性。不過，即使作了這種大膽又不太有說服力的假定，我們的論證還是馬上會碰到這樣的難題：並非所有關於過去的事實，都是歷史事實，或者說，都會被歷史學家看成是歷史事實。歷史事實有別於其他關於過去之事實的標準，到底是什麼呢？

何謂歷史事實呢？這是我們必須稍稍仔細觀察的一個關鍵性問題。根據常識歷史觀的說法，有一些基本事實，對所有歷史學家來說都是相同的，而且構成了所謂的歷史中樞（backbone）——比方說這一事實：哈斯丁斯會戰發生於一〇六六年。不過，我們需要對這種常識歷史觀作兩種觀察。首先，歷史學家根本上關切的，不在於這一類的事實。知道這場大會戰發生於一〇六六年，而非一〇六五年或一〇六七年，是在哈斯丁斯，而不是伊斯特本或布萊頓，無疑是很重要的；歷史學家勢必不能弄錯這些事。但人們提出這類論點的時候，我不禁想起了郝斯曼的評論：「準確是義務，而不是優點」（accuracy is a duty, not virtue）[13]。讚揚一位歷史學家敘述準確，就好比讚揚一位建築師在建築物中，用了充分乾燥的木料，或者，適當的混凝土。這是其工作分內的必要條件，卻不是主要的職能。正是這一類的事情，歷史學家應該藉助於一些所謂歷史學的「輔助科學」（auxiliary sciences）——考古學、金石學、古幣學、年代學等等。讓專家能夠確定陶器或大理石殘片之起源和時代、譯解含糊的碑銘，或者，為確定正確日期而作詳盡又龐大數字的計算，這些特殊技能歷史學家並不需要具備。對所有歷史學家而言都是相同的這些所謂基本事實，通常屬於歷史學家的原始材料範疇，而非歷史本身的範疇。第二個觀察乃是，是否該確定這些基本事實，仰賴的不在於事實本身的特質，而在於歷史學家「先驗的決定」（*a priori* decision）。儘管有史考特的座右銘，但今日每一位新聞工作者都知道，影響輿論的最有效方式，就是適當地選擇和編排事實。常言說，事實自己會說話；當然，這話是不對的。只有歷史學家要事實說話時，它們才能說話：是歷史學家決定，哪些事實可以登場，在什麼情況或脈絡下登場。或許是皮蘭德羅[14]劇作裡的一位人物說過的，事實就像厚紙袋——你不放一些東西進去，它是不會站起來的。我們有興趣想知道，一〇六六年發生在哈斯丁斯的那場會戰的唯一理由，乃是歷史學家認為，它是重大的歷史事件。是歷史學家基於自己的理由決定，凱撒渡過盧比孔河是歷史事實，不然在此前後，何以千百萬人渡過盧比孔河，卻完全引不起人們的興趣。半小時之前，你用步行、騎腳踏車或坐車來到這棟建築物，此一事實就跟凱撒渡過盧比孔河一樣，也是一件有關過去的事實，但大概不會受到歷史學家的青睞。塔爾科特·帕深思教授曾稱呼科學為「對現實作認知定位的選擇性體系」（a selective system of cognitive

[12] 譯按：盧比孔河，義大利北部的一條小河，注入亞得里亞海。

[13] *M. Manilius Astronomus: Liber Primus*（2nd ed., 1937）, p.87.

[14] 譯按：皮蘭德羅（Luigi Pirandello, 1867-1936），義大利劇作家、二十世紀重要的荒誕劇場先驅。一九三四年獲諾貝爾文學獎。

orientations to reality）[15]。這句話或許可以說得簡單一些。不過，歷史尤其是如此。歷史學家必然是有選擇性的。相信確定不移（hard core）的歷史事實，客觀而又獨立於歷史學家之詮釋而存在，是一種前後顛倒的謬誤，但也是很難根絕的一種謬誤。

讓我們看一看一個關於過去的小事，轉化成歷史事實的過程。一八五〇年，在斯塔利布里奇教區慶典[16]中，一個賣薑餅的小販因為跟人有了小爭吵，而被一群憤怒的民眾蓄意踢踹致死。這是歷史事實嗎？一年前，我會毫不猶豫地說，「不是」！一個目擊者將此事記載在一本鮮為人知的回憶錄裡[17]；不過，我從來不知道有任何歷史學家會覺得，那是值得一提的事。一年前，基特森．克拉克博士在牛津大學的福特講座上提到過它[18]。這就使它成為歷史事實了嗎？我覺得，還沒有！我會提議說，其當下的身分乃是有人推薦它成為精選的歷史事實俱樂部之會員；如今它還在等候附議者和保證人。可能往後的幾年之中，我們會看到此一事實，先是出現在有關十九世紀英國的論文和書籍之註解，後來又出現在正文，而且在二、三十年的時間裡，它也許會成為非常確定的歷史事實。反之，要是沒有人提及它，它在這種情況下，就會退回到有關過去之非歷史事實的被遺忘狀態，而基特森．克拉克博士則殷勤地想把它從這種狀態中挽救出來。這兩種情況會發生哪一種，到底由什麼決定呢？我覺得，這取決於基特森．克拉克引用此一突發事件來支持的論題或詮釋，是否被其他的歷史學家接受，認為它有憑有據又有意義。它作為歷史事實的身分，開啟了詮釋的問題。這種詮釋的成分，構成了所有歷史事實的一部分。

我可以提一件個人的舊事嗎？許多年前，我在這所大學學習古代史的時候，有一個「波斯戰爭期間的希臘」專題。我的書架上堆積了十五或二十本的書籍，理所當然地認為，專題內容就記錄在這些書裡；我擁有所有跟專題有關的事實。讓我們假定說——而且也極有可能為真——那些書籍含有當時已知道或能夠知道的關於專題的所有事實。我從未曾想過要去詢問，有人曾知道的無數事實，究竟藉由什麼樣的機緣或損耗過程，才讓這些仔細挑選過的事實，存留下來變成了歷史事實。我猜想，即使在今日，古代史和中古史的魅力之一，乃是讓我們有錯覺，以為我們在一個可控制的範圍內，擁有可自行支配的所有事實：歷史事實與其他有關過去的事實之間惱人的差異不復存在，因為少數的已知事實，全都是歷史事實。柏雷[19]研究這兩個時期，就像他所言：「古代史和中古史的記載，到處都有闕文」[20]。歷史被稱之為有許多缺塊的巨大拼圖（jig-saw）。不過，主要的問題不在於闕文。我們對西元前五世紀希臘的描述是有缺陷的，根本上不是因為有很多片段無意中遺失了，而是因為總體來說，那是雅典城的一小群人所作的描述。對雅典公民而言，西元前五世紀的希臘看起來如何，這方面我們相當了解；不過，對斯巴

---

[15] T. Parsons and E. Shils, *Toward a General Theory of Action*（3rd ed., 1954）, p.167.

[16] 譯按：斯塔利布里奇（Stalybridge），英國曼徹斯特附近的一個小鎮。

[17] Lord George Sanger, *Seventy Years a Showman*（2nd ed., 1926）, pp.188-189.

[18] 這些講演內容不久將以《維多利亞時期英國之形成》這一書名發行。譯按：該書後來於一九六二年發行。關於薑餅小販一事，參見 G. Kitson Clark, *The Making of Victorian England*, London: Routledge, 1994〔1962〕, p.62。

[19] 譯按：柏雷（John Bagnell Bury, 1861-1927），英國古典學者和歷史學家。

[20] J. B. Bury, *Selected Essays*（1930）, p.52.

達人、哥林多人、底比斯人而言——更不用提對波斯人、奴隸，或者，雅典的其他非公民的居民而言——希臘看起來如何，我們卻近乎無知。我們的描述，與其說是機遇，不如說是一些人為我們預先作了選擇和確定，而這些人自覺或不自覺地抱持一種特定看法，認為支持此一特定看法的事實才值得保留。同樣地，我在一本現代的中世紀史著裡，讀到中世紀的人們跟宗教有深刻關連時，我很好奇我們怎麼會知道，這是否為真？我們所知道的中古史事實，幾乎都是歷代的編年史家（chroniclers）為我們選擇的，而他們的專業便是從事宗教的理論和實踐，於是認為宗教有無上的重要，因而記載下每一件與宗教有關的事，其他的就不多了。一九一七年的革命，推翻了有關俄國農民在宗教上虔誠的描述。有關中世紀人在宗教上虔誠的描述，不論是否為真，都是推翻不了的，因為幾乎所有關於中世紀人的已知事實，都是由相信這種描述，也要求別人相信的一些人，預先為我們作了選擇，而我們在其中能找到相反證據的大量事實，卻又已無可挽回地佚失了。作古的歷代歷史學家、抄寫員和編年史家的不散陰魂，決定了過去的模式，不可能重作審理。受過中古史培訓的巴拉克洛夫教授寫道：「我們所讀的歷史，儘管以事實為根據，但嚴格來說，完全不是事實，而是一系列獲得接受的評斷」[21]。

儘管如此，還是讓我們轉移到現代歷史學家的不同困境。古代史家或中古史家可能很感激大規模的篩選過程，經年累月之後，提供了大量任他處理的歷史事實。就像里頓・史特拉奇[22]以調皮的方式所說的：「無知是歷史學家的第一必要條件，但它是能簡化和釐清、能選擇和省略的那種無知」[23]。當我想羨慕——就像我有時的確羨慕——寫作古代或中古史著之同事的極大能力時，我在下述的深思中找到了慰藉：他們如此有能力，主要因為他們對其主題如此無知。現代的歷史學家並未從這樣的必要無知中得到任何的好處。他必須獲得這種必要的無知——愈是如此，他就愈接近他自己的時代。他有雙重的任務：其一，發現少數有意義的事實，使其變成歷史事實；其二，將許多不重要的事實當成非歷史事實而加以拋棄。然而，這正好跟十九世紀的異端學說相反。該異端學說主張，歷史由最大數量毋庸置疑的客觀事實之彙編所組成。任何屈服此一異端學說的人，要嘛就放棄歷史研究這個壞差事，開始從事集郵或其他形式的古物研究，要嘛就是終老於精神病院。過去的百年間，正是這種異端學說，對現代的歷史學家有如此醒目的影響，其在德國、不列顛和美國，創造出一大批不斷增加的枯燥無味的事實性史著、極度專業化的專論，還有想要成為歷史學家的人們，而這些人對愈來愈小範圍的事，知道得愈來愈多，終而了無痕跡地沉入了事實的海洋。我猜想，正是這種異端學說——而非對自由主義或天主教忠誠之間的所謂衝突——使得作為歷史學家的阿克頓感到挫敗。他在一篇早期的論文裡，談到他的老師德林格爾[24]：「他不用有缺點的材料來寫作，然而對他而言，材料卻始終是有缺點的」[25]。誠然，阿克頓在此是預先為自己，也為那個奇怪現象作了裁斷：很多人認為這位歷

【21】G. Barraclough, *History in a Changing World*（1955）, p.14.

【22】譯按：里頓．史特拉奇（Lytton Strachey, 1880-1932），英國傳記文學作家、批評家。

【23】Lytton Strachey, Preface to *Eminent Victorians*.

【24】譯按：德林格爾（Döllinger, 1799-1890），德國神學家、天主教神父及教會史家。

【25】引自 G. P. Gooch, *History and Historians in the Nineteen Century*, p.385。後來，阿克頓提到德林格爾時，說道「這使他在人類能得到的最大的歸納推理（induction）上，形成他的歷史哲學。」（*History of Freedom and Other Essays*〔1907〕, p.435）。
譯按：中譯本，參見胡傳勝譯，《自由史論》，南京：譯林，二〇〇一。

史學家，是這所大學有史以來最卓越的欽定近代史教授——卻不曾寫出任何的史著。而阿克頓哀悼說，強加在歷史學家身上的要求，「揚言要迫使他從文人，轉變成百科全書的編纂者」的時候，他在身後不久出版的《劍橋近代史》第一冊的入門短箋裡，可說為自己寫下了墓誌銘[26]。這裡出了一些毛病。不對勁之處就在於，相信孜孜不倦、無窮盡地積累鐵的事實是歷史的基礎，相信事實可以為自己說話，還有事實永不嫌多。在當時這類信念顯得如此理所當然，以致於後來很少歷史學家覺得有必要——今日，還是有一些歷史學家覺得沒有必要——問自己這個問題：「何謂歷史」？

十九世紀的事實崇拜（fetishism），因文獻崇拜而更徹底、更有正當理由。文獻就是事實這座神殿裡的約櫃（Ark of the Covenant）。恭敬的歷史學家低著頭著手處理它們，以敬畏的聲調談論它們。只要是文獻所言，那就是對的。不過，當我們開始認真思索時，這些文獻——法令、條約、地租帳簿、藍皮書、公務函件、私人信函和日記——告訴了我們什麼呢？文獻能告訴我們的，都沒有超出文獻作者所想到的東西——他認為發生了什麼事情，他認為應該發生或會發生什麼事情，或者，也許只是他希望別人認為他怎麼想，甚至只是他自認為他是在想什麼。所有這一切都沒有意義，除非歷史學家對之作研究、作譯解。事實，不論是否在文獻裡發現，在歷史學家能夠作任何使用之前，他還是必須加以處理：倘若我能那樣說的話，那麼歷史學家對事實所作的使用，就是不斷加工的過程（the processing process）。

讓我舉一個我碰巧相當清楚的例子來說明我想要說的話。一九二九年，魏瑪共和國外交部長高斯塔夫．史崔哲曼[27]過世之後，留下了一大批——滿滿三百箱——官方、半官方和私人的文件，這些文件幾乎都跟他六年外交部長一職有關。他親友當然認為，應該立一座石碑來紀念這麼偉大的人物。他忠實的秘書伯恩哈特就開始工作；而三年內，出版了令人印象深刻的《史崔哲曼的遺稿》，其內容選自三百箱的文獻，共計三大冊，每冊大約六百頁。在一般的情況下，這些文獻會在某個地下室或閣樓裡發霉腐朽，永遠不復存在；或者，百年後，也許有個好學的學者偶然看到這些文獻，打算拿它們跟伯恩哈特的版本作比較。後來發生的事則戲劇性得多了。一九四五年，這些文獻落到英國和美國政府的手裡，它們拍了很多照，而且把照相複印本交給倫敦的國家檔案館（Public Record Office）和華盛頓的國家檔案及文件總署（National Archives）的學者作處理。倘若我們有足夠的耐性和好奇心，就可以發現伯恩哈特到底怎樣作選編。他做的選編，既非罕見，亦不驚人。史崔哲曼過世的時候，他對西方的政策似乎有許多出色成績——羅加諾公約[28]、德國獲准加入國際聯盟[29]、道斯與楊格計畫[30]和美國貸款、協約國聯軍從萊茵地區

---

[26] *The Cambridge Modern History*, i（1902）, p.4.

[27] 譯按：高斯塔夫．史崔哲曼（Gustav Stresemann, 1878-1929），德國魏瑪共和國總理和外交部長。因羅加諾公約而與法國外長在一九二六年獲得諾貝爾和平獎。

[28] 譯按：羅加洛公約（Locarno Vertrag），於一九二五年簽訂。德國跟英國、法國、比利時和義大利簽訂此約，約定互不侵犯；藉此改善與法國之關係，重建國際地位，重返國際社會。

[29] 譯按：德國在一九二六年加入國際聯盟（League of Nations）。

[30] 譯按：道斯與楊格計畫（Dawes and Young plans），一九二四年的道斯計畫，主張提供國際借貸八億黃金值馬克，以供德國重振經濟；該計畫亦提出，德國第一年賠款十億馬克，第五年增至每年賠款二十五億，而款項由國家支出、運輸稅、鐵路債券以及工業債券等負擔。然而，德國因無力支付每年二十五億的賠款，因此，協約國在一九二九年通過美國工業家楊格（Owen Young）提出的新賠償計畫，以取代原先的道斯計畫。楊格計畫則規定，德國每年賠款二十億，直到一九八八年。

撤軍。這似乎是史崔哲曼外交政策最重要且有收獲的部分；伯恩哈特的文獻選集當然應該特別表現出來。另一方面，史崔哲曼對東方的政策，亦即，他跟蘇聯的關係，似乎一無所獲。既然協商只產生一些瑣細的結果，大量有關協商的文獻不會引起人們興趣，對史崔哲曼的名聲亦無助益，那麼選擇的過程自該更嚴格一些。事實上，史崔哲曼持續地掛念對蘇關係，而且就他整個外交政策來看，對蘇關係扮演的角色，比起伯恩哈特選集之讀者所臆測的還要大得多。但我覺得，伯恩哈特選集相較於平庸史家暗地信賴的許多文獻集要好得多。

我要說的往事，不是在這裡就打住了。伯恩哈特選集出版不久，希特勒便上臺執政。史崔哲曼的名字在德國被逐漸遺忘，而這些選集也就不再流通；其中有大半想必是遭到銷毀了。今日，《史崔哲曼的遺稿》是相當罕見的書籍，但史崔哲曼在西方仍有很高的聲譽。一九三五年，英國一家出版社發行了一部伯恩哈特作品的節譯本——一部根據伯恩哈特選集所作的選集；大概刪掉了原書的三分之一。著名的德語翻譯家薩頓，他的工作作得很出色。他在前言中解釋說：英譯本「稍作刪節，而且僅刪掉英國讀者或學生不大會有興趣的……一些曇花一現的事情」[31]。這也是極其自然的。不過，後果卻是伯恩哈特選集裡已經呈現得不夠的史崔哲曼對東方的政策，如今就更無足輕重了，而在薩頓的選集裡，蘇聯看起來只是史崔哲曼以西方為主的外交政策中，一個偶爾出現且相當不受歡迎的闖入者。然而，可以肯定地說，除了少數之外，所有的專家都認為，是薩頓而非伯恩哈特——更不是那些文獻本身——向西方世界呈現了史崔哲曼的真正意見。要是這些文獻在一九四五年的轟炸中毀壞了，而餘留的伯恩哈特選集也不復存在，那麼薩頓選集的可信賴性和權威性，就永遠不會受到質疑了。因為沒有原稿，歷史學家所樂於接受的許多排版過的文獻集，並不比薩頓選集來得可信。

不過，我還想繼續談一下這個往事。讓我們先把伯恩哈特和薩頓擺在一邊，也讓我謝天謝地，要是我們喜歡的話，我們就能夠查閱這位參與過晚近歐洲史上一些重大事件的重要人士的可靠檔案。這些檔案告訴了我們什麼呢？除了別的事情以外，這些檔案包括了史崔哲曼跟柏林的蘇聯大使幾百次的談話紀錄，以及跟契切林二十幾次的談話紀錄。這些紀錄有一個共同點：它們著墨最多的是史崔哲曼的談話，顯示他的論據總是提得好又有說服力，而談話對手的部分則往往是稀疏、混亂又不足以令人信服。這是所有外交談話紀錄的常見特色。這些文獻告訴我們的，並非發生什麼事，而是史崔哲曼認為發生了什麼事，或者說，他希望別人認為，甚至是他自認為發生了什麼事。開啟這種選擇過程的，並非薩頓或伯恩哈特，而是史崔哲曼本人。倘若我們有（比如說）契切林關於這些相同談話的紀錄，那麼我們所能知道的只是契切林的想法，而真正發生什麼事，還是只能在歷史學家的腦海裡重建。當然，事實和文獻對歷史學家是必不可少的。但不要盲目崇拜它們。它們本身不等同於歷史；對於「何謂歷史？」這個煩人的問題，它們本身也未提供現成的答案。

在這個點上，我想談一下這個問題：十九世紀歷史學家何以對歷史哲學漠不關心。這個術語是伏爾泰[32]創造的，而且此後就有不同意義的用法；不過，要是我真要用它，我會用它來表示

[31] Gustav Stresemann, *His Diaries, Letters, and Papers*, i（1935）, Editor's Note.

[32] 譯按：伏爾泰（本名 Francois Marie Arouet, 1694-1778），法國哲學家、歷史學家、文學家。

我們對「何謂歷史？」這個問題的回答。對於西歐的知識分子而言，十九世紀是一個充滿自信和樂觀的時期。大體說來，這些事實相當的令人滿意，也因而對於難應付的事實問題，相應地便有缺乏探詢和解答的傾向。蘭克虔誠地相信，只要他處理好事實，天意（divine providence）就會負責歷史的意義；而布克哈特[33]則帶著更為現代氣息的犬儒主義，觀察到「我們沒有傳授到永恆智慧的奧秘」。直到一九三一年，巴特菲爾德教授顯然還很滿意地指出，「歷史學家對事物的性質，乃至自己學科的性質，很少作反思」[34]。不過，這個講座的前任講者羅茲博士，討論到溫斯頓．邱吉爾爵士的《世界的危機》[35]——他那本有關第一次世界大戰的書籍——時，相當公正地批評說，儘管它在品評人物、逼真度和生動性方面，堪與托洛斯基的《俄國革命史》[36]相匹敵，但它在一個方面較為遜色：這本書「背後沒有歷史哲學」[37]。英國歷史學家不願談，不是因為他們相信歷史沒有意義，而是因為他們相信歷史的意義是內含又不解自明的。十九世紀的自由主義史觀，與自由放任（laissez-faire）的經濟學說，有某種緊密的親近性；也是一種安詳而又自信的世界觀下的產物。只要每個人守住他自己的崗位，那隻看不見的手自然會照料普世的和睦。歷史事實本身證明了此一至高無上的事實，亦即，邁向更美好的事物的一種有利又明顯無止境的進步。那是純真的年代，歷史學家在伊甸園裡走著，無須哲學蔽體，赤裸面對歷史之神，也不覺得難堪。從那以後，我們知道了原罪（Sin），也體驗了墮落（Fall）。而今日，妄求摒棄歷史哲學的那些歷史學家，就像一些裸體主義殖民地的成員那樣，徒然又忸怩地想在自己的花園區裡再創建伊甸園。今日，這是個不能再迴避的棘手問題。

過去五十年的這段期間，在「何謂歷史？」這個問題上，有許多重要的成果。德國為了破壞十九世紀自由主義稱心如意的統治地位，做出如此多的貢獻。一八八〇年代和一八九〇年代，最早對於事實在歷史中有首要地位和自主性的學說提出挑戰的，正是這個國家。然而，提出挑戰的哲學家，如今徒留姓名而已。他們之中只有狄爾泰[38]晚近才在大不列顛獲得某些為時已晚的認可。在十九、二十世紀交替時期之前，不列顛仍舊極為繁榮又有自信，因而未注意抨擊崇拜事實的異端人士。不過，在二十世紀的初期，火炬傳到了義大利，克羅齊[39]開始提出了顯然得益於德國諸大師之處甚多的歷史哲學。克羅齊宣稱，所有的歷史都是「當代史」（contemporary history）[40]，意指，歷史原本就是通過現在的眼光，根據現在的問題來看待過去，而歷史學家的主要任務並非紀錄，而是評價；因為，要是他不作評價，那麼他要怎麼知道什麼

[33] 譯按：布克哈特（Jakob Burckhardt, 1818-1897），瑞士歷史學家。

[34] H. Butterfield, *The Whig Interpretation of History*（1931）, p.67.

[35] 譯按：中譯本，參見吳良健等譯，《世界危機：第一次世界大戰回憶錄》，臺北：左岸文化，二〇〇六。

[36] 譯按：中譯本，參見勝利譯，《俄國革命史》，臺北：問學，一九八八。

[37] A. L. Rowse, *The End of an Epoch*（1947）, pp.282-283.

[38] 譯按：狄爾泰（Wilhelm Dilthey, 1833-1911），德國哲學家。

[39] 譯按：克羅齊（Benedetto Croce, 1866-1925），義大利哲學家。

[40] 這句著名格言的前後文如下：「每一歷史評判背後的實際需求，使得所有歷史具有『當代史』的特性，因為，所記述的事件不論在時間上有多麼的遙遠，歷史實際上涉及了當前需要，以及那些事件所迴響的當前形勢。」（B. Croce, *History as the Story of Liberty*〔Engl. transl., 1941〕, p.19；譯按：中譯本，參見田時綱譯，《作為思想和行動的歷史》，北京：中國社會科學出版社，二〇〇五）。

是值得記載的呢？一九一〇年，美國歷史學家卡爾．貝克[41]故意以挑釁語言爭辯說，「對於所有的歷史學家而言，歷史事實在他動手創造之前都是不存在的」[42]。這些挑戰在當時甚少受到注意。到一九二〇年以後，克羅齊的觀點才在法國和大不列顛廣為流傳，這或許並非因為相較於德國前輩，克羅齊是個更難捉摸的思想家，或者，是個更好的自成流派者（stylist），而是因為第一次大戰之後，相較於一九一四年以前那些歲月，事實向我們投過來的笑臉似乎不那麼慈祥了，因此，我們更易於接受一種極力想削弱事實之威信的哲學。克羅齊對於牛津大學的哲學家暨歷史學家柯靈烏[43]有重要的影響，而柯靈烏是二十世紀對歷史哲學作出重大貢獻的唯一英國思想家。他沒活到寫出規劃中的系統性論著，但他討論此一主題的已發表或未發表的文章，則在他身後結集成書，名為《歷史的理念》[44]，於一九四五年發行。

柯靈烏的看法可以總結如下。歷史哲學所關心的，既非「過去本身」，亦非「歷史學家對過去本身的思考」，而是「處於相互關係中的這兩者」。（這一斷言，反映了「歷史」一詞通行的兩種意義——歷史學家所進行的探究，以及歷史學家所探究的一系列過去的事件。）「歷史學家研究的過去，並不是一個已死的過去，而是在某種意義上，還活在於現在之中的過去」。不過，一個過去的行動是死了的，亦即，對歷史學家來說是毫無意義的，除非他能夠了解潛藏於行動背後的思想。因此，「所有的歷史都是思想的歷史」，「是歷史學家正在研究的那個歷史的思想，在歷史學家腦中的重演」。在歷史學家的腦中進行的過去重建，仰賴的是經驗證據。不過，這一重建本身並不是一種經驗的過程，也不只是純粹的事實詳述。恰恰相反，此一重建的過程主導了事實的選擇和詮釋：的確，這就是使它們成為歷史事實的關鍵所在。在這一論點上，歐克夏特[45]教授的立場跟柯靈烏很接近，他說：「歷史就是歷史學家的經驗。歷史不是別人而是歷史學家『製作出來的』：書寫歷史乃是製作歷史的唯一途徑」[46]。

對於這種徹底的批判，雖說仍需要作一些重要的保留，但它卻也揭示了某些被人忽略的真理。

首先，歷史事實絕非「原原本本的」（pure）來到我們面前，因為它們既不會也不可能以一種原原本本的形式存在著：它們往往是通過歷史事實記載者之心靈反射出來的。從這一點推論下去，當我們閱讀一部歷史作品時，首先應該關心的，不是這部作品所載之事實，而是寫這部著作的歷史學家。讓我用本講座所紀念且以其名義而建立的偉大歷史學家崔維廉[47]作為例子，就

【41】譯按：卡爾．貝克（Carl Becker, 1873-1945），美國歷史學家。

【42】*Atlantic Monthly*, October 1910, p.528.

【43】譯按：柯靈烏（Robin G. Collingwood, 1889-1943），英國哲學家、歷史學家。

【44】譯按：目前已知，至少有四種中譯本，參見黃超民譯，《史意》，臺北：正文，一九六九；黃宣範譯，《歷史的理念》，臺北：聯經，一九八一；陳明福譯，《歷史的理念》，臺北：桂冠，一九八二；何兆武、張文傑譯，《歷史的觀念》，北京：中國社會科學出版社，一九八六。

【45】譯按：歐克夏特（Michael Oakeshott, 1901-1990），英國哲學家。

【46】M. Oakeshott, *Experience and Its Modes*（1933）, p.99。譯按：中譯本，參見吳玉軍譯，《經驗及其模式》，天津：文津出版社，二〇〇五。

【47】譯按：崔維廉（G. M. Trevelyan, 1876-1962），英國歷史學家，喬治．奧托．崔維廉（George Otto Trevelyan）之子，參見註49。

像他在自傳中告訴我們的，他是「在富有輝格派傳統的家庭裡長大的」[48]；要是我把他描寫成輝格派傳統之中，最後一個但並非最不重要的英國偉大自由主義歷史學家，那麼，我希望他不會拒絕承認此一頭銜。他追溯自己的家譜，從偉大的輝格派歷史學家喬治・奧托・崔維廉[49]，直到無與倫比、最偉大的輝格派歷史學家麥考萊[50]，並非沒有原因。崔維廉博士最佳又最成熟的作品《安娜女皇統治下的英格蘭》，就是在這種背景下寫成的，也只有在這種背景下理解，才能對讀者產生充分的意義和重要性。的確，作者也使得讀者不得不這麼做。因為倘若依照偵探小說達人的技巧，先從小說的結局讀起，那麼你在第三冊的最後幾頁，就會發現現今所謂輝格派歷史詮釋的概要，也是我所知道的最佳概要；而你會看到，崔維廉努力想做的就是，探究輝格派傳統的起源和發展，而且光明正大地把此一傳統紮根於創始人威廉三世過世以後的數年。儘管這或許不是對安娜女皇在位期間的事件所作的唯一想得到的詮釋，但它卻是一個有根據的詮釋，而且在崔維廉的手裡更是一種富有成效的詮釋。不過，為了領略此一詮釋的全部涵義，就得了解歷史學家在做什麼。因為如同柯靈烏所言，要是歷史學家必須在思想裡重演（re-enact）他的歷史人物（dramatis personae）腦海裡有過什麼的念頭，那麼讀者也必須重演歷史學家腦海裡有過什麼的念頭。在你開始研究事實之前必先研究歷史學家。畢竟，這並非晦澀難解的事。聰明的大學生已經這麼做了；當有人推薦他閱讀聖猶達的偉大學者瓊斯的一部作品，這位大學生便到聖猶達的一個朋友那裡，詢問瓊斯是個什麼樣的傢伙，而且他又有什麼奇特的想法。當你閱讀一部歷史作品時，要不斷留心弦外之音。假使你什麼都聽不出來，要嘛你是音盲，要嘛那位歷史學家是個愚蠢傢伙（dull dog）。事實確實不像魚販砧板上的魚。事實就像魚那樣，徜徉在廣闊且有時是深不可及的大海；而歷史學家能釣到什麼，有部分要看機緣，但主要地要看他在大海的哪個區域垂釣，他用什麼樣的釣具——當然，這兩個因素是由他想釣哪種魚來決定的。大體上，歷史學家可獲得他想要的那種事實；歷史就意謂著詮釋。誠然，假使我把喬治．克拉克爵士的話倒過來，硬要將歷史中的「詮釋」比喻作「硬核」，將「有待爭論的事實」比喻作「裹在外面的果肉」，那麼無疑的，這種說法會是片面而又使人產生誤解的，不過，我敢說跟原來那句名言相比，兩者相去不遠。

第二個論點，也即大家更加熟悉的：歷史學家需要對他所討論的人物之心境，對他們行動背後的思想，具有一種富於想像力的了解（imaginative understanding）。我說的是「富於想像力的了解」，而不是「同感」（sympathy），以免有人把同感看成是暗指同意（agreement）。十九世紀的中古史研究很差，因為該世紀極為厭惡中世紀的迷信說法，以及由迷信而引起的殘暴行為，以致於對中世紀的人們沒有任何富於想像力的了解。再舉布克哈特關於三十年戰爭的批評性評論為例：「不論是天主教或新教的教義，只要將其救世教義看成高於民族的完整，都是不

【48】G. M. Trevelyan, *An Autobiography*（1949）, p.11

【49】譯按：喬治．奧托．崔維廉（George Otto Trevelyan, 1838-1928），英國政治家。

【50】譯按：麥考萊（Thomas Macaulay, 1800-1859），英國政治人物、政論家、歷史學家。他所著的《英國史》使他成為輝格黨歷史學派的創始人之一。

像話的」[51]。十九世紀自由派歷史學家所受的教育就是相信，為了保衛國家而殺戮是正確而又值得稱讚的，但為了保衛宗教而殺戮便是缺德而又執迷不悟的，因而要使其理解那些參加三十年戰爭之人的心理狀態，是極度困難的。這種困難在我現在研究的領域裡就尤其嚴重。過去十年，英語國家裡所寫的有關蘇聯的著述，以及蘇聯所寫的有關英語國家的著述，都有一種通病，亦即因為未能對於對方腦子裡所想的事，有一種最起碼的富於想像力的了解，因而總是使對方的言語和行動，看起來像是有惡意、無意義或虛偽的樣子。歷史學家寫不出史著的，除非他能夠跟他所寫之對象的心靈有某種接觸。

第三個論點，我們只有通過現在的眼睛，才能觀察過去，了解過去。歷史學家是時代的產物，而且因為人類生存的條件，使他必然屬於自己的時代。他所使用的詞語——像說民主、帝國、戰爭、革命之類的詞語——都有通行的涵義，而他無法將詞語與通行涵義作分離。古代史學者使用 polis（城邦）和 plebs（平民）之類的原始詞語，僅僅為了表示他們並未落入這樣的陷阱。但此舉幫不了什麼忙。他們也是生活在現在，無法藉由使用冷僻或陳舊的詞語，自我欺騙說自己生活在過去，就好比他們穿著羅馬人的短斗篷（chlamys）或寬罩袍（toga）來講學，並不會使他們變成更好的希臘史家或羅馬史家。後世的法國史家用來描述在法國大革命中扮演顯著角色之巴黎群眾的名稱——les sans-culottes（無套褲漢）、le peuple（人民）、la canaille（下層民眾）、les bras-nus（赤膊漢）——對於懂得遊戲規則的那些人來說，則代表了某一政治從屬關係和特定詮釋。然而，歷史學家不得不作出抉擇：語言的運用不許他抱持中立的態度，也不只是詞語的問題而已。百年來，歐洲均勢的改變，已翻轉了英國史家對腓特烈大帝的態度。天主教與基督教之間均勢的改變，深深地改變了他們對於羅耀拉、路德與克倫威爾之類人物的態度。只要對過去四十年來法國史家討論法國大革命的作品略知皮毛，就可看出一九一七年俄國革命對這類作品有多麼深刻的影響。歷史學家不屬於過去，而是屬於現在。崔佛—羅普教授告訴我們，歷史學家「理當愛好過去」[52]。這是一種含糊其詞的勸告。所謂愛好過去，多半是老年人和老社團懷古情緒（nostalgic romanticism）的一種表現，也就是對現在或未來失去信心和興趣的一種徵候[53]。倘若非得用陳腔濫調代替另一個陳腔濫調，我倒是比較喜歡從「過去的流毒」（the dead hand of the past）裡把自己解脫出來這句話。歷史學家的任務，既非喜愛過去，亦非脫離過去，而是主宰過去、了解過去，以作為了解現在的關鍵。

然而，如果上述這些就是我所謂柯靈烏歷史觀的若干洞識，那麼現在也該思考一下這種歷史觀的某些危險。對於歷史學家在歷史形成過程中之角色的強調，要是窮究其邏輯結論的話，很容易排除掉歷史有客觀性：歷史就是歷史學家製作出來的。在柯靈烏的編者所引用的一份未發表過的手稿裡，的確，柯靈烏有時候似乎是得出這樣的結論：

[51] J. Burckhardt, *Judgments on History and Historians*（1959）, p.179.

[52] Introduction to J. Burckhardt, *Judgments on History and Historians*（1959）, p.17.

[53] 試與尼采史觀作比較：「老人在晚年會作這一類的事：回顧過去，算算自己老帳，在過去的往事、歷史文化之中找尋安慰。」（*Thoughts Out of Season*,〔Engl. tranl., 1909〕, ii, pp.65-66）.

聖奧古斯丁從早期基督教徒的觀點；蒂利蒙特從十七世紀法國人的觀點；吉朋從十八世紀英國人的觀點；蒙森則從十九世紀德國人的觀點來看待歷史。要問誰的觀點正確，是於事無補的。每一觀點對於採用它的人來說，是唯一可能的觀點[54]。

這無異是全面的懷疑論了，就像孚路德[55]所言，歷史是「小孩子的字母盒，隨我們高興，可以拿字母拼成什麼字詞」[56]。由於反對「東拼西湊的歷史」（scissors-and-paste history），反對把歷史看成僅僅是事實的編纂，柯靈烏近乎將歷史當成是人腦裡胡謅出來的東西，同時也回到了我前面引用的段落裡喬治．克拉克爵士所言的結論，「沒有『客觀的』歷史真實」，而這是十分危險的。為了取代那種歷史沒有意義的理論，柯靈烏在此給我們的是，歷史有無數種意義的理論；沒有任何一個意義，比另一意義更正確——這種理論跟前一種理論，兩者沒有太大不同。第二種理論跟第一種理論一樣，當然也是不能成立的。我們不能因為一座山，從不同角度可看出不同的輪廓，就推論說，就客觀而言它要嘛根本沒有輪廓，要嘛就有無限的輪廓。我們也不能因為在歷史事實的確立上，詮釋扮演著必要的角色，且不能因為沒有詮釋是絕對客觀的，就推論說，這一詮釋跟另一詮釋不分軒輊，或推論說，原則上，歷史事實不可能是一種客觀詮釋。我在往後的章節裡，還會討論歷史中的客觀性究竟意謂著什麼。

不過，潛伏在柯靈烏之前提裡的，還有一個更大的危險！倘若歷史學家必須以自己時代的眼光，來看待他所研究的歷史時期，而且把研究過去問題，當作了解當前問題的關鍵，那麼，他可能會以完全實用主義的觀點來看待事實，主張正確的詮釋判準就在於，它是否合乎某些當前的目的呢？對此一假設而言，歷史事實一無是處，詮釋才是一切。尼采[57]早就宣布過這一原理：「我們並非因為意見的不正確而反對它。……問題在於，該意見能否促進生命、維護生命、維護物種，甚或創造新物種到什麼程度」[58]。美國實用主義者雖不怎麼明確又不怎麼熱心，卻大致走著同樣的路線。知識之所以為知識，以其有某些目的，而知識之正確性則端視目的之正確性。不過，就算在沒有宣說這類理論的地方，實作的情況也沒有讓人多安心一些。在我自己的研究領域裡，我見得太多的例子，對事實置之不理，任意作詮釋，不為這種危險的現實所動。也難怪，多讀幾回蘇聯史學學派和反蘇聯史學學派的一些比較極端作品，有時便使人產生某種鄉愁，懷念起十九世紀時純然史實（purely factual history）的虛幻避難所。

那麼，處於二十世紀中葉的我們，該如何劃定歷史學家對事實的責任呢？我相信，近年來我已花了夠多的時間尋找和細讀文獻，並且為我的歷史敘述添加了具有適當註腳的事實，以免遭致輕率處理事實和文獻的責難。歷史學家尊重事實的這一本分，並不會僅局限於確保事實是否準確；只要跟他著手的主題和提出的詮釋有關的話，他就必須設法加入所有已知或可知

---

[54] R. Collingwood, *The Idea of History*（1946）, p.xii.

[55] 譯按：孚路德（James Anthony Froude, 1818-1894），英國歷史學家。

[56] A. Froude, *Short Studies on Great Subjects*, i（1894）, p.21.

[57] 譯按：尼采（Friedrich Nietzsche, 1844-1900），德國哲學家。

[58] *Beyond Good and Evil*, ch. i.

的事實。倘若他想把維多利亞時代的英國人，描寫成有道德又有理性的人，那麼他就不應忘記一八五〇年斯塔利布里奇教區慶典中所發生的事情。不過，反過來說，這不意謂著他能夠剔除詮釋，因為詮釋是歷史的生命源泉（life-blood）。歷史門外漢——也就是說，非學術界的朋友，或者，其他學門的朋友——有時問我說，歷史學家寫史著的時候是怎樣著手工作的呢？最普通的設想似乎是，歷史學家把工作分成兩個截然不同的階段或時期。首先，他花了很長的準備時期，閱讀資料，在筆記本上記滿事實，接著，準備時期結束時，他就把資料放一邊，取出筆記本，一氣呵成地撰寫他的書。在我看來，這種寫照既不能令人信服，也不怎麼有道理。至於我，倒是一閱讀到我所認為重要的一些資料，就巴不得開始動手寫作——未必從開頭動手，任何地方都有可能。此後，閱讀和寫作便同時並進。一邊閱讀時，便對著述內容作增減、重新構思，甚或完全刪去。閱讀受到寫作的導引和指點，因而碩果累累：我寫得愈多，就愈知道我要找尋的是什麼，對於我找到之資料的意義以及其是否切題也就愈了解。有些歷史學家或許在腦海裡進行這種初步的寫作，而未使用筆、紙張或打字機，就像有些人是在腦海裡下棋，而未藉助棋盤和棋子：我很羨慕這種才能，但我學不來。不過，我確信，對於任何一位名符其實的歷史學家來說，經濟學家所謂「投入」（input）和「產出」（output）的這兩種步驟，是同時並進，而且實際上也是一個步驟的兩面。倘若你想把它們分開，或重此輕彼，你就落入了兩個異端中的一個。要嘛你寫的是東拼西湊的史著，沒有意義或重要性；要嘛你寫的是宣傳品或歷史小說，只是運用過去的事實來裝飾一種跟歷史風馬牛不相及的著述。

因此，我們對歷史學家跟歷史事實的關係加以考察之後就會發現，我們似乎身陷危險的處境，微妙地航行於女怪西拉巨岩和女妖卡麗布狄絲大漩渦之間，進退維谷。前者那種站不住腳的理論，認為歷史是客觀事實的編輯，事實無條件地重於詮釋；後者也是站不住腳的理論，認為歷史是歷史學家心靈的主觀產物，歷史學家確立歷史事實，且通過詮釋的過程掌握歷史事實。我們航行於以過去為重心的史觀，與以現在為重心的史觀之間。不過，我們的處境並不像表面上那樣危險。在往後的講演中，我們還會遇見以其他裝扮把事實與詮釋作分離的相同二分法——特殊的與一般的（particular and general），經驗的與理論的（empirical and theoretical），客觀的與主觀的（objective and subjective）。歷史學家的困境乃是人之本質的一種反映。或許除了嬰兒時期和晚年之外，人並非完全受環境影響而毫無條件地屈從於環境。另一方面，他也從來未曾自外於環境，成為環境的絕對主人。人跟環境的關係，就是歷史學家跟研究主題的關係。歷史學家既非事實的卑下奴隸，亦非事實的暴君似的主人。歷史學家與事實之間的關係，是平等的、相互交流的關係。任何從事研究工作的歷史學家，倘若他在思考和寫作時，停下來反思一下他究竟在思考和寫作什麼，那麼都會知道，歷史學家在從事一個不間斷的過程，一方面塑造事實以適應詮釋，另一方面又塑造詮釋以適應事實。要說事實和詮釋，孰輕孰重，是不可能的。

歷史學家一開始是對事實作暫時性的選擇，也作了暫時性的詮釋。這種暫時性選擇，便是根據別人和他自己所作的暫時性詮釋。工作進行時，詮釋以及事實的選擇與安排這兩者，都會在彼此的相互作用下，發生不知不覺的改變。歷史學家與歷史事實，是相互需要的。沒有事實，歷史學家是毫無根據而又空泛；沒有歷史學家，事實則是沈悶而又無意義。因此，我對「何謂歷史？」這個問題的第一個答覆便是：歷史是歷史學家跟他的事實之間，不斷交互作用的過程，是現在跟過去之間，永無止境的對話！

第二章　社會與個人

問先有社會或先有個人，就好比問先有雞還是先有蛋。無論你把它當作是一個邏輯問題或是歷史問題，不管怎麼說，你的說法總是要被一個相互對立而又同樣片面的說法所更正。社會和個人是不可分割的；他們是相互需要、相互補充，而非相互對立。用多恩[1]的名言來說：「每個人都是完整的個體，卻也是社會群體的一部分」[2]。這是真理的一面。另一方面，再舉正統的個人主義者穆勒[3]的格言為例：「人並不會因集合在一起，而變成另一種實體（substance）」[4]。當然是不會。不過，該格言卻認為，把人「集合在一起」以前，人是存在的，或者說，有某種實體，這則是一種錯誤的見解。我們一生下來，這個世界就開始對我們起作用，把我們從純粹的生物單元變成了社會單元。在每個歷史時期或史前時期，每個人都是出生在一個社會裡，而且一出生就受到該社會的形塑。他所說的語言，並非得自遺傳，而是取自他成長的那個社會。語言和環境都有助於決定他的思想特性；他最早的想法來自於他人。有人說得好，脫離社會的個人，既不會說話也不會動腦筋。魯賓遜·克魯索神話的恆久迷人之處在於，其企圖幻想有一個從社會上獨立出來的個人。但這種企圖徹底失敗。因為魯賓遜並非抽象的個人，而是一個來自約克的英國人；他身上帶著《聖經》，向他的上帝祈禱。這個神話很快又給了他一位黑奴「禮拜五」，於是一個新社會的建造就開始了。另外一個相關的神話，就是杜斯妥也夫斯基《附魔者》[5]中的克里洛夫神話。克里洛夫為了表示他有充分自由而自殺。自殺是一個人可採取的唯一充分自由的行為；其他的行為無論如何都牽涉到所有社會成員[6]。

人類學家通常會說，相較於文明人，原始人要少一些個別性，更全然受到社會的形塑。

這是有些道理的。較簡單的社會所要求的和所提供的機會，不是複雜的個人技能和職業，從這種意義上說，它是比複雜的先進社會還要更劃一的。在此意義上，不斷增長的個人化（individualization）乃是現代先進社會的必然產物，從上到下普遍存在於所有的社會活動。不過，把這種個人化的過程，跟社會日益增強的力量和凝聚力作對立，則是大錯特錯的。社會的發展和個人的發展，是齊頭並進、相互制約的。誠然，我們所謂的複雜社會或先進社會，是指個人之間的相互依存關係採取了先進又複雜之形式的社會。想當然地認為現代民族共同體（national community）形塑其個別成員之性格和思想的力量，以及在其成員之中產生某種程度之相似性和一致性的力量，不如原始部落共同體的力量，這種想法可是危險的。以生物差異為根據之老舊的民族性格概念，老早就被駁倒了；不過，由於民族的社會背景和教育背景的不同而造成的民族性格的差異，則是難以否認的。那個難捉摸的實體，「人性」，隨不同的國家和世紀而有很大的不同，因而很難不認為它是由普遍的社會情況和社會規約所塑造的一種歷史現象。好比說，美國人、俄國人以及印度人之間就有許多的差異。不過，其中的一些差異，或許也是

---

[1] 譯按：多恩（John Donne, 1572-1631），英國詹姆斯一世時期的形而上詩人。

[2] *Devotions upon Emergent Occasions*, No. xvii.

[3] 譯按：穆勒（John Stuart Mill, 1806-1873），英國經濟學家、哲學家、古典自由主義思想家。

[4] J. S. Mill, *A System of Logic*, vii, 1.

[5] 譯按：中譯本，參見孟祥森譯，《附魔者》，臺北：遠景，一九七九。

[6] 涂爾幹（Durkheim）在其關於自殺的著名專著中，杜撰了「脫序」（anomie）一詞，來表示個人跟社會隔絕的情況——這種狀態尤其容易造成情緒困擾和自殺；不過，他也說明，自殺並非與社會情況無關。

最重要的差異，乃是對於個人之間的社會關係，或換句話說，對於構成社會的方式，採取不同態度的形式，因此，有關整個美國社會、俄國社會與印度社會之間差異的研究，大有可能變成研究個別美國人、俄國人與印度人之間差異的最佳方式。文明人就像原始人那樣，也是受到社會的形塑，正如同社會也受到人的形塑那樣。沒有蛋就沒有母雞，正如同沒有母雞就沒有蛋一樣。

西方世界剛剛從一段非凡而又非同尋常的歷史時期中應運而生；事實上，對我們來說，這些顯而易見的真理，要不是因為那段歷史時期而黯然失色，是沒有必要加以詳述的。個人主義的崇拜，是散播得相當廣的一個現代歷史神話。根據布克哈特《義大利文藝復興時期的文明》【7】中大家熟知的敘述，也就是書中題為「個人的發展」的第二部分，個人的崇拜始於文藝復興，在那時候，先前「覺得自己僅是某一種族、民族、政黨、家庭或公司中之一員」的人，後來「變成一位崇高純潔的個人，而且也自認為是如此」。在這之後，這種崇拜還跟資本主義和新教的興起、工業革命的肇端，以及自由放任的學說有關。法國大革命所揭櫫的人權和公民權，就是個人的權利。個人主義是十九世紀偉大的功利主義哲學的基礎。莫利的《論妥協》【8】這一維多利亞時期自由主義的典型文獻，把個人主義和功利主義稱為「人類快樂和安康的宗教」。「徹底的個人主義」（Rugged individualism）是人類進步的基調。這大概是對特定歷史時代之意識形態所作的合理又有效不過的分析。不過，我所要闡明的是，伴隨現代世界之崛起而增長的個人化，正是文明向前進展的一個正常過程。社會革命使得新的社會集團獲得權勢，其起作用的方式，始終透過個人，且為個人的發展提供了新的機會；因為在資本主義的早期階段，生產和分配的單位主要掌握在個人之手，新社會秩序的意識形態極力強調個人積極性在社會秩序中的角色。不過，這整個的過程是一個社會過程，體現著歷史發展中的一個特殊階段，不能從個人對社會的反抗，或個人從社會束縛中解放這樣的角度來加以解釋。

有很多跡象表明，甚至在這種發展和這一意識形態之中心的西方世界裡，這一歷史時期也已經走到尾聲了：在此我無須堅稱所謂大眾民主（mass democracy）的崛起，也無須堅稱以集體形式為主的經濟生產和經濟組織，逐漸取代了以個人形式為主的經濟生產和經濟組織。不過，由這段漫長而又卓有成效的時代所產生的意識形態，仍然是西歐以及各個英語國家裡的一個主導力量。當我們從抽象的角度，論及自由與平等之間，或個人自由與社會正義之間的緊張關係時，我們往往忘記，抽象理念之間是不會發生打鬥的。這些緊張關係並不是個人本身與社會本身之間的鬥爭，而是社會裡各種個人的團體之間的鬥爭，因為每一團體努力促進對自己有利的社會政策，阻擋對自己不利的社會政策。個人主義不再是一個偉大的社會運動，而是個人與社會之間的虛假對立，就此而論，它在今日已經變成利益團體的口號，也因為它有引起爭議的性質，它就成了我們了解世界上所發生之事情的一個障礙。對於用個人崇拜來抗議以個人為

[7] 譯按：現有三種中譯版本，參見羅漁譯，《義大利的文藝復興》，臺北：黎明文化事業公司，一九七九；何新譯，《意大利文藝復興時期的文化》，北京：商務印書館，一九七九；花亦芬譯，《義大利文藝復興時代的文化：一本嘗試之作》，臺北：聯經，二〇〇七。

[8] 譯按：莫利（John Viscount Morley, 1838-1923），英國政治家與文學家。該書的 PDF 檔可免費下載，網址如下：http://www.gutenberg.org/etext/11557。

手段、以社會或國家為目的的那種倒錯（perversion），我可沒有什麼好說。不過，倘若我們想用立足於社會之外的抽象個人之概念來起作用，那麼我們對過去或現在，都不可能有真正的了解。

而這至少使我回到我離題已久的論點上來了。常識史觀把歷史看成是由個人所撰寫的有關個人的一些東西。這種史觀當然受到十九世紀自由主義史家的接納和鼓舞，而且實質上也並非錯誤；不過，如今看來是過於簡化，也太不充分，我們得作進一步的探究。歷史學家的知識並非他獨佔的個人財產：許多世代、許多不同國家的人，大概都參與了知識的積累。歷史學家研究人的行動，而那些人並不是在真空中行動的孤立個人，他們在過去社會的脈絡中行動，也在過去社會的驅使之下行動。在上一次演講中，我把歷史描寫成是一個相互作用的過程，也就是現在的歷史學家與過去的事實之間的一種對話。現在，我想探討一下個人因素和社會因素在等式兩方的相對分量如何。歷史學家在多大的程度上是單獨的個人，又在多大的程度上是社會和時代的產物呢？歷史事實在多大的程度上是關於個人的事實，又在多大的程度上是社會事實呢？

歷史學家畢竟也是一個個人。就像其他個人那樣，他也是一種社會現象，既是他所屬之社會的產物，也是該社會自覺或不自覺的代言人；他正是以這樣的身分動手處理歷史長河中的事實。我們有時把歷史的過程稱為一種「行進的行列」（moving procession），這樣的隱喻相當貼切，只要這樣的隱喻不會誘使歷史學家把自己想成是飛翔於懸崖峭壁、眺望景色的老鷹，或者，高踞檢閱臺上觀看場面的顯要（V.I.P.）。沒有這回事！歷史學家只是在行列的另一部分中，蹣跚而行的另一個朦朧不清的人物而已。此行列蜿蜒前進，時而偏右，時而偏左，有時又急轉回頭，行列裡不同部分的相對位置不斷地變換著，因而這麼說或許是合理的：今日，我們比一個世紀以前的曾祖父輩更加接近中世紀，或者，凱撒的時代比但丁的時代更加接近我們。這一行列——以及跟著行列的歷史學家——移動時，新的景象、新的視角也就不斷地出現。歷史學家是歷史的一部分。他在行列中所處的點，就決定他觀察過去時所採取的視角。

就算歷史學家所處理的時代離他自己的時代很遙遠，亦無損於這一自明之理。我研讀古代史的時候，這一主題過去的經典作品是——現在大概還是——格羅特[9]的《希臘史》和蒙森[10]的《羅馬史》[11]。格羅特是一位在一八四〇年代從事寫作的開明激進銀行家，他對雅典民主制度所作的理想化描繪，體現了英國新興又富有政治進步性之中產階級的宏願。在他的描繪下，伯里克里斯是一位信奉邊沁學說的改革家，而且由於作者心不在焉，竟使雅典成了一個帝國。提出說格羅特忽視雅典奴隸制度的問題，反映出他所屬的集團未能面對新的英國工廠工人階級的問題，這樣的想法並非匪夷所思。蒙森是日耳曼自由派人士，因一八四〇—一八四九年日耳曼革命的混亂和屈辱而理想幻滅。蒙森在一八五〇年代——正是見證「現實政治」（Realpolitik）這

[9] 譯按：格羅特（George Grote, 1794-1871），英國的希臘史家。
[10] 譯按：蒙森（Theodor Mommsen, 1817-1903），德國歷史學家。
[11] 譯按：中譯本，參見李稼年譯，《羅馬史》，北京：商務印書館，二〇〇四。

個名稱與概念誕生的那十年——從事寫作，他深信日耳曼民族由於未能實現其政治宏願而留下的混亂局面，需要一個強人來收拾；他對凱撒作了眾所周知的理想化描述，乃是想要有個強人挽救日耳曼於危亡的這種渴望下的產物；而法學家兼政治家西塞羅，那位無能的喋喋不休者、滑頭的因循者，是一八四八年直接從法蘭克福的聖保祿教堂的幾場辯論中出走的，除非我們能這樣理解，不然我們永遠無法賞識其史著的真正價值。倘若有人說道，格羅特的《希臘史》今日不僅告訴我們一八四〇年代英國哲學激進派人士的思想，同樣也告訴我們西元前五世紀雅典的民主制度，或者說道，任何想了解一八四八年對日耳曼自由派人士之影響的人，都應該把蒙森的《羅馬史》當成他的教科書之一。誠然，我是不應把這樣的說法看成是粗暴的弔詭之詞，而這樣的說法也不會減損這兩部偉大歷史作品的重要性。我對於柏雷在就職演說中所樹立的風尚頗感不耐，他假裝認為說，蒙森的偉大之處不在於他的《羅馬史》，而是在於他的碑銘集，以及他討論羅馬憲法的作品：這是把史著貶低到編纂品的水平了。歷史學家對過去的眼光，受到對當前問題之洞察的啟發時，他才寫得出偉大的史著。有人經常覺得訝異，何以蒙森只把他的史著寫到羅馬共和的衰亡。他既不缺時間，亦不缺機會和知識。不過，蒙森撰寫這部史著時，強人尚未在日耳曼出現。在他的寫作事業的活躍期，強人一旦掌權會發生什麼事的問題還未成為現實。沒有什麼可激發蒙森，使他把此一問題投射回羅馬的場景，於是就沒有寫出羅馬帝國的歷史了。

要在現代的歷史學家之中，羅列出這種現象的例證是輕而易舉的。在上一次的講演中，我推崇崔維廉博士的《安娜女皇統治下的英格蘭》，是他生長於其中之輝格派傳統的不朽著作。

現在讓我們思考一下另一位歷史學家的重大成就。我們大部分人會認為，他是第一次世界大戰以來學術界最偉大的英國史家：路易士．納米爾爵士[12]。納米爾是一位真正的保守派——不是典型英國的保守派，因為那種保守派一抓破，有百分之七十五是自由派，而納米爾卻是百年來我們在英國歷史學家之中未曾見過的那種保守派。在十九世紀中葉與一九一四年之間，不列顛歷史學家，除了往好的方面變遷之外，幾乎不可能考慮到歷史變遷。一九二〇年代，在我們進入的這一時期裡，變遷開始跟對未來的憂慮聯繫在一起，而且也可看成是往壞的方面變遷——也就是說，這是保守思維捲土重來的時期。就像阿克頓的自由主義那樣，納米爾的保守主義也是源自歐陸的背景，而獲得了力量和深度的[13]。不同於費榭[14]和湯恩比[15]，納米爾沒有十九世紀自由主義的淵源，對它亦無任何的懷念。在第一次世界大戰及流產的和平揭露了自由主義的破產之後，隨之而來只有兩種形式的反應：社會主義或保守主義。納米爾成了保守派的歷史學家。他致力的領域有兩個，而選擇這兩者是有重大意義的。在英國史方面，他回溯到上一個時期，而在該時期，統治階級還能在一個有秩序、大抵靜態的社會裡，合理地追求地位和權力。有人

[12] 譯按：路易士．納米爾爵士（Sir Lewis Namier, 1888-1960），英國歷史學家。
[13] 或許值得一提的是，兩次大戰之間另一位重要的英國保守派作家艾略特（T. S. Eliot），也有非英國背景的優勢；一九一四年以前在大不列顛長大的人，都未能徹底跳脫自由主義傳統的有約束力之影響。
[14] 譯按：費榭（H. A. L. Fisher, 1865-1940），英國歷史學家、政治家和教育家。
[15] 譯按：湯恩比（Arnold Toynee, 1899-1975），英國歷史學家與教育家。

指控納米爾，取走了歷史的精神【16】。或許這不是什麼好話，但吾人可以了解批評者想表達之意。喬治三世即位的時候，政治還未受到觀念狂熱的影響，也未受到那種酷信進步信仰之狂熱的影響，而這種狂熱隨著法國大革命衝擊著世界，而且也帶來了氣勢正盛的自由主義世紀。沒有想法，沒有革命，沒有自由主義：納米爾按自己的旨意，出色地為我們描繪了一個還未遭受這些危險的時代——儘管安穩的日子不長了。

不過，納米爾所選擇的第二個主題也是有重大意義的。他略過了那些近代偉大的英國革命、法國革命和俄國革命——他對這些革命，沒有寫過什麼實質的東西——而對一八四八年的歐洲革命作了有洞察力的研究；這次革命的失敗，是整個歐洲高漲的自由主義期盼的挫折，證明了信念面對武裝力量時的空虛，以及民主人士遭遇軍人時的空虛。信念侵入政治這一嚴肅事業，是徒勞無功而又危險的：納米爾把這次不光彩的失敗稱作「知識分子的革命」，反覆闡述這個教訓。我們的結論也不光是一種臆測而已；因為，儘管納米爾不曾系統地討論過歷史哲學，但以慣有的明晰和敏銳，在前幾年發表的一部評論裡，表達了自己的看法。他寫道，「因此，一個人愈少用政治學說和政治教條來阻礙自己的思考自由，對他的思想就愈有利」。而在提及而非反駁「他取走了歷史的精神」這一指控之後，他繼續寫道：

一些政治哲學家抱怨說，當前英國有一種「令人煩厭的暫時平靜」（tired lull），而且對於一般政治問題缺少爭論。在為具體問題找尋可行的解決辦法時，兩方人馬都遺忘了綱領和理想。不過，對我而言，這種態度似乎預示著一個民族的更加成熟，而我只能翹首期盼這種態度可以長久持續下去，不受政治哲學之作用的擾亂。[17]

此刻，我不想就此一觀點作爭論，我打算留待以後的講演裡再談。在此，我的目的只是要闡明兩個重要的真理：首先，倘若你沒有先掌握歷史學家的立場，你是無法充分了解或領會其作品的；其次，那個立場本身是深植於社會背景和歷史背景中的。不要忘了，就像馬克思曾說過的那樣，教育者本身必須先受教育；用現代的俗話來說，洗腦者本身的腦袋也是被洗過了的。歷史學家開始寫作史著之前，他是歷史的產物。

我剛剛提及的歷史學家——格羅特與蒙森，崔維廉與納米爾——每一位都可說是同一個社會模子和政治模子打造出來的；他們的早期和晚期作品之間，觀點沒有出現顯著的變化。不過，在急劇變遷的時代裡，有些歷史學家的著述之中所反映的，不只是一個社會和一種社會秩序，而是一連串不同的社會秩序。對此，我所知道的最佳例證便是偉大的德國歷史學家邁乃克[18]。他的一生和寫作期都不尋常地漫長，經歷了國家命運的一系列革命性而又災難性的變遷。

---

[16] 一九五三年八月二十八日，《泰晤士報文學副刊》上的一篇討論〈納米爾歷史觀〉（The Namier View of History）的未署名作者之文章，有以下的批評：「達爾文被指控去除了宇宙的精神；而就各種意義來說，路易士．納米爾爵士都是政治史領域的達爾文」。

[17] L. Namier, *Personalities and Powers*（1955）, pp.5, 7.

[18] 譯按：邁乃克（Friedrich Meinecke, 1862-1954），德國歷史學家。

實際上，我們有三個不同的邁乃克，每一位都是不同歷史時期的代言人，每一位都通過其三部主要作品的其中一部來發聲。《世界主義與民族國家》[19]出版於一九〇七年，此時邁乃克信心十足把俾斯麥政權看成是日耳曼民族理想的實現，而且——就像馬志尼以後的許多十九世紀思想家那樣——把民族主義跟世界主義的最高形式等同起來：這是接續俾斯麥時代之後，威廉二世時期的產物。《國家理性之理念》出版於一九二五年，此時邁乃克帶著分歧又迷惑的心思來談論魏瑪共和國：政治界已成為存在理由（raison d'ètat）與道德之間尚未解決之衝突的競技場，因為道德是在政治之外的，但又終究無法凌駕於國家的生命與安全之上。而《歷史定論主義的產生》出版於一九三六年，此時邁乃克的學術榮譽遭到納粹洪水的席捲，他發出了失望的呼聲，批駁承認凡存在即是正確的歷史定論主義，卻又不安地徘徊於歷史的相對（historical relative）與超自然的絕對（supernatural absolute）之間。最後，晚年的邁乃克眼見祖國遭受比一九一八年還要大的軍事挫敗時，他在一九四六年出版的《德國的浩劫》[20]中無可奈何地認為，歷史是聽任盲目無情之偶然（chance）的擺布[21]。在此，心理學家或傳記家會感到有興趣的是邁乃克作為一個個人的發展：而歷史學家感到興趣的則是，邁乃克把三個——乃至四個——相互接續又有鮮明對照的現代時期反映到歷史長河之中的方式。

不然，讓我們就近再舉一個顯著的例子。在打破偶像崇拜的一九三〇年代，當自由黨作為英國政治上的一股勢力剛被扼殺時，巴特菲爾德教授撰寫一本叫做《輝格派的歷史詮釋》的書籍，而該書獲得應有的極大成功。就很多方面而論，這是一本與眾不同的書——尤其書中雖說用了大約一百三十頁左右的篇幅來指摘輝格派的歷史詮釋，但我們毋庸藉助索引就能發現，書中除了福斯之外，並未提到任一輝格派人士，而福斯卻不是歷史學家；雖提到歷史學家阿克頓，而他卻不是輝格派[22]。這本書雖缺少細節和精確，但因才氣煥發的惡言謾罵而彌補過來了。毫無疑問，讀者得到的印象就是，輝格派的歷史詮釋是一種壞東西；對它的指控之一就是，它「根據現在來研究過去」。在這一點上，巴特菲爾德教授是明確而又嚴厲的：

> 對過去作研究時又用一隻眼睛看著所謂的現在，乃是歷史學的所有過錯和謬論的來源……。這也就是我們所說的「非歷史的」（unhistorical）一詞的本意。[23]

十二年已過去，打破偶像崇拜的風尚退了流行。巴特菲爾德教授的祖國參與了戰爭，而人們常說，這場戰爭是在一位偉大領袖的領導下，為保衛輝格派傳統中所體現的憲政自由而戰。

---

[19] 譯按：中譯本，參見孟鍾捷譯，《世界主義與民族國家》，上海：上海三聯書店，二〇〇七。

[20] 譯按：中譯本，參見何兆武譯，《德國的浩劫》，北京：三聯書店，二〇〇二。

[21] 在此，我受惠於史達克（W. Stark）博士。他在英譯本《國家理性之概念》的導論中，對邁乃克之發展作了出色的分析，而該書在一九五七年以《馬基維利主義》（*Machiavellism*）為書名作了出版。或許，史達克博士誇大了邁乃克第三時期的超理性（super-rational）因素。

[22] H. Butterfield, *The Whig Interpretation of History*, p. 67，作者坦承，對「脫離現實的推論」有「一種健全的懷疑」。

[23] H. Butterfield, *The Whig Interpretation of History*, pp.11, 31-32.

該位領袖不斷提到過去，卻「又用一隻眼睛看著所謂的現在」。在一本出版一九四四年、稱之為《英國人與他的歷史》的小書裡，巴特菲爾德教授不單斷定，輝格派的歷史詮釋就是「英國的」詮釋，而且還起勁地談及「英國人跟他的歷史緊密合作」，以及「現在與過去之間的緊密結合」[24]。把注意力放在這些見解上的轉變，並不是一種不友善的批評。我的目的不在於用二型的（deutero-）巴特菲爾德，駁斥原型的（proto-）巴特菲爾德，也不是要清醒的巴特菲爾德教授跟酒醉的巴特菲爾德教授作對質。我十分清楚，倘若有人不辭辛勞地找出我在戰前、戰爭期間和戰後所寫的一些東西，那麼他要證明我有矛盾和前後不一致的地方，起碼就像我要在別人所寫的東西裡發覺相同現象那樣，可是一點兒也不困難的。的確，對於經歷過去五十年所發生的驚天動地大事，還能由衷地說他的見解沒有什麼重大修正的歷史學家，我不能肯定，我是否該羨慕。我的目的僅僅在於說明，歷史學家的作品是他工作於其中的那個社會的映照而已。不僅事件正在不斷變化，歷史學家本身也在不斷變化。當你拿過一本歷史作品時，只找一下扉頁上的作者名字是不夠的，還應該找一下出版或寫作的日期——有時這更有啟示性。倘若哲學家告訴我們，你不能踏入同一條河流兩次是正確的話，那麼基於相同的理由，兩本書不能由同一位歷史學家撰寫出來，或許也同樣是正確的。

倘若我們有一會兒時間從個別的歷史學家，轉移到或可稱之為歷史書寫中的總體趨勢，那麼歷史學家在多大程度上是社會的產物就會愈加明顯。十九世紀英國的歷史學家幾乎毫無例外，都把歷史進程看成是進步原理的實例；他們表達的是一個社會在進步極為快速之情況下的意識形態。對英國的歷史學家來說，只要歷史看來還是按我們的方式走，就是充滿了意義；既然歷史拐錯了彎，那麼相信歷史有意義的信念就成了一種異端邪說了。第一次世界大戰之後，湯恩比拼命地想用一種循環理論——這是沒落中之社會特有的意識形態——來取代線性的歷史觀[25]。自湯恩比失敗以來，英國的歷史學家大都心安理得地認輸，宣稱歷史根本沒有普遍的模式。費榭說過這類意思的一句平庸評論[26]，幾乎就像十九世紀蘭克的格言那樣廣為流傳。倘若有人告訴我，過去三十年來，英國的歷史學家由於深刻的個人反思，也由於他們在各自的閣樓裡工作到深更半夜，而經歷了這種內心的變化，那麼我不認為有必要爭辯這一事實。不過，我還是把所有這類個人思維和日以繼夜工作看成是一種社會現象，看成是一九一四年以來，我們社會在性質和見解上有了根本變化的產物和表現。社會性質的最有意義指標，就是撰寫出或未能撰寫出哪類的史著。荷蘭史家蓋爾[27]在他那引人入勝、英譯為《拿破崙：贊成與反對》的專論裡，說明十九世紀法國的歷史學家對拿破崙的相繼評斷，反映出整個十九世紀法國政治生活和政治思想的變化模式和衝突模式。歷史學家的思想，如同其他人的思想那樣，是由時空環境打

[24] H. Butterfield, *The Englishman and his History*（1944）, pp.2, 4-5.

[25] 在羅馬帝國衰落時期，馬卡斯·奧理略（Marcus Aurelius）藉由反思「現在發生的所有事情在過去是怎樣發生的，而在將來又會怎樣發生」（*To Himself*, x, p. 27），來安慰自己：就像眾所皆知的，湯恩比從斯賓格勒（Spengler）的《西方的沒落》（*Decline of the West*）中得到此一理念。

[26] Preface, dated December 4, 1934, to *A History of Europe*.

[27] 譯按：蓋爾（Pieter Geyl, 1887-1966），荷蘭歷史學家。

造而成的。充分認識到這個真理的阿克頓，卻想從歷史本身來尋求怎樣逃避：

〔他所寫的〕史著不僅要讓我們免於其他時代的不正當影響，也要免於我們自己時代的不正當影響，免於環境的苛刻以及我們所呼吸之空氣的壓力。【28】

對於歷史之角色作這樣的評估，聽起來好像是過於樂觀，但我敢不揣冒昧地認為，充分地意識到自己處境的歷史學家，比起大聲抗議說自己只是一個個人而非一種社會現象的歷史學家，更能超越自己處境，更能領會他自己的社會和見解，與其他時期和其他國家的社會和見解之間的差異的基本性質。人凌駕社會處境和歷史處境的能力，似乎是受到他能否看出自己陷入這種處境之感受程度的制約。

在第一講裡我說過：你在研究歷史之前，應該先研究歷史學家。現在，我要再加上一句話：你在研究歷史學家之前，應該先研究他的歷史環境和社會環境。作為一個個人，歷史學家也是歷史的產物和社會的產物；研讀歷史的人應該從這雙重的角度來看待歷史學家。

現在，讓我們把歷史學家擱一旁，而從相同問題的角度來考慮我所提之等式的另一方面——歷史的事實。歷史學家所探究的對象，是個人的行為，還是社會力量的行動呢？在此，我就走到老生常談的領域（well-trodden ground）了。幾年前以賽亞．柏林爵士發表了取名為《歷史的必然性》——我在以下的講演裡還會回到這個重要論題——的才華煥發又受歡迎的著述時，他從艾略特先生的作品中揀選了一句格言，「巨大的非人之力量」（vast impersonal forces），題在著述的篇首；他整本書都在取笑那些相信「巨大的非人之力量」而非「個人」才是歷史之決定因素的人。我所謂的「壞國王約翰式的歷史理論」——這種看法認為，歷史中最要緊的是個人的性格和行為——是源遠流長的。想把個人的天才假定為歷史的創造力量，是歷史意識最初形成階段的特點。古代的希臘人喜歡把過去的豐功偉業貼上英雄人物的名字，說這些事蹟由他們促成。他們把史詩歸功於一位叫荷馬的吟遊詩人，把法律和制度歸功於一位叫里克格斯或一位叫梭倫的人。同樣的傾向在文藝復興時期也重新出現過，在那時，傳記家兼倫理學者普魯塔克，相較於古代的歷史學家，他在古典復興中是個更受歡迎又有影響的人物。尤其在英國，我們可說自幼就學過這套理論了；而今日，我們或許該認識到，這種理論是有點幼稚，或者說，至少是有點天真爛漫。在社會比較單純，公共事務看來是由一小撮名人管理的時候，它似乎還有點道理；但它明顯不適合我們這個時代更加複雜的社會。社會學這門新科學，在十九世紀正是應運這種日益增長的複雜性而生的。然而，舊的傳統從未消逝。在二十世紀的肇端，「歷史是大人物的傳記」仍然是一句著名的格言。就在十年前，一位著名的美國史家（或許沒有很認真地）指控他的同行，說他們把歷史人物當成「社會力量和經濟力量下的傀儡」，因而「對歷史人物作了大規模屠殺」（mass murder of historical characters）[29]。如今，著迷於這種理論的人對它

---

[28] Acton, *Lectures on Modern History*（1906）, p. 33.

[29] *American Historical Review*, lvi, No. 1（January, 1951）, p.270.

也感到羞怯；但稍事查找之後，我在韋奇伍德小姐一本書的導論中，找到一段當代有關它的出色說明：

〔她寫道〕人作為個人的行為，相較於他們作為集團或階級的行為，讓我更感興趣。史著可以帶著這種和那種偏見來加以撰寫；這完全不會使人誤解……。這本書……努力想了解這些人有何感受，了解依他們自己的評價，他們為何那樣行事。【30】

這則說明相當明確；而且，由於韋奇伍德是一位受歡迎的作家，我確信許多人會有她那樣的想法。例如，羅茲博士告訴我們，伊莉莎白時期的制度之所以瓦解，是因為詹姆士一世未能了解它；他又告訴我們，十七世紀的英國革命是斯圖亞特王朝前兩位國王的愚蠢所引起的一個「偶發」事件【31】。甚至比羅茲博士更嚴刻的歷史學家詹姆士・尼爾爵士，相較於解釋都鐸王朝代表著什麼，有時似乎更急切於表達他對伊莉莎白女皇的崇敬；而柏林爵士在我剛才引用過的書中，對於歷史學家可能不把成吉思汗和希特勒指摘為壞人的跡象感到極度的擔憂【32】。時代愈近，這種壞國王約翰、好女皇貝絲式的理論就愈是充斥。相較於分析共產主義的根源和性質，把共產主義稱作「卡爾・馬克思的神來之筆（brain-child）」是來得容易得多（我是從股票經紀人的傳單中摘述了這句話）；相較於研究布爾什維克革命深刻的社會原因，把這次革命歸因於尼古拉二世的愚蠢或德國的黃金是來得容易得多；而相較於把二十世紀的兩次世界大戰起因，看成是威廉二世和希特勒的個人邪惡，要比看成是國際關係之體系中某種深層的解體來得容易得多。

於是，韋奇伍德小姐的說明把兩個主題結合在一起。其一，人作為個人的行為，有別於作為集團或階級之成員的行為，而歷史學家可正當地選擇詳述此而非彼。其二，有關人作為個人之行為的研究，包括了其行動之有意識動機的研究。

在我說過上述的話之後，我毋庸在第一點上費事了。我的意思並不是說，相較於把人看成集團裡之成員的看法，把人看成個人的看法或多或少是使人誤解的，而是說想把這兩者分別開來的企圖會讓人誤解的。就定義而論，個人是社會的成員，可能還是好幾個社會——稱呼它為集團（group）、階級（class）、部族（tribe）、民族（nation），或者，你要怎麼稱呼它都行——的成員。早期的生物學家安於用籠子、養魚缸和玻璃陳列櫃來為各種鳥、獸、魚類作劃分，而且也未研究活的動物跟環境的關係。或許今日的社會科學還未完全擺脫那樣的原始階段。有些人把心理學和社會學作了區分，前者是有關個人的科學，後者則是有關社會的科學，而「心理主義」一詞，則是指這樣的看法：所有的社會問題最終都可化約為個人行為的分析。不過，未能

[30] C. V. Wedgwood, *The King's Peace*（1955）, p.17.

[31] A. L. Rowse, *The England of Elizabeth*（1950）, pp.1261-262, 382. 該公平地指出，羅茲博士在一本稍早的書裡譴責「一些歷史學家，他們認為一八七〇年以後，波旁王室（the Bourbons）未能在法國重建君主政體，只因為亨利五世依戀一面小白旗」（*The End of An Epoch,*〔1949〕, p.275）；或許，羅茲博士對英國史研究也保留了這類個人的解釋。

[32] I. Berlin, *Historical Inevitability*（1954）, p.42.

研究個人之社會環境的心理學家，是搞不出名堂的【33】。傳記把人當成是個人來處理，史著則把人當成整體的一部分來處理，將傳記和史著區分開來，而且提出好的傳記會成為壞的史著，這種作法看起來很不錯。阿克頓曾寫道，「在人類的歷史觀裡，沒有什麼比個別人物所啟發之興趣，還能造成更多的錯誤和不公現象」【34】。不過，這種區分並不實在。楊恩【35】在他的《維多利亞時期的英格蘭》之扉頁上，題了一句維多利亞時代的箴言：「庸僕談論人，上流人士討論事」【36】。我倒也不想在這句箴言下托庇。有些傳記對歷史學有重大的貢獻：在我自己的領域裡，以撒·多伊徹關於史達林和托洛斯基的傳記，就是出色的範例。還有一些傳記屬於文學類，像歷史小說即是。崔佛–羅普教授寫道，「對於里頓·史特拉奇而言，歷史問題始終是，而且也不過是個人行為和個人怪癖（eccentricity）的問題。……歷史問題，像政治問題和社會問題，他從來不想回答，甚至問都不想」【37】。沒有人該撰寫史著，或非閱讀史著不可；而有關過去的出色書籍並不見得是史著。不過，我覺得，按照慣例——就像我在這些演講裡所打算做的——我們有權保留「歷史」這個詞，用來指對於人在社會裡的過去所做的探究過程。

第二點也就是，歷史攸關探究個人「依他們自己的評價，他們為何那樣行事」。這種觀點乍看之下非常古怪，而我猜想，韋奇伍德小姐就像其他明智的人那樣，也是言行不一的。倘若她言行一致，那麼她一定撰寫出非常怪異的史著。今日，大家都知道，人並不總是，或者甚至在習慣上，不是根據他充分意識到的動機來行事，或根據他願意坦承的動機來行事的；而摒除對於無意識之動機或未坦承之動機的洞見，當然就是任性地閉上一隻眼睛來做事。然而，根據有些人的說法，這就是歷史學家該做的事。關鍵的一點是：只要你安於說道約翰國王的惡劣，在於他的貪婪、愚蠢或做暴君的野心，那麼你是從個人素質的角度在作討論，而這是連幼稚園等級的孩童都能理解的史著。不過，你一旦開始說道，約翰國王是特權階級抗衡掌權之封建諸侯的不自覺工具，那麼你不僅對於約翰國王的惡劣，提出了一個比較複雜而又精緻的看法，而且你似乎也間接指出，歷史事件不是由個人有意識的行動所決定的，而是由一些引導其無意識意志的外部而又全能的力量所決定的。當然，這是胡說八道！就我個人來說，我並不相信上帝的福佑（Divine Providence）、世界精神（World Spirit）、天定命運論（manifest destiny）、大寫H的歷史（History），或者，有時被認為是引導事件進程的其他抽象概念；而我要毫無保留地

【33】現代的心理學家仍然犯了這樣的錯誤：「作為一種團體的心理學家們，沒有把個人看成是運行中之社會體系的一個單位，而是看成具體的人；接著又認為這種具體的人是著手塑造了社會體系。因此，他們未充分顧及到在特殊涵義上他們的範疇是抽象的。」（帕深思教授所寫的導論，Max Weber, *The Theory of Social and Economic Organization*〔1947〕, p.27）；亦參見以下二四九頁對佛洛伊德所作的評論。

【34】*Home and Foreign Review*（January 1863）, p.219.

【35】譯按：楊恩（George Malcolm Young, 1882-1959），英國歷史學家、歷史評論家。

【36】史賓塞（Herbert Spencer）在《社會學研究》（*The Study of Sociology*）的第二章裡，以相當嚴肅的方式，詳細說明了此一想法：「要是你想粗略估計一個人的心理素質，那麼最好的方式就是，觀察他談話裡通則與個別之間的比率——從人與物的無數經驗中取出的事實，在多大程度上代替了關於個人的簡單事實。你用這種方式衡量過許多人時，你就會發現，關於人世間的事，大多數人都是採取傳記式的觀點」。譯按：中譯本，參見張宏暉、胡江波譯，《社會學研究》，北京：華夏出版社，二〇〇一。

【37】H. R. Trevor-Roper, *Historical Essays*（1957）, p.281.

贊同馬克思的評論：

歷史並未做什麼，它未擁有巨大財富，也未上過戰場。相反的，是人，真實的活人做了所有的事情，他擁有財富，他上戰場打仗。[38]

我對這一問題的兩點評論，跟任何的抽象歷史觀沒有關係，純粹根據經驗的觀察。第一，歷史在某種程度上是個數目的問題。卡萊爾[39]要為「歷史是大人物的傳記」這一不幸的論斷負責的。不過，聽聽他在他最偉大的歷史作品中是這麼雄辯的：

食不果腹、衣不蔽體，以及自視為正義的壓迫，重壓著兩千五百萬人的心頭，而不是哲學的提倡者、富有的店主、鄉間貴族階級的受創之虛榮心或矛盾的哲理，才是法國大革命的原動力；而在所有國家裡，所有這類的革也都是如此。[40]

或者，如同列寧所言，「有群眾的地方，就有政治；不是數以千計群眾的地方，而是數以百萬計群眾的地方，才有須認真對待的政治」[41]。卡萊爾和列寧的數以百萬計群眾，正是數以百萬計的個人；他們不是非人的事物。有關這個問題的討論，有時把「匿名」（anonymity）和「非人格性」（impersonality）混為一談。人民不因我們不知其姓名而不成為人民，個人也不因我們不知其姓名而不成為個人。艾略特先生的「巨大的非人之力量」乃是個人，亦即，更大膽坦率的保守派人士克拉倫登[42]所謂的「無姓名的骯髒人民」（dirty people of no name）[43]。這些無名的、數以百萬計的人，各自或多或少不自覺地一起行動，形成一種社會力量。在一般情況下，歷史學家無須理會單一不滿農民，或單一不滿村落。不過，成千上萬的村落裡數以百萬計的不滿農民，乃是任何歷史學家都不會忽略的一個因素。使瓊斯放棄結婚的原因，歷史學家是不會有興趣的，除非相同的原因使瓊斯同世代數以千計的其他人也放棄結婚，而且還使結婚率實質下降：在那種情況下，這些原因就有歷史意義。我們也無須因為「運動是由少數人發起」的這類老生常談而心神不安。所有卓有成效的運動都是由少數人作領導，且有一大批的追隨者；不過，這並不意謂，這一大批人對他們取得成功是不必要的。人數在歷史上是重要的。

我的第二個觀察甚至得到了更好的證實。許多不同思想派別的作家都同意，個人的行動經常達到意料不到的結果。基督徒相信，有意識地為一己之私的目的而行動的個人，是上帝

[38] *Marx-Engels: Gesamtausgabe*, I, iii, p.625.

[39] 譯按：卡萊爾（Thomas Carlyle, 1795-1881），英國歷史學家、評論家、作家。

[40] *History of the French Revolution*, III, iii, ch. 1.

[41] Lenin, *Selected Works*, vii, p.295.

[42] 譯按：克拉倫登（Clarendon, 1609-1674），英國政治家和歷史學家。

[43] Clarendon, *A Brief View & Survey of the Dangerous & Pernicious Errors to Church & State in Mr. Book entitled Leviathan*（1676），p.320.

意旨不自知的代理人。曼德維爾[44]所謂的「私人的惡德—公眾的利益」（private vices, public benefits）[45]，是對此一發現所作的一種早期的、故作弔詭的表述。亞當・斯密的「看不見的手」，或黑格爾的「理智的狡詐」（cunning of reason），促使個人為它工作，達到它的目的，而個人卻還以為在實現自己的願望。這是我們都很熟悉的，不用多加引述。馬克思在《政治經濟學批判》的前言中寫道，「人類在生產手段的社會生產中，構成了明確又必然之關係的一部分，而這種關係不隨人的意志而移轉」。托爾斯泰附和著亞當・斯密，在《戰爭與和平》裡寫道：「人有意識地為自己而活，但人也是實現人類的歷史普遍目的時的不自覺工具」[46]。在這方面，各家名言已經夠長了，我們就用巴特菲爾德教授的話作個圓滿結束：「歷史事件的性質中有一種東西，足以左右歷史的進程，使其走上沒有人能預期的方向」[47]。一九一四年以降，經過百年多的小型的地區性戰爭之後，我們有了兩次大型的世界性戰爭。即使說二十世紀上半葉比起十九世紀的後七十五年，有更多的人想要戰爭，較少的人想要和平，也不是對這種現象的合理解釋。很難相信，有任何人願意或想要有一九三〇年代的經濟大蕭條。但無疑地，大蕭條正是由個人行動所導致的，而每一行動則有意識地追求著一些全然不同的目標。個人意向與其行動結果之間的落差，並非得要留待日後的歷史學家來調查分析。一九一七年三月，洛奇[48]談到伍德羅・威爾遜[49]時寫道，「他無意開戰，但我認為，他會被一些事件所逼迫」[50]。提出可以「根據人的意向所作之解釋」[51]、行動者對自己機動所作的說明，或有關「依他們自己的評價，他們為何那樣行事」的說明，而在這些基礎上來撰寫史著，這是完全沒有根據的。歷史事實，的確是有關個人的事實，不過，並不是有關個人在孤立的狀態所表現的行動，也不是有關個人設想自己曾行動過的真實動機或假想動機。歷史事實是有關個人在社會中相互關係的事實，也是有關社會力量的事實；社會力量是從個人行動中產生的結果，而這些結果經常跟個人的意圖有出入，有時還完全相反。

我在上一講裡討論過，柯靈烏歷史觀的嚴重錯誤之一，乃是設想說，歷史學家被要求要去探究的那個行動背後的思想，就是該位行動者的思想。這是個錯誤的預設。歷史學家被要求要去探究的，是行動背後的東西；但對於個別行動者的有意識之思想或動機來說，那樣的東西可能是毫不相干的。

在此，我該談一下反叛者（rebel）或異議者（dissident）在歷史上的角色。建立個人反抗

---

[44] 譯按：曼德維爾（Bernard de Mandeville, 1670-1733），荷蘭散文作家、哲學家、醫師與經濟學家。生於荷蘭鹿特丹，後定居英格蘭。

[45] 譯按：曼德維爾的著作，參見蕭聿譯，《蜜蜂的寓言：私人的惡德，公眾的利益》，北京：中國社會科學出版社，二〇〇二。

[46] L. Tolstoy, *War and Peace*, ix, ch. 1.

[47] H. Butterfield, *The Englishman and His History*（1944），p.103.

[48] 譯按：洛奇（Henry Cabot Lodge, 1850-1924），美國共和黨參議員、歷史學家。

[49] 譯按：伍德羅．威爾遜（Woodrow Wilson, 1856-1924），美國政治家、總統（1913-1921年）。

[50] 引自 B. W. Tuchman, *The Zimmermann Telegram*（N.Y., 1958），p.180.

[51] 這句短語引自 I. Berlin, *Historical Inevitability*（1954），p.7，那裡似乎從這些角度稱許歷史書寫。

社會的大眾形象，就是再次提出了社會與個人之間的假對立。沒有社會是同質的。每個社會都是社會衝突的競技場。那些反抗現存的權威的個人，跟那些支撐權威的個人一樣，都是社會的產物和反映。理查二世與凱薩琳大帝代表了十四世紀英格蘭和十八世紀俄國的強大社會力量；但偉大的農奴反叛領袖，瓦特．泰勒與普加契夫亦復如此。君主和反叛者一樣，都是時代和國家之特定條件的產物。把瓦特．泰勒和普加契夫描寫成反抗社會的個人，是一種使人誤解的簡化。倘若他們只是如此，歷史學家壓根兒就不會知道他們。他們在歷史上的角色全靠廣大的追隨者，而他們作為社會現象，要嘛十分重要，要嘛就根本不重要。不然讓我們在更複雜的水平上，舉一個出色反叛者暨個人主義者的例子。很少人比尼采還要猛烈、激進地反抗他們那時代的社會和國家。然而，尼采正是歐洲社會、尤其是德國社會的直接產物——這是不可能出現在中國或秘魯的現象。尼采去世後的一個世代，較之他同時代的人更能看出，尼采這個人所表達的歐洲社會力量，尤其是德國社會力量有多麼的強大。尼采便成為在後世比在自己時代更加重要的人物。

反叛者在歷史中的角色，跟大人物的角色有若干類似之處。大人物歷史理論——好女皇貝絲學派的一個特定例子——近年來已經退了流行，雖說它偶爾還會露出難看的頭。第二次世界大戰之後開始進行的通俗歷史教科書叢書，其編者曾請叢書的作者，「用撰寫大人物傳記的方式，開啟有意義的歷史主題」。泰勒先生在他較為嚴謹的著述裡，雖沒有承擔這樣輕率的計畫，但他在一本小書裡卻告訴我們，「歐洲近代史可以根據三位巨人——拿破崙、俾斯麥與列寧——來加以撰寫」[52]。大人物在歷史中的角色是什麼呢？大人物是一個人，而且他作為一個傑出的個人，也是一個有顯著重要性的社會現象。吉朋觀察到，「一個顯而易見的道理是，非凡的人物必須生逢其時，克倫威爾或瑞茲這類的天才在今日可能會被埋沒一生」[53]。馬克思在《路易・波拿巴的霧月十八日》裡診斷了此一顛倒現象：「法國的階級戰爭創造了環境和關係，使平庸之才當起了英雄」。倘若俾斯麥生於十八世紀——這是個荒謬的假說，因為這樣一來他就成不了俾斯麥了——他就不會統一德國，也壓根兒不會成為大人物。但我認為，吾人無須像托爾斯泰那樣，譴責大人物只不過是「給事件貼上名稱的標籤」。當然，有時對大人物的崇拜會有一些壞的意涵。尼采的超人就是個令人生厭的人物。我不必重提希特勒的例子，或重提蘇聯「個人崇拜」（cult of personality）的殘酷後果。但我無意削弱大人物的偉大之處，亦非贊成「大人物幾乎總是壞人」這樣的論點。我想反對的看法就是，把大人物置於歷史之外，將他們看成是憑藉其偉大而凌駕於歷史之上，看成是「揭匣蓋就跳起的玩偶（jack-in-the-boxes），不可思議地從未知的地方出現，中斷了歷史真正的連續性」[54]。甚至到了今日，我也不知道有誰能比黑格爾的經典性描述說得更好：

【52】A. J. P. Taylor, *From Napoleon to Stalin*（1950）, p.74.

【53】Gibbon, *The Decline and Fall of the Roman Empire*, ch. lxx.

【54】V. G. Childe, *History*（1947）, p.43.

時代的大人物，是能夠把時代的意志用言語表達出來，能夠告訴他的時代什麼是時代的意志，而且能完成它。他所做的是時代的精神與本質；他實現了他的時代。[55]

李維斯博士說偉大的作家「是重要的，因為他們提升了人類的自覺」，此話大概也是這個意思[56]。大人物總是一種代表力量，要嘛是代表現存力量，要嘛就是代表他藉由向現存權威挑戰而協助創造出的力量。不過，較高程度的創造性或許可歸因於克倫威爾或列寧之類的大人物，而不是歸因於拿破崙或俾斯麥之類的大人物；因前者協助打造出了使其偉大的力量，而後者騎在現存力量的背上而取得偉大。我們也不應遺忘這類的大人物，他們遠遠超出他們自己的時代，以致於他們的偉大要到後世才能看出。對我來說，最重要的是看出，偉人就是傑出的個人，他既是歷史過程的產物，又是歷史過程的動力，既是社會力量的代表，又是社會力量的創造者，而這些社會力量則改變了世界的形貌和人的思維。

因此，就「歷史」一詞的兩種意義而論——其既指歷史學家所做的探究，也指他所探究的過去事實——歷史是一個社會過程，個人是作為社會存在（social beings）而參與了此一過程；而社會與個人之間的那種想像的對立，只不過是一個攪亂我們思維的不相干話題。歷史學家與他的事實之間的互動過程，也就是我所謂現在與過去之間的對話，並不是抽象的個人與孤立的個人之間的對話，而是今日的社會與昨日的社會之間的對話。用布克哈特的話來說，歷史是「一個時代覺得另一時代裡有值得注意之事的紀錄」[57]。只有從「現在」的角度，我們才能理解

「過去」;而我們也只有從「過去」的角度，才能充分了解「現在」。讓人類了解過去的社會，增加他對現在社會的主宰，這才是歷史的雙重功用。

【55】*Philosophy of Right*（Engl. transl, 1942）, p.295.

【56】F. R. Leavis, *The Great Tradition*（1948）, p.2.

【57】J. Burckhardt, *Judgment on History and Historians*（1959）, p.158

第三章　歷史、科學和道德

當我年紀很小的時候，得知縱然有魚的外表，但鯨魚並不是魚時，我有了相當深刻的印象。現今，這些分類的問題不大能打動我了；當我確信歷史學不是科學的時候，我也不太擔什麼心了。這種術語的問題，是英文的一個古怪情況。在其他的歐洲語言裡，「科學」的同義詞毫無疑問都包括了歷史學。不過，在英語世界裡，這個問題背後有一大段往事，而它所提出的一些議題正好可用來介紹史學方法的問題。

十八世紀末，當科學對人類關於世界的知識，以及關於自己身體屬性的知識，有重大貢獻時，開始有人問道，科學是否也能促進人類關於社會的知識。社會科學的概念，以及包括於其中的歷史學概念，逐漸在整個十九世紀裡發展起來；而科學研究自然界時所用的方法，也被應用在人類事務的研究。這一時期的初期，盛行著牛頓的傳統。社會就像自然界那樣，被看成是一種機制（mechanism）；赫伯特．史賓塞[1]出版於一八五一年的《社會靜力學》[2]，該書的書名是大家都還沒有忘記。成長於這一傳統的伯特蘭．羅素，後來回憶起有段時期，他希望將來會有「一種跟機器數學一樣精確的人類行為數學」[3]。後來，達爾文進行了另一次的科學革命；而從生物學得到啟示的社會科學家，開始把社會看成是一種有機體（organism）。不過，達爾文革命的真正重要性在於，達爾文將歷史學帶進了科學領域，完成了萊爾[4]在地質學裡已經開啟的事。科學不再是關切靜止又無時間性的事物[5]，而是關切變遷和發展的過程。科學上的演化，印證又補充了歷史上的進步。然而，並未發生任何事情，得以修正我在第一講裡所描寫的史學方法中的歸納觀點：先蒐集事實，再詮釋它們。毫無問題，有人認為這也是科學的方法。一九〇三年一月，柏雷在就職演說的結束語裡，把歷史學描寫成「一種不折不扣的科學」，他的腦子裡顯然有這樣的看法。柏雷就職演說之後的五十年，見證了一股對這種歷史觀的強有力之反動。柯靈烏在一九三〇年代從事寫作時，尤其想在科學探究之對象的自然界與歷史世界之間，劃出一條明顯的界限；而在這段期間，柏雷的格言，除了被拿來嘲笑之外，甚少受到引用。不過，歷史學家當時未能注意到的是，科學本身經歷過一次深刻的革命，這似乎使柏雷比我們原先料想的要更加正確，雖說他根據的是錯誤的理由。萊爾為地質學所作的事，以及達爾文為生物學所作的事，如今天文學也作了，天文學已成為一門有關宇宙怎樣變成這種樣子的科學；而現代的物理學家不斷告訴我們，他們研究的不是事實，而是事件。在今日的科學世界裡，歷史學家比起一百年前更有若干藉口，感到心安理得。

讓我們先看一下定律（laws）的概念。整個十八世紀和十九世紀，科學家認為自然的定

[1] 譯按：赫伯特·史賓塞（Herbert Spencer, 1820-1903），英國哲學家、社會學家、心理學家與早期進化論者。

[2] 譯按：中譯本，參見張雄武譯，《社會靜力學》，北京：商務印書館，一九九六。

[3] B. Russell, *Portraits from Memory*（1958）, p.20。譯按：中譯本，參見林衡哲譯，《羅素回憶集》，臺北：志文出版社，一九六八；吳凱琳譯，《羅素的回憶：來自記憶裡的肖像》，臺北：左岸文化，二〇〇二。

[4] 譯按：萊爾（Charles Lyell, 1797-1875），英國地質學家、律師。《地質學原理》（*Principles of Geology*）為其最有名之作品，達爾文的演化論曾受到該書的啟發。

[5] 直到一八七四年，布雷德利（Bradley）仍然認為科學有別於歷史學，跟不受時間影響、「持久不變」的東西有關（F. H. Bradley, *Collected Essays*,〔1935〕, I, p.36）。

律——牛頓的運動三定律、萬有引力定律、波以耳定律、演化定律，等等——都被發現了，而且也明確確定了，科學家的職責乃在於藉由對已知事實的歸納過程，發現和確定更多這類的定律。「定律」一詞牽引著來自伽利略和牛頓的光榮雲彩。研究社會的學者，不論自覺與否，都想主張自己的研究有科學地位，因而採用了相同的語言，相信自己遵循著相同的程序。政治經濟學家似乎是走得最快，其領域有葛氏定律[6]和亞當·斯密的市場定律。柏克所呼籲的「商業定律，乃是自然的定律，因而也就是上帝的定律」[7]。馬爾薩斯提出了人口定律；拉薩爾提出了工資的鐵律；而馬克思在《資本論》的前言中則聲稱，其發現了「現代社會的經濟運動定律」。巴克爾在《文明史》的結束語中表達了這樣的想法，也就是：人類事務的進程，受到「一個普遍而又不離正道之規律的光輝原理的滲透」。今日，這類的術語（terminology）聽起來不單有點自不量力，而且也有些過時；無論對自然科學家，還是對社會科學家，聽來都有些過時。在柏雷發表就職演說的前一年，法國數學家亨利·波安卡瑞發表一部叫做《科學與假說》的小書，開啟了科學思維中的一次革命。波安卡瑞的主要論點是，科學家提出的一般命題——只要它們不是有關語言用法的定義或隱蔽規約——乃是用來具體化和組織進一步思考的假說，而且容易受到驗證、修正或反駁。如今，這一切都已成為老生常談了。牛頓所自豪的「我從不製造假說」（Hypotheses non fingo），今日聽起來覺得虛假。儘管科學家，甚至社會科學家，有時可以說是為了舊時代的目的而提及定律，但他們不再像十八和十九世紀的科學家那樣，普遍相信定律的存在了。大家認識到，科學家的發現和新知識的獲得，並非藉由確定精確又全面的定律，而是藉由提出假說，為新的探究開闢途徑。兩位美國哲學家所寫的一本討論科學方法的標準教科書，將科學方法描寫為「本質上是循環的（circular）」：

我們訴諸於經驗材料，訴諸於所謂的「事實」，來為原理取得證據；而我們也在原理的基礎上，選擇、分析和詮釋經驗材料。[8]

「相互的」（reciprocal）一詞或許比「循環的」一詞更為適宜；因為結果並非回到相同的地方，而是通過原理與事實、理論與實踐之間的互動過程而向新的發現前進。所有的思維都必須接受以觀察為基礎的某種假設，因假設使科學思維成為可能，但又應該根據科學思維來修正假設。這些假說在一些脈絡之中，或者，基於一些目的，可能是有效的，不過，在另一些脈絡之中，或者，基於另一些目的，可能就無效了。在任何情況之下，無論這些假說實際上能否有效促進新的洞察力和增加我們的知識，這樣的檢測都是經驗的檢測。盧瑟福的一位相當出色的學生暨創作夥伴，最近是這麼描述他的方法：

---

[6] 譯按：葛氏定律（Gresham's law），亦即一般所謂的劣幣驅逐良幣之法則。

[7] *Thoughts and Details on Scarcity*(1975)in *The Works of Edmund Burke*(1846), iv, p.270：柏克推斷說，「被看成是政府的政府，乃至被看成是富人的富人，都沒有能力供應那些必需品給窮人，因為老天扣留它們一陣子」。

[8] M. R. Cohen and E. Nagel, *Introduction to Logic and Scientific Method*（1934）, p.596.

他迫切想知道，核子現象到底是如何起作用，就好像有人提及他知道廚房裡是怎麼回事那樣。我不相信他是以古典的方法，運用某些基本定律之理論來尋求解釋的；他只要知道正在發生什麼事也就滿意了。[9]

此一描述同樣也適用於放棄尋求基本定律，而滿足於探究事物是如何起作用的歷史學家。歷史學家在探究過程裡所運用之假說的地位，看起來跟科學家所運用之假說的地位極為類似。試以馬克斯．韋伯對新教與資本主義之間的關係所作之著名診斷為例。今日，不會有人說這是一條定律，不過，在稍早時期它有可能會認為是定律。它是一種假說，雖說在它所啟發之探究在過程中需作某種程度的修正，但毫無疑問它擴大了我們對這兩個運動的了解。不然，再以馬克思下述說法為例：「手工磨坊帶給我們一個有封建領主的社會；蒸汽磨坊帶給我們一個有工業資本家的社會」[10]。就現代術語而論，這並不算是一條定律，雖說馬克思可能會宣稱它是定律，但它卻不失為一種富有成效的假說，能指引出深入探究和新穎理解的途徑。這類的假說是思想不可或缺的工具。一九〇〇年代早期，著名的德國經濟學家維爾納．宋巴特[11]坦承，曾有隨著揚棄馬克思主義而來的「不安情緒」：

當〔他寫道〕我們失去了迄今還是複雜生活中之指南的令人安逸的公式時，……在找到新的立足處或學會游泳之前，我們感到好像浸沒在事實的大海裡。[12]

關於歷史分期的論戰亦屬此一範疇。把歷史分成各種時期並不是事實，而是一種必要的假說或思想工具，其只要有啟發性便是有效的，而且依靠的是詮釋上的有效性。對於中世紀何時結束的這一問題，歷史學家的見解不同，乃因對某些事件的詮釋不同。這個問題，並不是事實的問題，但亦非全無意義。按地理區域來劃分歷史，也同樣不是事實，而是一種假說：在一些脈絡中提及了歐洲史，可能會是一個富有成效的假說，而在另一些脈絡中則是使人誤解又有害的。大多數歷史學家都假定說，俄國是歐洲的一部分；有些歷史學家則激昂地否認這一點。歷史學家的成見可根據他所採用的假說來加以評斷。我得引用一則有關社會科學之方法的一般說明，因為它出自一位學自然科學的偉大社會科學家。喬治・索瑞爾[13]在四十多歲開始探討社會問題以前，原是工程師。他強調，就算冒著過分簡化的風險，也有必要把局勢中的特定因素孤立出來：

吾人應當〔他寫道〕摸索前進；吾人應當試驗有充分根據且又不完全的假說，並以暫時的近似值為滿足，為漸次的修正敞開一扇門。[14]

---

[9] Sir Charles Ellis in *Trinity Review*（Cambridge, Lent Term, 1960）, p.14.

[10] *Marx-Engels: Gesamtausgabe*, I, vi, p.179.

[11] 譯按：維爾納・宋巴特（Werner Sombart, 1863-1941），德國社會學家、經濟學家。

[12] W. Sombart, *The Quintessence of Capitalism*（Engl. transl., 1915）, p.354.

[13] 譯按：喬治・索瑞爾（Georges Sorel, 1847-1922），法國記者和社會政治思想家，曾任土木工程師。

[14] G. Sorel, *Matèritaux d'une thèorie du proletariat*（1919）, p.7.

相較於十九世紀，真是天壤之別；在那時，科學家以及像阿克頓那樣的歷史學家，都期盼有那麼一天，通過充分證明之事實的積累，建立一整套能徹底解決所有受爭論之問題的全面知識。如今，科學家和歷史學家都懷抱著一種較謙遜的願望，想逐步從一個不全的假說進展到另一個不全的假說，藉由其詮釋來孤立出事實，以事實檢驗其詮釋；而他們進行的方式，在我看來本質上似乎沒有什麼不同。在第一講裡，我引用過巴拉克洛夫教授的話，說道歷史「完全不是事實，而是一系列獲得接受的評斷」。我在準備這些講演時，劍橋大學的一位物理學家，在英國廣播公司的廣播節目中，把科學的真理定義為「專家公開接納的一種陳述」【15】。這兩個提法都無法讓人完全滿意——其理由待我討論客觀性問題時就會出現。不過，惹人注目的是，歷史學家和物理學家幾乎用完全相同的話，各自提出相同的問題。

然而，「類比」是給粗心人設下的一種出名陷阱。因而我要慎重地思考一下為下述信念所作的論證：雖說數學與自然科學之間，或這些範疇裡的不同科學之間有很大的差異，但這些科學與歷史學之間有根本的區分，而這一區分使得以科學之名來稱呼歷史學——或許還有其他所謂的社會科學——會令人誤解。這些反對意見——有一些比另一些要來得有說服力——簡言之就是：（一）歷史學專門處理獨特，而科學則處理一般；（二）歷史不給教訓；（三）歷史無法作預言；（四）歷史必然是主觀的，因為人在觀察自己；（五）跟科學不同，歷史學涉及宗教與道德的議題。我打算依次對這些論點作考察。

首先，據說歷史學處理獨特和特殊，而科學則處理一般和普遍。這種觀點可說始於亞里斯多德，他宣稱說，詩比歷史「更富哲理」和「更加嚴肅」，因為詩關心的是一般真理，而歷史則關心特殊真理[16]。往後，一直到包括柯靈烏[17]在內的一大群作家，都在科學與歷史學之間作了類似的區分。這似乎是出於一種誤解。霍布斯著名格言仍然有效：「世界上除了名稱之外，沒有什麼是普遍的，因為有名稱的事物，都是各別且又獨特的」[18]對於自然科學來說，確實如此：沒有兩種地質層組，沒有同類的兩隻動物，也沒有兩個原子是相同的。類似地，也沒有兩個歷史事件是相同的。不過，對歷史事件之獨特性的堅持，會跟莫爾接手自巴特勒主教、有一段時期尤其受到語言哲學家喜愛的陳詞濫調一樣，有相同的麻痺作用：「每一件東西就是它自己，而不是另一件東西」。要是走上這條路線，你很快就會達到一種哲學的涅盤（nirvana），任何事物可說都不再重要了。

就像科學家那樣，由於語言的運用，致使歷史學家著手進行通則化（generalization）。伯羅奔尼撒戰爭跟第二次世界大戰極為不同，兩者也都是獨特的。不過，歷史學家卻把兩者都稱作戰爭，而且只有誇誇其談的學究才會反對。當吉朋把君士坦丁對基督教之確立與伊斯蘭教之崛

【15】Dr. J. Ziman in *The Listener*, August 18, 1960.

【16】*Poetics*, ch. ix.

【17】R. G. Collingwood, *Historical Imagination*（1935）, p.5.

【18】*Leviathan*, I, iv.

起都描寫為革命時[19]，他是將兩個獨特的事件加以通則化。現代歷史學家寫到了英國、法國、俄國和中國的革命時，亦復如此。歷史學家並非真的對獨特感興趣，而是對獨特之中什麼是一般的感興趣。一九二〇年代，歷史學家有關一九一四年大戰之起因的討論，通常是在此一預設上進行的，亦即，大戰之起因要嘛是由於秘密行事又不受公眾輿論監督之外交家的處置失當，要嘛是由於世界不幸分裂成領土主權國家。一九三〇年代，是在此一預設上進行討論，亦即，大戰之起因是由於帝國主義列強之間的競爭，其有鑑於資本主義的衰退而競相瓜分世界。這些討論都牽涉到戰爭起因，或至少是二十世紀形勢中之戰爭起因的通則化。歷史學家時常運用通則來試驗其證據。倘若有關理查是否在倫敦塔裡謀殺了幾位王子的證據並不明確，那麼歷史學家——或許是不自覺更甚於自覺地——會自問，消滅王位的潛在競爭者，是否為這段時期統治者的一種習性；而他的評斷理所當然會受到此一通則的影響。

史著的讀者，以及史著的寫作者，老是在作通則化，亦即，將歷史學家的觀察應用到他熟悉的其他歷史脈絡——或者說，也許應用到他自己的時代。當我閱讀卡萊爾的《法國大革命》時，發現自己一再地將他的評論加以通則化，藉以應用到我自己對俄國革命的特殊興趣。舉他對恐怖的討論為例：

> 在知道平等公正的國度裡，這是很可怕的——在從不知道平等公正的國度裡，這是司空見慣的。

或者，更有意義的這個例子：

這段時期的史著通常是在歇斯底里的狀態下撰寫成的，雖說極其自然，但卻是不幸的。浮誇滿篇，詛咒，悲歎；而總體來說，一片黑暗。[20]

或者還有一例，這次引自布克哈特對十六世紀近代國家之增長的討論：

政權愈是新近建立，就愈無法維持穩定——其一，因為創建政權的那些人，已習於迅速又深入的變遷，也因為他們本身現在和未來都是革新者；其二，因為他們所激起或壓制的勢力，唯有通過進一步的暴力行動才能加以援用。[21]

說通則與歷史學無關，這話沒有道理；歷史學在通則上茁壯成長。就像艾爾頓先生在一冊新編《劍橋近代史》中清楚說明的，「歷史學家與歷史事實蒐集者的區別在於通則化」[22]；他或可補充說道，自然科學家跟博物學者或標本收集者的區別，也在同樣的事情。不過，別以為通

[19] *Decline and Fall of the Roman Empire*, ch. xx, ch. l.
[20] *History of the French Revolution*, I, v, ch. 9; III, i, ch. 1.
[21] J. Burckhardt, *Judgments on History and Historians*（1959）, p.34.
[22] *Cambridge Modern History*, ii（1958）, p.20.

則會允許我們建構出連特殊事件也能適合的某些巨大的歷史方案（scheme）。由於馬克思常被指控說建構或相信這類的方案，那麼我要從他的一封信裡引述一段話當作總結，以便把問題擺到正確的觀察角度：

> 極為相似但出現在不同歷史環境中的事件，會導致完全不同的結果。分別研究每一演化，然後對它們作比較，就會很輕易地找到了解這種現象的鑰匙；不過，運用某些歷史哲學理論——其最大優點就在高居於歷史之上——的萬能鑰匙（passe-partout），則是永遠達不到這樣的理解。[23]

歷史學關切的是獨特與一般之間的關係。作為歷史學家，你無法將兩者分開，也不能說此優於彼，就像你無法將事實與詮釋分開那樣。

或許，這是簡要評論歷史學與社會學之關係的地方。目前，社會學面臨了兩種互相對立的危險——過度理論性（ultra-theoretical）的危險，以及過度經驗性（ultra-empirical）的危險。第一個危險就是，使社會學沈迷於有關整個社會的抽象又無意義的通則。有大寫S的社會（Society），就跟有大寫H的歷史（History）一樣，都是會使人誤解的謬誤。由於有一些人認為社會學的唯一任務，就是將史書所記載的獨特事件加以通則化，而使得這一危險更接近了。甚至有人還指出，社會學與歷史學的區別在於擁有「定律」[24]。卡爾．曼海姆[25]差不多一個世代以前就已預見，而目前依舊存在的另外一個危險，乃是把社會學「分成一系列分離的社會重新調整的技術性問題」[26]。社會學所關切的歷史上的各個社會，每一個都是獨特的，而且受到特定歷史前提和歷史條件的塑造。不過，想把自己設限在所謂計數與分析的「技術」問題，而迴避通則和詮釋的企圖，只會不自覺地成為靜態社會的辯護者。倘若社會學要成為一個富有成效的研究領域，就必須跟歷史學一樣，關切獨特與一般之間的關係。不過，它也必須變成動態的——不是研究靜止的社會（因為根本沒有這類的社會），而是研究社會的變遷和發展。至於其他方面，我只想說，歷史學愈注意社會學，社會學愈注意歷史學，則對兩者愈有利。讓兩者之間的邊界保持暢通，成為雙向道。

---

[23] Marx and Engels, *Works*（Russian ed.）, xv, p.378；摘錄出這段文字的信件，在一八七七年刊載於俄國雜誌《祖國紀事》（*Otechestvennye Zapiski*）。波柏教授似乎把馬克思跟他所謂「歷史定論主義的根本錯誤」聯想在一起。這種錯誤認為，「光是從普通的定律，就可以得知」歷史的傾向或趨勢（*The Poverty of Historicism*〔1957〕, pp.128-129）；而這正是馬克思所駁斥的。

[24] 這似乎是波柏教授的看法（*The Open Society*,〔2nd ed., 1952〕, ii, p.322）。不幸的是，他以一個社會學定律作例證：「凡是思想自由和思想交流自由，受到法律制度和確保公開討論之制度有效保障的地方，就會有科學的進展。」這段話寫於一九四二年或一九四三年，顯然受到下述信念的影響：由於制度的安排，西方的民主政治，仍舊會在科學的進展中居於領先地位——這種信念此後因蘇聯的發展而被祛除，或者說，遭到大幅的修正。這根本不是定律，甚至連有效的通則也稱不上。

[25] 譯按：卡爾・曼海姆（Karl Mannheim, 1893-1947），德國社會學家。

[26] K. Mannheim, *Ideology and Utopia*（Engl. transl., 1936）, p.228。譯按：中譯本，參見黎鳴、李書崇譯，《意識形態與烏托邦》，北京：商務印書館，二〇〇〇；艾彥譯，《意識形態和烏托邦》，北京：華夏出版社，二〇〇一；張明貴譯，《意識型態與烏托邦》，臺北：桂冠，二〇〇六。

通則的問題，跟我的第二個問題——歷史教訓——有密切關係。通則化的真正意義在於，我們通過通則化，試圖向歷史學習，試圖將得自一系列事件的教訓，應用到另外一系列的事件：當我們進行通則化時，不論自覺與否，都是試著這麼做。反駁通則化、堅持歷史僅關切獨特的那些人，非常合乎邏輯地就是否認能從歷史裡學到任何東西的那些人。不過，主張說人們在歷史裡什麼也學不到，此說是跟眾多可觀察的事實互相矛盾的。這是最為平常的經驗了。一九一九年，我作為不列顛代表團的下級團員，出席了巴黎和平會議。代表團裡的每個人都相信，我們能夠從維也納會議——百年前歐洲最後一次最重要的和平會議——裡得到教訓。有一位當時任職於陸軍部的韋伯斯特上尉，亦即，今日的查爾斯．韋伯斯特爵士，他是傑出的歷史學家，其寫了一本書，告訴我們那些教訓是什麼。我一直還記得其中的兩個教訓。其一，重劃歐洲地圖而不顧自決原則是危險的。其二，把秘密文件丟入廢紙簍是危險的，因為其他代表團的特務組織當然會想換取文件內容。這些歷史教訓被當成準則，影響著我們的行動。這是晚近又瑣細的例子。不過，要在時間相隔比較遠的史著裡，找更遙遠的過去所留之教訓的影響也並不難。大家都知道，古希臘對羅馬有影響。不過，我無法確定，是否有任何歷史學家曾嘗試對羅馬人從古希臘的史著中得到的教訓，或從他們自認為已得到的教訓，作個精確的分析。考察十七、十八、十九世紀西歐從《舊約聖經》的歷史裡所得到的教訓，可能會產生有益的結果。沒有《舊約聖經》，就很難充分的了解英國的清教徒革命。上帝選民的概念是近代民族主義興起的一個重要因素。十九世紀，古典教育對大不列顛的新統治階級留下了深刻印記。就像我已指出的，格羅特視雅典為新民主制度的模範；而我倒是想看到有人研究，羅馬帝國的歷史有意或無意地傳給大英帝國建造者的廣泛又重要之教訓。在我自己的專門領域裡，俄國革命的創造者，對法國大革命、一八四八年的幾次革命，以及一八七一年巴黎公社的種種教訓，留有深刻印象——吾人簡直該說是癡迷不已。不過，我在這裡回想起歷史的雙重特質所加諸的限制。向歷史學習絕不只是一個單向的過程。根據過去來了解現在，也意謂著也要根據現在去了解過去。歷史的功能，乃是通過過去與現在之間的相互關係，促進對兩者更深刻的了解。

我的第三個論點是預言在歷史中的角色。據說，從歷史之中無法得到任何教訓，因為歷史學跟科學不同，不能預言未來。這個問題涉及了一連串的誤解。如同我們所知的，科學家不再像過去那樣熱切地討論自然定律。影響我們日常生活的所謂科學定律，事實上是趨勢的說明，亦即，在情況完全相同下，或在實驗室的條件下，會發生什麼事情的說明。它們並不自以為能在具體的情況下預言會發生什麼。萬有引力的定律，無法證明說那個特定的蘋果會落到地上：也可能有人會用籃子接住它。光學的定律說，光以直線前進，並無法證明某一特定的光線，因某種介於中間的物體而不能折射或散射。不過，這不意謂，這些定律是無益的，或在原則上是無效的。有人說，現代物理學理論只處理事件發生的可能性。今日，科學更傾向於牢記歸納在邏輯上只能引導出可能性或合理信念，而且科學更急於將科學聲明看成是一般規則或指南，只有在特定的行動中才能測驗出其有效性。就像孔德[27]所言，「有科學然後有預見；有預見然後有

[27] 譯按：孔德（Auguste Comte, 1798-1857），法國實證主義哲學家、社會學家。

行動」。（Science, d'où prèvoyance; prèvoyance, d'où action）[28]。歷史之預言問題的線索，就在於一般與特殊、普遍與獨特之間的這種區分。就像我們所知的，歷史學家不得不進行通則化；而他在這麼做時，則為未來行動提供了一般指南。這些指南雖說並非特定的預言，卻是有效而又有用的。但他無法預言特定的事件，因為「特定的」就是「獨特的」，也因為偶然因素摻雜其間。這種使哲學家煩惱的區分，一般人看來卻是十分清楚的。倘若學校裡有兩三個孩子得了麻疹，那麼你會下結論說，這種傳染病會傳播開來；而此一預言——要是你想稱它為預言的話——是根據過去經驗而來的通則，也是有效又有用的行動指南。但你無法作出特定的預言，說查爾斯或瑪麗會得麻疹。歷史學家也是以同樣的方式進行工作的。人們並不期待歷史學家能預言說，下個月盧利塔尼亞[29]將發生革命。他們部分根據有關盧利塔尼亞事務的特定知識，部分根據歷史研究，想要作出的那種結論乃是，盧利塔尼亞的情況是如此，假使有人挑起，或政府方面不設法遏止，很有可能在不久的將來就會發生革命。而此一結論可能伴隨有各種估計，而這些估計部分根據的類比，是其他的革命，以及不同階層的人可以預料會採取的態度。這種預言——要是這也可以叫預言的話——唯有通過無法預測之獨特事件的發生才能實現。不過，這並不意謂，從歷史得出有關未來的推論是無益的，也不意謂這些推斷不具備條件式的效度；而這種效度既充當行動的指南，亦充當我們了解事物怎樣發生的鑰匙。我不願指出，社會科學家或歷史學家的推斷在精確性方面，能比得上自然科學家，也不願指出，他們在這方面的劣勢，僅僅由於社會科學相當落後。無論就任何觀點，人類是我們所知的自然實體中最為複雜的，而人類行為的研究，很可能涉及的難題，是跟自然科學家所遇到的不同。我所想要確立的只是，他們的目的和方法根本上並無不同。

我的第四個論點提出一個更有說服力的論證，說明社會科學（包括歷史學）與自然科學之間有一條界限。此一論證乃是，在社會科學裡，主體與客體都屬於同一範疇，而且對彼此有相互作用。人類不僅是自然實體之中最複雜又多變的，而且研究他們的也是其他的人類，而不是其他物種的獨立觀察者。在這點上，人就無法像生物科學那樣，仍滿足於研究自己的身體構造和身體反應。社會學家、經濟學家或歷史學家需要洞察有主動意志之人類行為的形式，以便弄清楚作為他研究對象的人類，為何是如此行動。這就在觀察者與被觀察的事物之間，建立了一種關係，而這種關係是歷史學和社會科學所特有的。歷史學家的觀點不可磨滅地涉入了他所作的每一次觀察；歷史徹徹底底充斥著相對性。用卡爾．曼海姆的話來說，「即使納入、蒐集和整理經驗的範疇，也是根據觀察者的社會地位而有所不同」[30]。不過，社會科學家的偏見必然涉入了他所有的觀察，這是事實。觀察的過程會影響和修改被觀察之對象，這也是事實。而這種情況可能會以兩個相對立的方式發生。人類的行為成了分析和預言的對象。他們可能因為有對其不利之結果的預言而得到事先的警告，也可能因為該預言而調整其行動，因此，不論

【28】*Cours de philosophie positive*, i, p.51.

【29】譯按：盧利塔尼亞（Ruritania）意為「虛構的浪漫國度」。

【30】K. Mannheim, *Ideology and Utopia*（1936）, p.130.

該預言根據的分析有多麼正確都是無益的。歷史為何很少在有歷史意識的民族中重演，其中一個原因乃是，劇中人物（*dramatis personas*）在第二回演出時，知道了第一回演出的故事結局（*denouement*），而這樣的認識影響了他們的行動[31]。布爾什維克黨人知道，有一位拿破崙終結了法國大革命，因而害怕他們自己的革命也會有相同的結局。於是，他們不信任托洛斯基，而信任史達林；因為在其領導人之中，前者最像拿破崙，而後者最不像。不過，這個過程可能會以相反方向進行。經濟學家根據對於當前經濟情況所作的科學分析，預言了繁榮或不景氣即將來臨；倘若他的權威很大，論證有說服力，那麼他對預期會發生之現象的這一預言，是有貢獻的。政治科學家憑藉歷史觀察的長處，增強了「專制主義不會長久」的信念；他可能對專制君主的傾覆作了貢獻。大家對候選人競選時的行為是很熟悉的。候選人預言自己的勝利，其明確的目的就是使預言更易於實現；而吾人不免懷疑，經濟學家、政治學家與歷史學家鼓起勇氣去做預言時，有時似乎是不自覺受了想加快預言實現之期盼的鼓動。或許，有關這些複雜關係，吾人可以下的結論是，觀察者與被觀察者之間、社會科學家與他的資料之間、歷史學家與他的事實之間的互動，是連續不斷的，而且也接連地變化著；這似乎是歷史學與社會科學的一個顯著特徵。

或許，我應該在這裡指出，近年來有些物理學家提及他們的科學時，言詞間似乎指出在物質世界與史家世界之間有更顯著的類似處。首先，它們的結果據說都涉及到測不準原理。我在下一講裡會談到所謂歷史中之決定論的性質和限度。不過，無論現代物理學的測不準性是屬於宇宙的本性，或者說，僅僅標誌著我們迄今對它並不完全了解（這一點還有爭論），我對於在其中發現它跟我們作歷史預言的能力有重要類似處之說法抱持懷疑態度，就像前幾年那樣，吾人對於有些狂熱者試圖在其中發現自由意志在宇宙中之運作的證據，也抱持懷疑態度。其次，有人說，現代物理學是依靠「觀察者」的運動來衡量空間距離與時間流逝。在現代物理學裡，由於無法在「觀察者」與觀察對象之間建立一種不變的關係，所有度量便都取決於內在的變化。「觀察者」與被觀察之事物——主體與客體——都參與了最後的觀察結果。然而，儘管這些描述稍稍改動就可應用到歷史學家與其觀察對象之間的關係，但我並不相信這些關係的本質，在實際的意義上，能比擬作物理學家與其宇宙之關係的性質。雖說我原則上打算減少而非增加那些把歷史學家與科學家之研究取向分離開來的差異，但試圖藉由不完全的類似處，偷偷地帶走這些差異，也是無濟於事的。

不過，儘管我們可以這麼說，社會科學家或歷史學家跟自然科學家對於研究對象的干預，在種類上並不相同，而且主體與客體之間的關係所提出的問題也更加複雜，但事情並沒有完結。十七、十八和十九世紀盛行的古典知識理論，都假定「認知主體」與「被認知客體」之間，有明顯的分歧（dichotomy）。不論怎樣想像此一過程，哲學家所建構的模型都表明主體與客體、人類與外在世界是分裂又分離的。這是科學誕生與發展的偉大時代；而知識理論便受到科學先驅之見解的強烈影響。人類跟外在世界是激烈地敵對著。他跟外在世界搏鬥，就像跟某

[31] 筆者對此一論證的闡述，參見 *The Bolshevik Revolution, 1917-1923*, i（1950）, p.42。

種棘手又有潛在敵意的事物作搏鬥那樣——棘手，因為難以理解；有潛在敵意，因為難以駕馭。由於近代科學的成就，這種見解已受到徹底的修正。如今，科學家不太會把自然力量看成是要對抗的東西，而是把它看成是要合作、為其所用的東西。古典知識理論不再適合較新穎的科學，尤其不適合物理學。毫不奇怪，過去五十年間，哲學家開始對這類理論表示懷疑，而且也開始認識到，知識的過程絕非把主體和客體截然地分離，而是涉及到主客體之間的相互關係和相互依賴的程度。然而，這對社會科學而言是極其重要的。在第一講裡，我提出說，歷史研究很難跟傳統經驗主義的知識理論相符合。現在，我想爭辯說，由於社會科學所涉及的人，既作為主體又作為客體，既作為研究者又作為被研究對象，那麼就整體而言，社會科學是跟任何宣稱主客體嚴格分離的知識理論不相容的。社會學，在試圖自立為一個前後連貫的學說時，理所當然地創建了一個分科，稱之為知識社會學。然而，這一分科的進展還不大——我以為，主要是因為它滿足於在傳統的知識理論之牢籠裡轉呀轉。倘若哲學家先是受了近代自然科學的影響，如今又受近代社會科學的影響而開始跳脫出此一牢籠，為知識過程建構某種比用資科來碰撞被動意識的舊檯球模型，還要更新潮的模型，那麼這對於社會科學，尤其歷史學，是個好的徵兆。這是個有某種重要性的論點，稍後等我討論到我們所謂歷史客觀性所指為何時，我還會回到該論點。

最後，但並非最不重要的一點是，我必須討論下述的看法：由於密切涉及到宗教與道德的問題，歷史學從而不同於科學的各方面，或許也不同於其他的社會科學。有關歷史學與宗教的關係，我只要稍稍談一下，能清楚表達我自己的立場就好。嚴肅的天文學家，跟相信上帝創造並指揮著宇宙，是不衝突的。不過，相信上帝可任意進行干預，改變行星的路線，延遲日月蝕，或修改宇宙的遊戲規則，則是有衝突的。同樣地，有時有人指出說，嚴肅的歷史學家可能會相信，上帝指揮整個歷史進程，且賦予其意義，但他不可能相信《舊約聖經》式的上帝，因為這類的上帝干預了對亞瑪力人的屠殺，不然就是為了幫助約書亞的軍隊，便延長了白晝的時間來欺瞞日曆。他也不能援用上帝來作為特定歷史事件的一種解釋。達西神父在其近著中想要作出如此的劃分：

> 學者不能在回答每個歷史問題時，總說是神力的使然。只有在我們盡全力來梳理俗世事件和人生戲劇時，我們才得以提出較廣泛的思考。[32]

此一觀點的笨拙之處在於，他似乎把宗教看成是一副紙牌裡的鬼牌，留著用在任何其他方式都無法贏得勝利時的真正重要妙招。路德派神學家卡爾・巴特則做得好一些，他主張把神的歷史跟世俗的歷史完全分離，並把後者交給世俗的部門。倘若我的了解沒錯，巴特菲爾德教授

---

[32] M. C. D, Arcy, *The Sense of History: Secular and Sacred*（1959）, p.164；在達西之前，波里比阿斯（Polybius）就先說過：「只要能找出事情發生的原因，就不該求助於諸神。」（引自 K. von Fritz, *The Theory of the Mixed Constitution in Antiquity*,〔N.Y., 1954〕, p.390）。

提及「專門的」（technical）史著時，也是指相同的意思。專門的史著，是你我想要撰寫的，或他自己曾撰寫過的絕無僅有的史著。不過，他藉由運用這種古怪的描述語，保留了相信有奧秘或天意之史著的權利，而這類史著我們是毋庸關切的。別爾嘉耶夫、尼布爾、馬里旦之類的作家，宣稱要維持歷史的自主地位，不過，卻也堅持說，歷史的目的或目標是在歷史之外。就本人而言，我覺得很難把歷史完整性，跟相信歷史意義和重要性所仰賴的某種超歷史力量的信仰作調和——不論那樣的力量是選民的上帝、基督教的上帝、自然神論者的「看不見的手」，還是黑格爾的世界精神。就這些講演而論，我會假設說，歷史學家應當解決其問題，而不求助於解圍人物（*deus ex machina*），也不妨說，歷史就是一場賽局，整副紙牌中沒有鬼牌也可以打。

歷史學跟道德的關係是複雜得多了，而過去有關的討論，陷於模棱兩可的狀態。歷史學家不必對他所敘述之人物的私生活作道德評判，這在今日幾乎已是毋庸爭辯了。歷史學家與倫理學者的立場並不相同。亨利八世可能是個壞丈夫，且又是個好國王。不過，歷史學家對他感到興趣，只因前一種身分對歷史事件發生了影響。倘若他的道德過錯就像亨利二世那樣，對公共事務未有顯明的影響，那麼歷史學家對其過錯也就不會費心了。這對惡行是如此，對美德亦復如此。據說，巴斯德和愛因斯坦的私生活，都是可做模範，甚至是道德崇高的人。不過，假使他們都是薄情郎、冷酷的父親，以及狂妄的同僚，那麼他們的歷史成就會因而小一些嗎？而歷史學家老是想著這類的事。據說，史達林對第二任妻子殘暴無情；不過，我作為一個研究蘇聯事務的歷史學家，倒是不怎麼憂慮。這並非意謂，私人道德不重要，或者，意謂道德史不是歷史的一個正當部分。不過，歷史學家並不會偏離正題，對其作品中出現之人物的私生活作道德評斷。他還有其他的事要做哩！

對於公眾行動作道德評斷的問題，出現了更嚴重的模棱兩可狀態。認為歷史學家的本分，在於對他的歷史人物（dramatis personae）作道德評斷，這樣的信念由來已久，且以十九世紀的英國最為強烈，那時，它因時代的道德化傾向，以及不受禁止的個人主義崇拜而強化了。羅斯伯里評論說，英國人想要知道的有關拿破崙的事，就是他到底是不是「一個好人」[33]。阿克頓在寫給克萊頓的信裡宣稱說，「道德準則缺乏彈性，乃是大寫歷史之所以有權威、尊嚴和效用的秘密所在」。他也聲稱，要讓歷史成為「論爭的仲裁者、漫遊者的指南，世俗和宗教本身的勢力時常想要抑制之道德標準的支持者」[34]。——此一觀點所憑藉的是阿克頓近乎神秘的信仰，他相信歷史事實的客觀性和至高無上，在作為那種超歷史力量之大寫歷史的名義下，顯然要求歷史學家且賦予其權力，對參與歷史事件的個人作道德評斷。有時，這種態度還以料想不到的形式重新出現。湯恩比教授把一九三五年墨索里尼對阿比西尼亞[35]的入侵描述成是一種「蓄意的個人罪惡」[36]；而伯林爵士在前面已經引用過的那本著述裡，激動地堅持說，歷史學家的職責是

[33] Rosebery, *Napoleon: The Last Phase*, p.364.
[34] Acton, *Historical Essays and Studies*（1907）, p.505.
[35] 譯按：阿比西尼亞（Abyssinia），即後來的衣索匹亞（Ethiopia）。
[36] *Survey of International Affairs*, 1935, ii, p.3.

「以其大屠殺來評斷查理曼、拿破崙、成吉思汗、希特勒或史達林」【37】。諾爾斯教授已嚴厲批評了這種觀點。他在就職演說裡引用莫特利對菲利普二世的責難（「倘若有……他不曾犯過的惡行，那是因為人的天性就算是作惡也達不到完滿極致」，以及斯塔布斯對約翰國王的描述（「被每一種能使人蒙羞的罪行所玷污」），當成對個人作道德評斷的例證，而歷史學家是沒有資格作這些評斷的：「歷史學家不是法官，更不是能處絞刑的法官」【38】。不過，克羅齊有很好的一段話討論這個論點，我想引用如下：

> 這類指控忘了一個最大的差別：我們的法庭（不論是司法或道德的）都是為活著、活躍而又危險的人物設立的當今法庭，而其他的那些人已經在他們那個時代的法庭上出席過，無法定兩回罪，或赦免兩次。他們在任何法庭上都毋庸扛罪責，正是因為他們是屬於過去秩序（peace）的過去人物，也由於如此，他們只能成為歷史的主題，除了看清和了解他們作為之本意的評斷，不用經歷其他的判決。……有些人藉口講述歷史，像法官那樣忙著在這裡作判刑，在那裡作赦免，因為他們認為，這就是歷史的職守，……那些人通常被看成是缺乏歷史感的。【39】

要是有人無端指摘下述的說法，亦即，對希特勒或史達林——或者，要是你高興的話，對參議員麥卡錫——作道德評斷，不是我們的事，那麼這是因為他們是我們之中許多人的同時代人，因為數以十萬計由於他們的行動而直接或間接受害的那些人還活著，也正因為這些原因，我們很難以歷史學家身分探討他們，也很難拋棄其他可正當地對他們行為作評斷的資格。這是當代歷史學家感到難堪的一件事——我應該說，至為難堪的事。不過，今日我們指摘查理曼或拿破崙的罪惡，又對誰有好處呢？

因此，讓我們丟棄歷史學家是能夠處絞刑之法官的想法，轉到更困難但更有益的問題，亦即，不對過去的個人而對過去的事件、制度或政策作道德評斷。這些評斷是歷史學家的重要評斷；而那些極力主張對個人作道德非難的人，有時卻不自覺地為整個集團或社會提供了託辭。法國史家勒費夫賀想開脫法國大革命對拿破崙戰爭導致之災難與殺戮所應負的罪責，而將此歸罪於「一位將軍的獨裁，……他的性情……對和平與節制是不會輕易地採取默認的態度」【40】。今日，德國人歡迎對希特勒個人罪孽所作的譴責，認為這可令人滿意地代替歷史學家對產生希特

【37】I. Berlin, *Historical Inevitability*, pp.76-77。柏林爵士的態度，讓人想起頑強的十九世紀保守派法學家史蒂芬（Fitzjzmes Stephen）的看法：「因而刑法所根據的原則乃是，憎恨罪犯在道德上是有一定道理的。……下述情況是最好不過的：罪犯遭人憎恨；只要公眾所提供的表達和滿足這一健康又自然之情緒的手段，能夠辯解和助長這種憎恨，那麼罪犯所受的懲罰就應當精心設計，以便體現出那樣的憎恨，而且證明憎恨是正當的。」（*A History of the Criminal Law of England*〔1883〕, ii, pp.81-82，引自 L. Radginowicz, *Sir James Fitzjames Stephen*〔1957〕, p.30）。大部分的犯罪學家不再抱持這些看法；不過，我跟他們的爭執所在乃是，不論這些觀點在其他地方是否有效，它們都不適用於歷史的判決（verdicts of history）。

【38】D. Knowles, *The Historian and Character*（1955）, pp.4-5, 12, 19.

【39】B. Croce, *History as the Story of Liberty*（Engl. transl., 1941）, p.47.

【40】*Peuples et civilizations*, vol. xiv: *Napoleon*, p.58.

勒的那個社會作道德評斷。俄國人、英國人和美國人都欣然加入了對史達林、張伯倫或麥卡錫作人身攻擊，將其當成他們集體罪行的代罪羔羊。再者，對個人的正面道德評判，就跟對個人的道德譴責一樣，都會使人誤解而又有害的。有人認為某些個別的奴隸主是高尚的，這樣的認知經常被利用來作為不把奴隸制度指摘為不道德的藉口。馬克斯・韋伯提到「資本主義在無主人的奴隸制度下，絆住了工人或債務人」，他也恰當地爭辯說，歷史應該對制度，而不是對創建它的個人作道德評斷[41]。歷史學家不評判個別的東方專制君主。不過，他不必在（好比說）東方專制主義與伯里克里斯時代雅典的制度之間，保持中立和不偏不倚的態度。他不會對個別的奴隸主作出評斷，不過，這無礙於他指摘奴隸制的社會。就像我們所知的，歷史事實以某種程度的詮釋為前提，而歷史詮釋總是涉及到道德評斷——或者，假使你喜歡聽來更中立的術語，價值評斷。

然而，我們的難題才正要開始。歷史是一個鬥爭的過程；一些集團在此一過程中，直接或間接——而且通常是直接多於間接——取得的成果，不論我們評斷它們是好是壞，都是以另一些集團為代價的。失敗者付了代價。苦難是歷史上所固有的。每個偉大的歷史時代，有傷亡，亦有勝利。這是一個極度複雜的問題，因為我們沒有任何辦法，能讓我們把一些人得到的較多好處，跟另一些人所作的犧牲作個平衡，但還是必須找到這樣的平衡點。這不是專屬於歷史的問題。在日常生活裡，我們有時不願承認，而往往是不得不選擇較小的壞事，或做一點可能會出現好事的壞事。在史著裡，這個問題有時是在「進步的代價」或「革命的代價」的題目下作討論的。這會讓人誤解的。如同法蘭西斯・培根【42】在〈論革新〉中所言，「習俗的頑固保持性，跟改革一樣，都是狂暴的事情」。守恆的代價落在下層貧困民眾的身上，就跟革新的代價落在被剝奪權利之人的身上一樣是沉重的。一些人得到了好處，解釋了另一些人的苦難，這一論斷，在所有政府裡是得到默許的，它就跟激進學說一樣，也是個保守學說。強生博士堅定地提出忍受小害的論點，來為維持現存的不平等作辯護：

> 某些人不幸福，總好過沒有人幸福。平等的一般狀態就是這麼一回事。【43】

不過，在劇變的時期，這個問題才以最戲劇性的形式出現；正是在這裡，我們最容易研究歷史學家對它的態度。

讓我們舉（好比說）一七八〇年至一八七〇年間大不列顛工業化的往事為例。實際上，每位歷史學家可能毋庸討論，就會把工業革命當成是一個偉大又進步的成就。他也會描述農民

【41】引自 *From Max Weber: Essays in Sociology*（1947）, p.58。

【42】譯按：法蘭西斯・培根（Francis Bacon, 1561-1626），英國哲學家、科學家。

【43】Boswell, *Life of Doctor Johnson*, A.D. 1776（Everyman ed. ii, 20）。這種說法的優點是坦率；布克哈特（*Judgements on History and Historians*, p.85）因進步下之犧牲者的「被壓抑的悲歎」（silenced moans）而流淚，「而那些犧牲者通常所想要的，就是保有財產（*parta tueri*）」，不過，他本身卻對法國舊體制（*ancien règime*）下之犧牲者的悲歎沉默不語，而那些犧牲者通常是一無所有的。

被逐離土地，工人擠在對健康有害的工廠和不衛生的住所，以及對童工的剝削。他大概會說，制度的運作出現了弊端，一些雇主比另一些雇主更無情，還會津津有味地細說，一旦制度建立起來，人道主義的良心就會漸次滋長。不過，他大概再度心照不宣，會假設說壓制和剝削的措施，無論如何是工業化初期的代價中無法避免的一部分。我倒從未聽見哪位歷史學家說過，由於這些代價的緣故，最好停止進步，不再工業化。倘若真有這類的歷史學家，那麼他無疑是屬於卻斯特頓或貝羅克學派，嚴肅的歷史學家——理所當然地——不會認真地看待他的。這個例子尤其讓我感到興趣，因為我希望不久在我的《蘇俄史》裡，就會從工業化代價之一部分的角度，來處理農民集體化的問題；而我也相當清楚，倘若取法於研究英國工業化的歷史學家，我哀歎集體化的暴行和弊端，卻又將此一過程當成是值得嚮往而又必需的工業化政策中無法避免之代價的一部分，那麼我會招致指控，說我犬儒主義，又寬恕壞事。歷史學家有鑑於十九世紀西方國家將亞洲和非洲殖民地化，不僅對世界經濟有立即影響，而且也對這些大陸的落後人民有著長遠的後果，因而寬恕了西方國家。據說，現代印度終究是英國統治下的產物（child），而現代中國則是十九世紀西方帝國主義，與俄國革命之影響交錯下的產物。不幸的是，活下來享受中國革命所帶來的光榮與利益的，卻不是在租界港口的洋人工廠、南非的礦區，或第一次世界大戰西方前線上勞動的中國工人。付出代價的人，很少是享受到好處的人。恩格斯這段有名的華麗文字，讓人不自在而又貼切：

> 歷史幾乎是所有女神之中最為殘酷的，她率領著凱旋之車，壓過滿地屍骨，不僅戰時如此，「和平的」經濟發展時亦復如此。而不幸的是，我們這些男女竟如此愚昧，以致於我們除非是受到多得太不相稱的苦難所逼，不然從來不曾為真正的進步鼓起過勇氣。[44]

伊凡・卡拉馬佐夫著名的反抗姿態，是一種英雄式的謬誤。我們可以說是出生在社會，出生在歷史。不可能有人給我們一張入場券時，還任我們選擇要或不要。歷史學家對於苦難的問題，並不比神學家有更結論性的答案，他也是轉而依靠小害大利的論點。

不過，與科學家不同的是，歷史學家是因材料性質而涉及這些道德評斷的議題，難道此一事實不正意謂歷史服從於一種超歷史的（super-historical）價值標準嗎？我想並不是如此！讓我們假設，像說「好」與「壞」這樣的抽象概念，以及其更為複雜的發展，都超出了歷史的範圍。不過，即令如此，這些抽象概念在歷史道德（historical morality）的研究中扮演的角色，跟數學和邏輯的公式在自然科學中扮演的角色幾乎相同。它們都是不可或缺的思想範疇；不過，它們被置入特定的內容之前，是沒有意義或應用性的。倘若你喜歡不同隱喻的話，那麼我們在歷史或日常生活中應用的道德訓誡，就像銀行裡的支票：支票有印刷的部分，也有填寫的部分。印刷的部分，包括了自由與平等、正義與民主之類的抽象字眼。這些是必不可少的範疇。不過，我們填好另一部分之前，支票是沒有價值的。另一部分說明，我們打算給什麼人多少自

[44] Letter of February 24, 1893, to Danielson in *Karl Marx and Friedrich Engels: Correspondence 1846-1895*（1934）, p.510.

由，我們承認誰跟我們平起平坐，還有到什麼程度。我們在不同時間填寫支票的方式，就是歷史的問題。將特定歷史內容賦予抽象道德概念的過程，就是一種歷史過程；誠然，我們是在某一概念框架之內作道德評斷的，而該框架本身就是歷史的創造物。當前國際上對於道德議題最喜歡採取的爭論形式，就是對於相互競爭的自由權利與民主權利作論辯。這些概念是抽象而又普世的。不過，縱觀歷史，置入概念之中的內容，因時地而有所不同；有關概念應用的實踐問題，只有從歷史的角度才能了解，也才能作論辯。舉一個不怎麼通俗的範例，有人曾經努力想把「經濟理性」（economic rationality）的概念，當成是一種客觀的、無可爭議的準據，據以試驗和評斷經濟政策是否可取。這種努力馬上行不通。古典經濟學定律下訓練出來的理論家，從原理上指摘計畫（planning）是對理性的經濟過程作非理性的入侵，舉例來說，計畫者在物價政策上，不願受供需法則的約束，而且計畫下的物價無法擁有合理的基礎。當然，計畫者經常有不理性的舉止，也就是愚蠢的舉止，這大概也是真的。不過，評斷他們的準據，必定不是古典經濟的老套「經濟理性」。就本人而言，我更贊同下述的相反論點：未受控制的、無組織的自由放任經濟，本質上是不理性的，而計畫是想把「經濟理性」引入經濟過程的一種努力。不過，現在我想提出的唯一論點就是，要樹立一種能評斷歷史行動的抽象而又超歷史的標準是不可能的。雙方不可避免地都把這類的標準，誤解成適合他們自己的歷史條件和願望的特定內容。

對於有意樹立一個超歷史的標準或準據——不論那樣的標準是來自神學家所假定的某些神

聖權威，或來自啟蒙運動時期哲學家所假定的一個靜態理性（Reason）或自然——據以對歷史事件或歷史情勢作評斷的那些人來說，這無疑是一種指控。並非在應用該標準時出現了短處，或者，該標準本身有缺陷，而是想為該標準樹立這類標準的企圖就是非歷史的，而且也跟歷史的本質相矛盾。對於歷史學家因其天職而必須不斷提出之問題，該標準提供了一個教條式的答案；對於這些問題，預先接受答案的歷史學家，就是閉著眼睛工作，放棄了他的天職。歷史就是變動（movement）；而變動則意謂著比較。這也是為何歷史學家傾向於用有比較性質的字眼，像說「進步的」（progressive）和「反動的」（reactionary），而不用強硬的絕對字眼，像說「好的」和「壞的」，來表達他們的道德評斷。這些作法就是嘗試不根據某種絕對標準，而是根據它們互相的關係，來界定不同社會或歷史現象。再者，當我們考察這些據稱是絕對而又在歷史之外的價值時，我們發現它們實際上也在歷史裡生了根。時空的歷史條件解釋了一種特定價值或理想在某一時空的出現。假定的絕對事物，像說平等、自由、正義或自然律等的實際內容，也因不同時地而有所不同。每一集團都有其在歷史裡生了根的價值。每一集團都防止外來又令人為難的價值侵入，而對價值侵入，以粗鄙的描述語，污名為「資產階級的」與「資本主義的」、「不民主的」與「極權主義的」，或者更粗陋一些，就污名為「非英國」與「非美國的」。此一脫離社會又脫離歷史的抽象標準或價值，就跟抽象的個人一樣，也是一種幻想。嚴肅的歷史學家承認所有價值都有受到歷史條件制約的性質，而非宣稱自己的價值觀有超越歷史的客觀性。我們保持的信念，以及我們樹立的評斷標準，都是歷史的一部分，而且就像人類行為的其他方面那樣，也必然受到歷史的探究。今日，少數的科學——尤其是社會科學——會自以為是完全的獨立。不過，歷史學基本上並不依靠其本身以外、使其與其他科學有所區別的某些事物。

讓我總結一下我所說過的關於歷史學應列在科學之林的主張。「科學」一詞已經涵蓋了那麼多不同的知識分科，也援用了那麼多不同的方法和技術，以致於責任似乎是落在那些想排除歷史學的人身上，而不是落在那些想納入歷史學的人身上。極具深遠意義的是，主張排除的論據，並非來自急切想把歷史學家從其精選的同伴中排除出去的科學家，而是來自急切想證明歷史學的地位是高尚學問之分科的歷史學家和哲學家。此一爭論反映了人文科學與科學之間舊有區分的偏見，在這樣的區分裡，人文科學本來是代表統治階級的主要文化，而科學則代表為統治階級服務之技術人員的技能。在這樣的脈絡裡，「人文科學」（humanities）和「高尚的」（humane）這類詞語，本身就是時間久遠之偏見的殘存物；而科學與歷史學之間的對立，除了英語之外，在其他語言裡是沒有意義的，此一事實意謂著這種偏見有特殊的島國特質。我之所以反對否認歷史學是科學的主要理由在於，這是為所謂「兩種文化」之間的裂縫作辯護，且使裂縫永遠存在。此一裂縫本身就是這種古老偏見的產物，其基礎就是它自身即屬於過去的英國社會之階級結構；而我自己並不相信，使歷史學家跟地質學家分離的裂隙，會比使地質學家跟物理學家分離的裂隙，要深一些或更無法填補。不過，在我看來，彌補這種裂縫的方式，不在於向歷史學家講授基礎科學，或向科學家講授基礎史學。這是糊塗的思維曾經引領我們鑽過的死胡同。畢竟，科學家本身也不是以此方式行事。我從未聽說過，有人會勸工程師去上植物學的基礎課程。

我想提出的一個補救辦法，就是改善我們史著的標準，使它——恕我冒昧這麼說——更為科學，使我們對於從事歷史研究的那些人要求更為嚴格。歷史學作為劍橋大學的一個學門，有時被那些覺得古典研究（classics）太難，而科學又太嚴肅的人，看成是個雜物箱。我想在這些講演裡傳達的一個印象，亦即：歷史學是比古典研究難得多的一門學科，又跟任何一門科學一樣嚴肅的一門學科。不過，這種補救辦法意謂著歷史學家本身對其工作有更強的信心。查爾斯·史諾爵士[45]，最近在一次討論這個主題的講演裡，當他把科學家「輕率的」（brash）樂觀，跟他所謂的「文人知識分子」的「竊竊私語」（subdued voice）和「反社會情緒」加以作對照時，他是有點道理的[46]。有些歷史學家——以及很多撰寫史著而又不是歷史學家的人——都是屬於這種「文人知識分子」的範疇。他們如此忙於告訴我們，歷史學不是一門科學，也忙於解釋歷史學不能且不該是什麼或做什麼，以致於他們沒有時間去討論歷史學的成就和潛力。

[45] 譯按：查爾斯·史諾爵士（Charles Percy Snow, 1905-1980），英國作家、物理學家。

[46] C. P. Snow, *The Two Cultures and the Scientific Revolution*（1959），pp.4-8。譯按：中譯本，參見紀樹立譯，《兩種文化》，北京：三聯，一九九四；林志成、劉藍玉譯，《兩種文化》，臺北：貓頭鷹出版社，二〇〇〇；陳克艱、秦小虎譯，《兩種文化》，上海：上海科技出版社，二〇〇三。

另一種彌補這道裂縫的方法，乃是更深刻地了解，科學家與歷史學家之間有一致的目標。這就是最近對「科學史」與「科學哲學」之興趣增加的主要價值。科學家、社會科學家和歷史學家都從事於相同研究的不同分科：人類及其環境的研究，人類對環境的影響及環境對人類的影響之研究。研究的目標是相同的：增加人類對環境的理解及對環境的控制。物理學家、地質學家、心理學家和歷史學家的假設和方法，在細節上是有很大不同的。對於下述的提議我並不想表態：為了更合乎科學，歷史學家必須更緊密地遵循自然科學的方法。不過，歷史學家與自然科學家在尋求解釋的基本目的及問答的基本程序上是一致的。歷史學家，就像其他科學家那樣，也是不斷在問「為什麼」這一問題的一種動物。在下一講之中，我會考察一下歷史學家提出問題及試圖回答問題的種種方式。

第四章　歷史中的因果關係

倘若在平底鍋裡煮牛奶，就會溢出來。我不知道，也從來不想知道其中的原因；倘若被追問得緊，我大概會歸結為牛奶煮開有溢出來的本性，這可是一點不假的，不過，說明不了什麼問題。但另一方面，我又不是自然科學家。同樣地，吾人可以閱讀，乃至撰寫有關過去的事件，卻不求知道其中的原因，也可以滿足於說道，第二次世界大戰之所以爆發，乃是因為希特勒希望有戰爭，這可是一點不假的，不過，說明不了什麼問題。但這樣一來，吾人就不應犯語法上的錯誤，自稱是歷史學者或歷史學家。歷史研究，即是原因研究。就像我在上一講結束時所說的，歷史學家一直在問「為什麼？」這一問題；而且只要他希望得到解答，他就不得停止。偉大的歷史學家——或許，我應當說得更廣泛一些，偉大的思想家——是對於新事物或在新脈絡裡，提出「為什麼？」的人。

歷史學之父希羅多德在他的作品裡，一開始就表明自己的目的：記住希臘人與蠻族的事跡，「尤其最重要的是，提出他們彼此征戰的原因」。他在古代的世界裡沒有什麼門徒：甚至連修昔提底斯也被指控說沒有清晰的因果關係概念[1]。不過，近代歷史編纂學的基礎在十八世紀開始建立起來時，孟德斯鳩在《羅馬盛衰原因論》[2]裡，把下述的原則當作他的出發點：「有許多精神或物質的一般原因，在每一君主政體中起作用，使其提升、延續或覆亡」，而「所發生的一切都取決於這些原因」。幾年後，在《論法的精神》中，他發展和通則化了這個觀念。如果認為「天命產生了我們在世上看到的所有後果」，那就是荒謬可笑了。人類「不僅受到自己幻想的統御」；他們的行為也遵循著源自「事物的本質」的某些定律和原則[3]。此後將近兩百年的時間，歷史學家和歷史哲學家都忙著藉由發現歷史事件的原因和統御歷史事件的定律，來條理化人類過去的經驗。有時，他們從機械（有時是生物學）的角度，把這些原因和定律看成是形而上學的、經濟學的，或心理學的。不過，大家接受的學說則認為，歷史就是以井井有條的因果關係序列來安排過去的事件。伏爾泰在《百科全書》「歷史」條中寫道，「倘若除了蠻族在奧克薩斯河和賈克撒特斯河的兩岸，此興彼亡之外，沒有什麼好告訴我們的，那麼這對我們又有何意義呢？」在過去幾年中，情況已有些改變。如今，基於我在上一講裡討論過的理由，我們不再提及歷史「定律」，甚至連「原因」一詞已不時興了；有部分是因為某種哲學上的模稜兩可，而這一點我不用著手處理，也有部分是因為「原因」一詞可能跟決定論有關連，而我一會兒就要談到這一點。因此，有些人不提歷史中的「原因」，而是提「解釋」或「詮釋」、「情況的邏輯」，或「事件的內在邏輯」（此語出自戴西[4]），不然便是丟棄因果研究法（為何發生），而側重功能研究法（如何發生），雖說這似乎不可避免地涉及了到底是如何發生的問題，因而將我們引回到「為什麼？」這一問題。另一些人則區分了不同類的——機械的、生物學的、心理學的等等——原因，而且把本因（historical cause）自身看成是一個範疇。儘管這些

[1] F. M. Cornford, *Thucydides Mythistoricus, passim.*

[2] 譯按：中譯本，參見婉玲譯，《羅馬盛衰原因論》，北京：商務印書館，一九六二。

[3] *De l'esprit des lois*, Preface and ch. 1。譯按：中譯本，參見張雁深譯，《論法的精神》，臺北：臺灣商務印書館，一九九八。

[4] 譯按：戴西（Albert Venn Dicey, 1835-1922），英國法學家。

區分之中有一些在某種程度上是有效的，不過，為了當下的目的，強調各種原因的共同點，而不強調不同點，可能是有益的。我將安於運用「原因」一詞的通行意義，而不理會那些細微的區別。

我們首先要問的是，歷史學家有必要提出事件的起因時，他在實作上做了什麼呢？歷史學家處理原因問題之方法的第一個特色乃是，他通常會把幾個原因歸諸同一事件。經濟學家馬歇爾[5]曾經寫道，「必須用盡所有可能的辦法來告誡人們，不要只考慮到單一原因的行動，……而未考慮到跟此一行動混雜在一起的其他行動之影響」[6]。回答「一九一七年俄國為何發生革命呢？」這道問題的應試者，假使只提了一個原因，那麼能得個「Ｃ」就不錯了。歷史學家探討各式各樣的原因；倘若他必須思考布爾什維克革命的原因，那麼他可能會列舉出：俄國接二連三的戰敗；在戰爭壓力下俄國經濟的崩潰；布爾什維克的有效宣傳；沙皇政府未能解決農業的問題；窮困又受剝削的無產階級集中在彼得格勒[7]工廠裡；以及列寧有主見而對方卻沒有人如此——質言之，這是一堆雜亂的原因，其中有經濟、政治、意識形態和個人的原因，也有長期和短期的原因。

不過，這立刻將我們帶到歷史學家處理原因問題之方法的第二個特色。應試者假使在回答俄國革命的原因時，只安於提出一個接著一個的原因便作罷，那麼他可能會得個「Ｂ」，但幾乎不可能得到「Ａ」；主考人的評語可能會是，「見識廣博，但缺乏想像力」。真正的歷史學家，面對自己所收集的這一串原因時，會有一種專業的衝動，想把原因按次第排列，想建立起某種能確定彼此關係的原因等次（hierarchy），或許還想決定哪個原因或哪些原因範疇，「終究」（in the last resort）或「總而言之」（in the final analysis）（歷史學家最愛用的語句！）應當看成是最終的原因，也就是所有原因的原因。這是他對自己主題的詮釋；歷史學家因提出原因而聞名。吉朋將羅馬帝國衰亡的原因，歸咎於野蠻與宗教的勝利。十九世紀英國輝格派的歷史學家，將英國強權之崛起和繁榮的原因，歸功於體現憲政自由原則之政治制度的發展。今日，吉朋和英國十九世紀歷史學家的模樣看起來有點過時，因為他們忽略了現代史家置於顯著位置的經濟原因。每個歷史爭論都是環繞著哪個原因優先的問題。

亨利・波安卡瑞在我上一講裡所引用的那部作品中指出，科學的進展是「走向多樣性和複雜性」，同時又「走向一致性和簡單性」，而且這種雙重又明顯矛盾的過程，是知識的一種必要條件[8]。歷史學也是這樣。歷史學家，由於擴大與深化自己的研究，對於「為什麼？」這一問題，積累了愈來愈多的答案。近幾年來，經濟史、社會史、文化史與法律史的蓬勃發展——更別提對政治史之複雜性的新穎洞察力，以及心理學和統計學的新技術——大幅增大了我們答案的數量和範圍。當伯特蘭・羅素觀察到，「科學的每一進展都帶領我們進一步脫離最初觀察到的

【5】譯按：馬歇爾（Alfred Marshall, 1842-1924），英國經濟學家，新古典學派的創始人。

【6】*Memorials of Alfred Marshall*, ed. A. C. Pigou（1925）, p.428.

【7】譯按：彼得格勒（Petrograd），俄國西北部的港市，原名聖彼得堡（St. Petersburg），一九一四年更名為彼得格勒，一九二四年再次更名為列寧格勒（Leningrad）。

【8】H. Poincare, *La Science et l'hypothèse*（1902）, pp.202-203.

粗糙齊一性（crude uniformities），而進入前因與後果之間更大的分化，同時也進入被視為是相關的、不斷擴大的前因範圍」[9]，在那時，他正確無誤地描述了歷史學的情況。不過，由於迫切想要了解過去，歷史學家就像科學家那樣，同時也被迫把各式各樣的答案加以簡化，使一個答案從屬於另一答案，使錯綜複雜的事件和特定原因有某種秩序與一致性。「一個上帝，一個定律，一個元素，以及一個遙遠的神聖事件」，或者，亨利．亞當斯所找尋的「某種使人不再大聲疾呼要受教育的偉大通則」[10]——這些在今日讀起來就像是過時的笑話。不過，現實情況仍然是，歷史學家必須簡化原因，也要增加原因來進行工作。歷史學就像科學那樣，是通過這種雙重又明顯矛盾的過程前進的。

這裡，我還得勉強離開正題一下，討論兩則有意思但不相干的話題（savoury red herrings）——其一是「歷史中的決定論，或黑格爾的邪惡」；另一則是「歷史中的偶然性，或克麗歐佩特拉的鼻子」。我得先稍微談一下它們怎麼來的。卡爾．波柏教授一九三〇年代在維也納時，撰寫了一部很有份量的的作品，討論科學裡的新氣象，而該書最近譯成了英文，書名為《科學發現的邏輯》[11]。在大戰期間，他以英文發表了兩本較為通俗的書籍：《開放社會及其敵人》[12]和《歷史定論主義的貧困》[13]。它們是在反對黑格爾、反對相當膚淺之馬克思主義的強烈情緒影響下撰寫而成。黑格爾連同柏拉圖，都被當成是納粹主義的精神先驅，而那種馬克思主義則是一九三〇年代英國左派的思想風氣。在「歷史定論主義」（Historicism）的貶義名稱下，把黑格爾和馬克思的所謂決定論歷史哲學湊在一起，當成主要的目標[14]。一九五四年，以賽亞·柏林爵士發表了他的《歷史的必然性》。他對柏拉圖不再作抨擊，或許是出於對牛津當局（Oxford Establishment）的這位古代臺柱所表示的某種遲來的敬意[15]；而他的指控理由，增添了

[9] B. Russell, *Mysticism and Logic*（1918）, p.188.

[10] *The Education of Henry Adams*（Boston, 1928）, p.224。譯按：中譯本，參見周榮勝、嚴平譯，《亨利·亞當斯的教育：一個培養了兩代美國總統的家庭》，北京：中國社會科學出版社，二〇〇三。

[11] 譯按：中譯本，參見查汝強、邱仁宗譯，《科學發現的邏輯》，瀋陽：瀋陽出版社，一九九九。

[12] 譯按：中譯本，參見莊文瑞、李英明編譯，《開放社會及其敵人》，臺北：桂冠圖書公司，一九八四；陸衡等譯，《開放社會及其敵人》，北京：中國社會科學出版社，一九九九。

[13] 《歷史定論主義的貧困》在一九五七年首度以書籍形式發行，但也包括了最初發表於一九四四年和一九四五年的文章。譯按：中譯本，參見李豐斌譯，《歷史定論主義的窮困》，臺北：聯經，一九八一；杜汝楫、邱仁宗譯，《歷史決定論的貧困》，北京：華夏出版社，一九八七；何林、趙平譯，《歷史主義貧困論》，北京：中國社會科學出版社，一九九八。

[14] 由於波柏教授討論該主題的暢銷著述，並未賦予「歷史定論主義」（historicism）一詞精確的意義，因而除了一兩個不要求精確的地方之外，我會避免運用該術語。不斷地執著於術語的定義是有點迂腐，不過，吾人應當要知道自己講的是什麼。波柏教授把「歷史定論主義」當作他不喜歡的歷史見解的一個統稱詞，其中有一些在我看來是合理的見解，也有一些——我猜想——是今日嚴肅作家不再持有的見解。就像他所承認的（*The Poverty of Historicism*, p.3），任何知名的「歷史定論主義者」（historicist），都不曾運用過他所杜撰的「歷史定論主義」論證。在他的著述裡，歷史定論主義既涉及將歷史比作科學的學說，也涉及將兩者截然劃分的學說。在《開放社會及其敵人》裡，反對作預言的黑格爾，被看成是歷史定論主義的大祭司；而在《歷史定論主義的貧困》的導論裡，歷史定論主義則被描寫為「學習社會科學的一個途徑，其假定歷史預言是社會科學的主要目的。」到目前為止，「歷史定論主義」（historicism）通常被用作德文「Historismus」的英譯；如今，波柏教授又把「歷史定論主義」跟「歷史主義」（historism）作了區分，從而讓該術語早已混亂的用法，亂上加亂。M. C. D'Arcy, *The Sense of History: Secular and Sacred*（1959）, p.11，是把「歷史定論主義」一詞，當成「歷史哲學」來使用。

[15] 然而，有關柏拉圖是第一位法西斯主義者的這類抨擊，源自於一位牛津校友的一系列廣播，參見R. H. Crossman, *Plato Today*（1937）。

波柏那裡找不到的論證：之所以該反對黑格爾和馬克思的「歷史定論主義」，乃是因為它從因果的角度解釋人類的行動，意謂著對人類自由意志的否定，而且也慫恿歷史學家規避其應有的職責，而我在上一講裡提過的這一職責，就是對歷史上的查理曼們、拿破崙們以及史達林們作道德譴責。在其他方面，倒是沒有什麼改變。不過，以賽亞．柏林爵士是個理應受歡迎且又有廣泛讀者的作家。在過去的五、六年期間，在英國或美國，每一位撰寫有關歷史的文章，乃至撰寫有關歷史作品之嚴肅評論的人，都對黑格爾和馬克思以及決定論，表示了蓄意的蔑視，而且指出未能認可偶然因素在歷史中的角色，誠屬荒謬。要柏林爵士為其追隨者負責，或許並不公平。即使他在胡言亂語的時候，他的話說得動人而又有吸引力，因而博得我們的寬容。追隨者胡言亂語，卻未能使那些話具有吸引力。無論如何，這一切並沒有什麼新鮮的事。查爾斯．金斯利並非欽定近代史教授之中最傑出的，他或許從來不曾獲悉黑格爾或聽過馬克思，卻在一八六〇年的就職演說中，提及了人類「打破自己生存定律的神秘力量」，藉以證明歷史之中不存在「必然的序列」[16]。不過，幸運的是，我們已經把金斯利遺忘了。在他們之間，對此白費力氣的是波柏教授和柏林爵士；而要弄清這團混亂就需要一些耐心了。

那麼，先讓我們把決定論看成——我希望，不會引起爭論地定義成——下述的信念：每件事情的發生，都有一個或幾個原因，除非這個原因或這些原因中的某些事情有所不同，不然事情不可能以不同的方式發生[17]。決定論並不是歷史的問題，而是所有人類行為的問題。行動沒有原因，因而其行動未確定的人類就跟我們在上一講裡討論過的那種處於社會之外的個人一樣，也是一種抽象概念。波柏的主張，「在人類事務中什麼事都是有可能的」[18]，要嘛是沒有意義的，要嘛就是謬誤的。在日常生活裡，不會有人相信或能夠相信這個主張。「每件事情都有其原因」的公理，是我們能夠了解周遭發生什麼事的一個條件[19]。卡夫卡小說的恐怖特點，就在下述的事實：發生任何事情都沒有明顯的原因，或沒有任何能加以確定的原因；這導致人格的完全崩潰，因為人格是以下述預設為基礎的，即事件有原因，而且其中有足夠的原因能加以確定，以便在人的腦子裡建立起一個有關過去與現在的前後連貫之模式，可以作為行動的指南。除非吾人假定，人類的行為原則上受到能夠加以確定之原因的支配，不然就不可能有日常生活。從前，有些人認為探討自然現象的原因是褻瀆的，因為這些原因顯然是受到天主意志的支配。以賽亞·柏林爵士反對我們解釋人類為何如此行動，理由是這些行動受到人類意志的支配。他的反對理由與前述思想相同，或許也表明，今日社會科學的發展階段，就跟這類論證針對自然科學時的階段相同。

【16】C. Kingsley, *The Limits of Exact Science as Applied to History*（1860）, p.22.

【17】「決定論……意謂著，……資料就是如此，無論如何事情一定會發生，不會有所不同。要是資料不同的話，說事情可能（could）發生，僅僅意謂著事情會（would）發生。」（S. W. Alexander in *Essays Presented to Ernst Cassirer*〔1936〕, p.18）。

【18】K. R. Popper, *The Open Society*（2nd ed., 1952）, ii, p.197.

【19】「這個世界並未強加因果關係律（Law of Causality）於我們身上」，相反的，「對我們而言，因果關係律也許是適應這個世界的最方便的方法」（J. Rueff, *From the Physical to the Social Sciences*〔Baltimore, 1929〕, p.52）；波柏教授（*The Logic of Scientific Enquiry*, p. 248）則把因果關係的信念，稱之為「極具正當理由的方法論規則在形而上學層面的實體化」。

讓我們看看日常生活裡，我們是怎樣處理這種問題的。當你著手做你的日常事務時，常常碰到史密斯。你跟他打招呼，和藹可親但又不著邊際地談一下天氣，或者，談一下學院或大學的情況；他也作了答覆，和藹可親但又不著邊際地談一下天氣，或者，談一下日常工作的情況。不過，假如有個早晨，史密斯一反常態，沒有答你的話，卻突然猛烈地怒罵起你個人的儀表或品格，難道你會聳聳肩，把此事當成有力地證明了史密斯的自由意志，以及人類事務中什麼事情都是有可能的這一事實嗎？我想，你是不會的！相反地，你可能會說出這類的話：「可憐的史密斯！你當然知道，他的父親是死在精神病院的」。或者說：「可憐的史密斯！他一定又是跟太太大吵大鬧了」。換言之，你會試圖探詢史密斯看起來無厘頭之行為的原因，堅信其中必定有某種原因。我擔心，你這麼做會觸怒以賽亞．柏林爵士。他會狠狠地抱怨說，你對史密斯的行為提出了一種因果解釋時，就是輕信了黑格爾和馬克思決定論的預設，也逃避了譴責史密斯為無賴的義務。不過，在日常生活裡，不會有人採取這種看法，也不會有人認為，決定論或道德責任危在旦夕。有關自由意志和決定論在邏輯上的兩難困境，不會出現在現實生活。這並不是說，人類的一些行動是自由的，而另一些行動則是受支配的；事實上，是根據吾人思考兩者時所持的觀點，人類的所有行動既是自由的，又是受支配的。實際的問題又再次不同。史密斯的行動有一個原因或許多原因；不過，只要該行動不是由外在的強制，而是他自己個性的衝動所造成的，那麼他在道德上要負責任，因為正常的成人要對自己的個性負道德責任，這是社會生活的一個先決條件。在此一個別情況中，他是否要負責，是一個由你作實際評斷的問題。不過，如果你要他負責，那麼這並不意謂，你認為他的行為是沒有原因的：原因與道德責任是不同的範疇。劍橋大學最近設立了犯罪學研究所和犯罪學講座。我確信，那些從事探究犯罪原因的人，不會想到這會使他們否認罪犯的道德責任。

現在，讓我們來談談歷史學家。就像凡夫俗子那樣，他也相信，人類的行動原則上是有可以確定的原因。倘若不作這樣的預設，就像日常生活那樣，歷史就成為不可能的了。歷史學家的特殊功能就是探究這些原因。人們可能會認為，這使得歷史學家對人類行為受支配的那一面特別感到興趣：但他除了「自由意志的行動沒有原因」這一站不住腳的假說之外，並不否認自由意志。他也不會因為必然性的問題而煩惱。歷史學家就像其他人那樣，有時也會陷入誇張的措辭，當他們把某一事件（occurrence）說成是「必然的」（inevitable）時，僅僅是意謂，幾種因素的偶然巧合致使吾人預期該事件非常可能發生。最近，我在自己的史著裡搜尋這個惹事生非的字眼，結果也無法開給自己一張未受感染的健康證明書：我在一段文字裡寫道，一九一七年革命之後，布爾什維克跟東正教教會之間的衝突是「必然的」。無疑地，說道「極其可能的」（extremely probable）會是比較聰明些的。不過，作這樣的修改，容我說一句，是否有點咬文嚼字呢？實際上，在事件發生之前，歷史學家並不以為它們是必然的。雖說他們相當正確地繼續解釋為何故事的主人翁最終選擇走上此一過程而非另一過程，但他們經常討論主人翁在「有各種選項」的假定之下，可以選擇的其他過程。除了就「必然的」一詞的嚴格意義而論，不然歷史上沒有什麼是必然的；倘若事件以別的方式發生，那麼先決原因勢必有所不同了。

作為歷史學家，我打算完全不用「必然的」、「不能避免的」（unavoidable）、「不可避免的」（inescapable），甚至像「無法逃避的」（ineluctable）這類形容詞。雖說生活會更乏味，不過，還是讓我們把這類形容詞留給詩人和形上學家去用吧！

近幾年來，對於必然性的這類指控，似乎如此沈悶無趣又不得要領，同時又如火如荼地進行，因此，我認為，我們必須找尋廁身其後的隱蔽動機。我猜想，這類指控的主要來源，就是我所謂思想上——或毋寧說是情緒上的——「可能發生而未發生」（might-have-been）學派。這派人馬絕大多數是研究當代史的。上學期就在劍橋大學這裡，我看到某學會有個題為「俄國革命是必然的嗎？」的講演公告。我確信，這本來就是一次相當嚴肅的講演。不過，要是你看到題為「薔薇戰爭是必然的嗎？」的講演公告，你立即會懷疑，是否有人在開玩笑。歷史學家記述了諾曼征服或美國獨立戰爭，宛如所發生之事件，實際上是注定會發生的，也宛如他的本分僅是解釋一下發生了什麼事，以及何以發生。沒有人會指控他是個決定論者，指控他未能討論另一種可能性，即威廉征服者或美國的叛方有可能被打敗。然而，當我一絲不苟地用這種方式——對歷史學家來說，也是唯一適當的方式——撰述了一九一七年的俄國革命時，我卻遭到批評家抨擊說，我轉彎抹角地把已發生之事描寫成注定要發生的事，也未能考察其他所有也可能會發生的事。有人說，假定斯托雷平[20]有時間完成農業改革，或俄國沒有參戰，那麼這場革命或許就不會發生了。不然，再假定克倫斯基政府成功了，而且孟什維克或社會革命黨人，而不是布爾什維克掌握了革命的領導權。這些假設在理論上都是可能的；吾人也總是能以歷史上本應成而未成的事情來玩玩室內遊戲。不過，這些假設跟決定論完全無關；因為決定論者只會回答說，這些事情假使要發生，也要有不同的原因才行。而這些原因跟歷史也是完全無關的。關鍵在於，今日，不會有人真的希望倒轉諾曼征服或美國獨立的結果，或者，想對這些事件表達激昂的抗議；當歷史學家把它們看成是「定論」（closed chapter）時，也不會有人提出反對。不過，許多人因布爾什維克勝利的結果，直接或間接地受苦，或者，仍然還恐懼其更久遠的影響，這些人是想對它提出抗議的；當他們閱讀史著的時候，就採取了下述的形式，即讓他們在可能發生的更加愜意之事情上想入非非，而且對默默地進行工作的歷史學家感到憤慨，因歷史學家解釋了發生過的事情，以及為何他們愜意的美夢仍未實現。當代史讓人費心勞神之處就在於，人們記得還有各種選項的時刻，因而難以採取歷史學家的那種態度，對歷史學家來說，既成的事實（*fait accompli*）已沒有任何選項。這是一種純粹情感性、非歷史性的反動，不過，卻為晚近反對「歷史必然性」學說的活動，提供了主要的啟發。讓我們一勞永逸地擺脫這個煙幕彈吧！

另一個抨擊的來源是「克麗歐佩特拉的鼻子」這個著名的難題。此一看法認為，歷史大體上是一連串的偶然事件，是受到偶然重合（chance coincidences）之支配、僅僅可歸因於極其偶爾之原因（casual causes）的一系列事件。阿克提姆海戰的結果，不是由於歷史學家常推斷

[20] 譯按：斯托雷平（Pyotr Arkadyevich Stolypin, 1862-1911），俄國政治人物，尼古拉二世統治期間，先後被任命為內務大臣和總理（1906）。

的那些原因，而是由於安東尼對克麗歐佩特拉的迷戀。當巴耶齊德因痛風發作而停止向歐洲中部進軍時，吉朋注意到，「一滴辛辣的體液攻擊一個人的一根纖維組織，可能就會阻止或延緩了許多民族的災難」[21]。希臘國王亞歷山大被寵物猴咬了一口，而於一九二〇年秋天過世時，此一意外事件引起了一連串的事件，因而致使溫斯頓．邱吉爾爵士評論說，「這隻猴子咬的這一口使二十五萬人喪命」[22]。不然，再舉托洛斯基的評論為例。他在獵野鴨時染了熱病，使他在一九二三年秋天跟齊諾維也夫、加米涅夫和史達林的爭吵，於危急關頭時一無作為。他評論說，「吾人能預知一次革命或一次戰爭，不過，卻不可能預知秋天獵野鴨之旅的後果」[23]。第一件要釐清的事就是，這個問題跟決定論的議題完全無關。安東尼對克麗歐佩特拉的迷戀，巴耶齊德的痛風發作，或者，托洛斯基因發燒引起的風寒，就像其他發生的事情一樣，都是受到原因支配的。主張說安東尼的迷戀沒有原因，對克麗歐佩特拉的美麗是不必要的失禮。女人的美麗與男人的迷戀之間的關係，是日常生活裡觀察得到的最正常的一種因果序列。歷史上的這些所謂意外事件所代表的一種因果序列，打斷了——也可以說是衝擊到——歷史學家主要想探究的那種序列。柏雷很恰當地提到「兩種獨立之因果鏈的互相衝突」[24]。以賽亞．柏林爵士在《歷史的必然性》裡，用帶著讚揚的口吻引述伯納德．布倫森一篇討論「偶然性的歷史觀」的文章作為開場。柏林這類的人，把這種意義下的意外事件，跟缺乏因果關係的支配混為一談。不過，且不談這樣的混淆，我們面對的是一個實際的難題。當我們的因果序列隨時都可能被某種其他的序列——從我們的觀點來看，是不相干的序列——中斷或改向時，吾人怎能在歷史之中發現一個連貫的因果序列呢？吾人又怎能在歷史上找出意義呢？

近來對於偶然性在歷史中之角色的強調相當盛行，我們可以在這裡稍停片刻，看一下這種主張的起源。波里比阿斯似乎是以有系統的方式作這種主張的第一位歷史學家；而吉朋則及時地點出了其中的理由。吉朋觀察到，「在國家淪為一個省分之後，希臘人並不是把羅馬的勝利歸因於共和政體的優點，而是歸因於它的好運」[25]。國家也是處於衰退時期的歷史學家塔西佗，是對偶然性有多方面看法的另一位古代史家。英國作家再度對偶然性在歷史中之重要性作強調，乃是起源於某種不確定與憂懼之情緒的增長，而這種情緒始於二十世紀，並在一九一四年之後，變得明顯起來。隔了很長的一段時間之後，第一位提出這種論調的英國史家似乎是柏雷。一九〇九年，他在〈歷史中的達爾文主義〉裡，要人們注意「偶然重合的因素」，因為該因素在很大程度上「有助於決定社會演化中的事件」；而一九一六年，又另有一篇題為「克麗歐佩

【21】*Decline and Fall of the Roman Empire*, ch. lxiv.

【22】W. Churchill, *The World Crisis: The Aftermath*（1929）, p.386.

【23】L. Trotsky, *My Life*（Engl. transl., 1930）, p.425。譯按：中譯本，參見勝利譯，《托洛次基自傳》，臺北：問學出版社，一九八八；胡萍譯，《托洛茨基自傳》，北京：中國社會科學出版社，二〇〇三。

【24】柏雷關於這一點的論證，參見 *The Idea of Progress*（1920）, pp.303-304。譯按：中譯本，參見范祥濤譯，《進步的觀念》，上海：上海三聯書店，二〇〇五。

【25】*Decline and Fall of the Roman Empire*, ch. 38. 饒有趣味的是，希臘人被羅馬人征服之後，亦醉心於歷史上「本可實現之事」的遊戲——最令戰敗的希臘人安慰的乃是：他們告訴自己，要是亞歷山大大帝沒有英年早逝，那麼「他會征服西方，而羅馬就會臣服於希臘國王了」（K. von Fritz, *The Theory of the Mixed Constitution in Antiquity*〔N.Y., 1954, p.395〕）。

特拉的鼻子」的文章，專門討論此一主題[26]。前面引述過費榭的那段文字裡——反映了他對第一次世界大戰之後自由派美夢的失敗而感到失望——他要求讀者認識「偶然的和預料不到的事」對歷史的影響[27]。在英國，把歷史當成是一連串偶然事件之看法的流行，恰逢法國存在主義哲學的崛起，而這派哲學家鼓吹說，存在——讓我引述沙特名著《存有與虛無》[28]中的話——「既無原因，無理由，亦無必要」。在德國，就像我們已經指出的那樣，資深史家邁乃克晚年時，開始對偶然性在歷史中之角色有了深刻的印象。他指摘蘭克對這方面的認識還很不夠；而第二次世界大戰之後，他便把過去四十年來的民族災難，都歸因於一系列的偶然事件，歸因於德皇的虛榮心、興登堡獲選為魏瑪共和國的總統、希特勒執拗的性格，等等——這是國家多難的迫使下，一位偉大史家心智的破產[29]。處於各種歷史事件的低谷，而非頂峰的集團或民族裡，強調偶然性或偶然事件在歷史中之角色的理論，就會流行起來。「考試的結果全靠運氣」，此一看法在那些得「C」等的考生中，始終是廣受歡迎的。

不過，揭示出某一信念的來源，並不等於解決了該信念；而我們還得在史書的一些書頁裡弄清「克麗歐佩特拉的鼻子」究竟有什麼作用。孟德斯鳩顯然是第一位試圖保衛歷史定律以免受這種侵擾的人。他在討論羅馬人盛衰的作品中寫道：「倘若某一特定原因，就像某次戰役的偶然結果那樣，毀滅了一個國家的話，那麼還有一個使該國因那次戰役而衰微的普遍原因」。馬克思主義者也在此一問題上遇到一些困難。馬克思僅提過一次這個問題，而且是一封信裡：

假使世界史沒有「偶然」的餘地，那麼它就會帶著神秘的特質。這種「偶然」本身自然而然就成為一般發展趨勢的一部分，而且由別的「偶然」形式加以抵補。不過，加速和遲延就有賴於這類的「偶然事件」，其中包含一開始就領導著運動之個人的「偶然」性格。[30]

馬克思因而從以下三個方面，為歷史中的偶然作辯解。首先，偶然並不是很重要；它能「加速」（accelerate）或「遲延」（retard），但言外之意是無法從根本上改變事件的進程。其次，一個偶然被另一個偶然所抵補，因此到了最後，偶然便把自己抵銷了。第三，個人的性格尤其說明了偶然[31]。托洛斯基以一個巧妙的類比，加強了這種抵補與自我抵銷的理論：

[26] 兩篇文章都收錄到 J. B. Bury, *Selected Essays*（1930）；有關柯靈烏對柏雷觀點的評論，參見 *The Idea of History*, pp.148-150。

[27] 有關這段文字，參見前面頁一四一。湯恩比在 *A Study of History*, v, p.414，曾引用費樹的名言，顯示出他完全誤解了這句話：他把這句話看成是「現代西方相信偶然（chance）具有無限力量（omnipotence）的看法」的產物，其「產生了」自由放任。自由放任學說的理論家並不相信偶然，而是相信對多種多樣的人類行為強加慈善規律的那隻看不見的手；費希爾的話不是自由放任之自由主義的產物，而是一九二〇年代和一九三〇年代自由主義崩潰下的產物。

[28] 譯按：中譯本，參見陳宣良等譯，《存在與虛無》，北京：三聯書店，一九九七。

[29] 史達克（W. Stark）所寫的導論裡，引用了相關的段落，參見 F. Meinecke, *Machiavellism*, pp.xxxv-xxxvi。

[30] Marx and Engels, *Works*（Russian ed.）, xxvi, p.108.

[31] 托爾斯泰在《戰爭與和平》（*War end Peace*）尾聲的第一節，把「偶然」（chance）和「天才」（genius）看成是表述人類無法了解真正原因的術語。

整個歷史過程，就是歷史定律通過偶然事件所作的折射。用生物學的語言，我們可以說，歷史定律是通過偶然事件的自然選擇來加以實現的。[32]

老實說，我覺得這個理論，無法令人滿意又無說服力。如今，喜愛強調偶然事件之重要性的那些人，過份誇大了偶然事件在歷史中之角色。不過，偶然事件是存在的，說它僅加速或遲延，而非改變，乃是在玩文字遊戲。我也看不出有任何理由相信，一個偶發事件——好比說，列寧才五十四歲就早逝——會自動地被某個別的偶發事件所抵補，因而致使歷史過程恢復了平衡。

下述的看法也同樣不適當，即認為歷史中的偶然事件僅是我們某種程度的無知——只不過是我們未能了解的某些事物的一種名稱而已[33]。毫無疑問，有時的確如此。當人們以為行星是在天空任意漫遊，而且也不了解其運動的規律性時，便把它們稱為行星，當然就是意指其為「漫遊者」（wanderers）。把某些事情描述為厄運，是擺脫探究其原因的煩人義務時最愛用的方式。當有人告訴我，歷史是一連串偶然事件時，我往往會懷疑，這個人在思想上不是有惰性，不然就是活力不強。嚴肅的歷史學家常見的做法，乃是指出到現在為止被當成偶然的某些事情，全然不是什麼偶然事件，而是可以合理解釋，並且顯然是可以適用於更廣泛的事件模式。不過，這並未充分答覆我們的問題。偶然事件並不僅是我們未能了解的某些事物而已。我相信，關於歷史中的偶然事件問題，解決之道必須從一種相當不同層次的理念中去找尋。

在初期階段，我們看到，歷史一開始是由歷史學家對事實作選擇和整理，而後使其成為歷史事實。並非所有的事實都是歷史事實。不過，歷史事實與非歷史事實之間的區別並不是嚴格的或不變的；而任何事實，一旦吾人看出其關連性和重要性，就可以將它提升到歷史事實的地位。現在，我們看到，在歷史學家處理原因的方法中，多少有點類似的過程也在發揮作用。歷史學家跟原因的關係，就像歷史學家跟事實的關係那樣，也有雙重而又互相的性質。原因決定了他對歷史過程的詮釋，而他的詮釋則決定了他對原因所作的選擇和整理。原因的等次，亦即，這個（組）或另一個（組）原因的相對意義，是其詮釋的精隨之處。這為歷史上之偶然的問題提供了線索。克麗歐佩特拉的鼻子形狀、巴耶齊德痛風發作、猴子咬了讓亞歷山大國王喪命的那一口、列寧的逝世——這些都是改變歷史進程的偶然事件。想讓偶然事件迅速而神秘地消失，或裝模作樣說它們沒有什麼影響，則是徒勞的。另一方面，只要它們是偶然的，那麼它們就無法成為理性的歷史詮釋之一部分，也無法成為歷史學家的重要原因等次之一部分。波柏教授和柏林教授——我再一次引用他們作為該學派最著名的、最廣為人們所誦讀的代表——都假設說，歷史學家想在歷史過程中找出意義，且想從中得出結論的企圖，等於是想將「整個經驗」（the whole of experience）化約成一種相稱的秩序，而且歷史上偶然事件的存在，使這類的

[32] L. Trotsky, *My Life*（1930）, p.422.

[33] 托爾斯泰認為：「我們被迫依靠宿命論（fatalism），用以解釋不合理的事件，也就是說，解釋那些我們還不了解其合理性的事件。」（*War and Peace*, Bk. IX, ch.i）；亦參見本書頁二〇七頁註31的引用的文字。

企圖都注定會失敗。不過，沒有一位頭腦清楚的歷史學家會妄想要處理「整個經驗」；就算在他研究的歷史領域，他能處理的也不過是一小部分的事實。歷史學家的世界，就像科學家的世界那樣，並不是真實世界的攝影副本，而是使他多少能夠有效地了解和掌握這個世界的一種工作模型。歷史學家從過去經驗，或者說，從他能夠領會的過去經驗裡，提煉出他認為能經得起合理解釋和詮釋的那部分，而且從中得出能作為行動指南的結論。近來，一位受歡迎的作家，論及科學的成就時，生動地提出人類心智的過程，是「在觀察到『事實』的碎布袋子裡翻來翻去，把**有關的**觀察事實挑出、拼湊，而後形成圖案，丟棄**無關的**事實，直到縫成一床有邏輯性又合理的『知識』被子」[34]。除了對過度主觀的危險還有某些保留之外，我會接受，這的確是歷史學家心智運作方式的一種寫照。

這樣的步驟會讓哲學家、甚至某些歷史學家感到迷惑和震驚。不過，對於為生活事務忙碌的凡夫俗子來說，這卻是非常熟悉的。讓我舉例來作說明。瓊斯在宴會上比平日多喝了點酒，返程又開著一輛煞車不大靈光的車子，開到一個視線不良的看不見的拐角，撞死了走過街道到拐角處之商店買香煙的羅賓森。在清理過車禍現場之後，我們就聚在——好比說，當地的警察局——一起來調查這件事的原因。是因為駕駛半醉的狀態而肇事的嗎？在這樣的情況下，可能會有刑事訴訟。或者，是因為煞車不大靈光所引起的嗎？在這種情況下，僅僅一星期之前徹底檢修過這部汽車的汽修廠大概脫不了關係。不然，是因為那個看不見的拐角嗎？在這種情況下，應當找來道路主管機關，請他們注意一下這個情況。當我們在討論這些實際問題的時候，兩位高雅的紳士——我不想指出他們是誰——衝進了房間，滔滔不絕而又中肯地告訴我們，那天晚上倘若羅賓森不是恰巧煙抽完了，那麼他就不會穿越馬路而被撞死；因此，羅賓森想抽煙的念頭就是他致死的原因；忽視此一原因的任何調查都是虛耗時間的，而且從中得出的結論既無意義又徒勞無功。嗯，我們該怎麼辦呢？我們一打斷他們的話，就立即溫和而又十分堅決地將這兩位不速之客半推半就地送到門口，並且通知門警決不可以再讓他們進來，而我們則繼續進行調查。不過，對於這兩位打斷我們談話之人的一番話，我們有什麼答覆呢？毫無疑問，羅賓森被撞死，乃因他是個抽煙者。熱衷於歷史偶然和可能性（contingency）的人所說的話，都是十分真確，也合乎邏輯，有著我們在《愛麗絲夢遊仙境記》以及《鏡中奇緣》中所看到的那類冷酷邏輯。不過，儘管我對牛津大學學術成就的那些成熟範例所表示的讚賞是不落人後的，但我寧可把我不同的邏輯模式，置於各自的隔間。道奇森式的模式[35]不是歷史的模式。

因此，從歷史意義來看，歷史就是一種選擇的過程。再次借用塔爾柯特．帕深思的話來說，歷史不僅是通往現實（reality）之認知取向的「一種選擇性體系」（a selective system），而且也是因果取向的「一種選擇性體系」。歷史學家從事實的汪洋大海裡，選擇出對其目的有意義的事實，他也從各式各樣的因果序列中，析取出那些（而且也僅限於那些）有歷史意義的

【34】L. Paul, *The Annihilation of Man*（1944）, p.147.

【35】譯按：道奇森，全名 Charles Lutwidge Dodgson, 1832-1898，英國數學家、邏輯學家和小說家，也是重要的早期人像攝影師。《愛麗絲夢遊仙境記》和《鏡中奇緣》皆出自其手。

事實；而歷史意義的標準乃是，他讓這些事實符合於其合理解釋與詮釋之模式的能力。其他的因果序列被視為偶然而遭到拋棄，並不是因為因果之間的關係不同，而是因為這種因果序列本身是不對題的。歷史學家對偶然一籌莫展；偶然無法經得起合理詮釋的檢驗，不論對過去或現在都沒有意義。的確，克麗歐佩特拉的鼻子、巴耶齊德的痛風、猴子咬了亞歷山大國王的那一口、列寧的逝世，或者，羅賓森的抽煙，都有其後果。不過，把這些當作一般命題，說道將軍打敗仗是因為迷戀美麗的女皇，戰爭爆發是因為國王養了寵物猴，或者，人們在馬路上被撞死是因為他們抽煙，那可就毫無道理了。另一方面，倘若你告訴凡夫俗子說，羅賓森被撞死是因為駕駛喝醉了、煞車失靈，或者，路上有個看不見的拐角，對他來說，這似乎是個合情合理的解釋。倘若他非要作辨別的話，他甚至會說，羅賓森抽煙的念頭不是，而這才是羅賓森「真正的」死因。類似地，倘若你告訴歷史系學生說，一九二〇年代蘇聯內部的許多鬥爭，是起因於爭論工業化的速率、勸說農民生產穀物以供應城鎮的最佳手段，乃至於互相敵對之領導人的個人野心，那麼他會覺得，從這些解釋也能應用到其他歷史境況的這一意義上來看，這些都是合理又有歷史意義的解釋，而且從列寧早逝的這一偶然並非「真正」原因這一意義上來看，這些都是所發生之事件的「真正」原因。倘若他喜歡對這些事情作反思，甚至也可以提醒他黑格爾在《法哲學原理》的導論中，備受引用卻又備受誤解的那句名言：「凡是合理的都是真實的，凡是真實的都是合理的」（what is rational is real, and what is real is rational）。

讓我們姑且回到羅賓森死因。我們毫不費力認識到，有一些原因是合理而又「真實的」，而另一些原因則是不合理而又偶然的。不過，我們是依照什麼標準來作區分呢？思考（reason）的能力通常是用於某種目的。知識分子有時以自娛為目的而作思考，或者，認為自己在作思考。不過，一般而言，人類的思考是為了某一目的的。當我們認為某一些解釋是合理的，而另一些解釋是不合理的時候，我覺得，我們區別了有某種目的之解釋，跟沒有目的之解釋。我們正在討論的這個例子裡，假定說限制駕駛酗酒，對煞車的狀態作更嚴格的控制，或者，道路設置地點的改進，可達到減少交通事故死亡率的目的，這是有道理的。不過，假定說禁止人們吸煙就可以減少交通事故死亡率，則是沒有道理的。這就是我們作區分時根據的標準。我們對歷史上之原因的態度，亦復如此。在這裡我們也區分了合理原因跟偶然原因。由於前者有可能應用到其他國家、其他時代和其他情況，因而導致了卓有成效通則化，以及能從中學習的教訓；它們達成了擴大和加深我們理解的目的[36]。偶然原因是無法加以通則化的；既然它們都是獨一無二的，那麼它們就無法給我們教訓，也無法引導出結論。不過，我在這裡還得要說明另一點。正是考慮到目的的這種想法，為我們提供了處理歷史上之因果關係的一把鑰匙；而這必然涉及了價值評斷。如同我們在上一講裡所了解的，歷史裡的詮釋總是跟價值評斷息息相關，而因果關係則跟詮釋息息相

[36] 有一次，波柏教授無意中發現這一點，但卻未能了解它。他以為「大多數的詮釋基本上位於既富『暗示性』又富『任意性』的相同層次上」（不論這兩個詞的確切涵義究竟為何），他又以插入語補充說：「其中有一些詮釋則因其思想豐富（fertility）而著稱——這一點相當重要。」（*The Poverty of Historicism*, p.151）。這一點不僅重要，而且正好就是這一點，證明了「歷史定論主義」（就該詞的若干意義而言）終究不是那麼貧困。

關。用邁乃克——偉大的邁乃克，即一九二〇年代的邁乃克——的話來說，「倘若不參照價值，是不可能探索歷史中的因果關係，……在對因果關係作探索的背後，總是直接或間接地對價值作探索」[37]。這讓我們回想起稍早我所說的有關歷史的雙重作用和相互作用——從現在的角度，提升我們對於過去的了解，以及從過去的角度，提升我們對現在的了解。任何事物，就像安東尼對克麗歐佩特拉鼻子的迷戀那樣，未能對這種雙重目的有所助益的話，那麼從歷史學家的觀點來看，就是無效、無益的。

在這個節骨眼上，該是我坦白的時候了。我在你們身上耍了一個相當不高明的把戲，由於你們毫不費力就會看穿，而且有好幾次它讓我能夠把要說的話講得簡短又精簡，你或許可以寬容一些，就把它當成是一種方便的簡略表達形式。一直到這時，我還是一貫地使用「過去和現在」這個傳統措辭。不過，如同我們都知道的，「現在」就像過去與未來之間一條想像的分界線那樣，是一種概念的存在物。在提及現在的時候，我就已經偷偷地把另外一個時間向度放進了論證裡。我認為，既然過去與未來都是同一時間跨度的一部分，那麼要表明對於過去的興趣跟對於未來的興趣是互相關聯的，就容易多了。當人們不再僅僅活在當下，而是有意識地對過去和未來發生興趣時，史前時代跟歷史時代之間的分界線就被跨越了。一開始，歷史的用意是把傳統傳給後世，而傳統則意謂著把過去的習慣與教訓傳給未來。一開始，留下有關過去的記載是為了造福未來的世代。荷蘭歷史學家賀伊津哈寫道，「歷史思維始終是目的論的」[38]。近來，查爾斯．史諾爵士提及盧瑟福時寫道，「他就像所有科學家那樣，……幾乎沒有考慮到未來意謂著什麼，然其本性上都有著未來」[39]。我以為，好的歷史學家，不論他們是否思考過未來，其本性上都有著未來。除了「為什麼？」的問題以外，歷史學家也要問「何去何從？」（Whither ?）的問題。

【37】*Kausalitäten und Werte in der Geschichte*（1928）, translated in F. Stern, *Varieties of History*（1957）, pp.268, 273.

【38】J. Huizinga translated in *Varieties of History*, ed. F. Stern（1957）, p.293.

【39】*The Baldwin Age*, ed. John Raymond（1960）, p.246.

第五章　歷史即是進步

讓我引波威克教授的一段話作開場，那是三十年前他在牛津大學就任欽定近代史教授時的就職演說中的話：

我們對歷史詮釋的渴望是如此根深柢固，除非我們對過去有一種建設性的見解，不然便會流於神秘主義，或流於犬儒主義。【1】

我認為，「神秘主義」代表下述的看法：歷史的意義在於歷史之外的某處，在於神學和末世學的畛域——也就是別爾嘉耶夫、尼布爾或湯恩比這類作家的看法【2】。「犬儒主義」代表下述的看法，也是我數度引用過的例子：歷史是沒有意義的，或有各式各樣同等正確或不正確的意義，或者說，其意義乃是我們任意賦予它的。或許，這就是今日最廣為流傳的兩種史觀。不過，我會毫不猶豫地丟棄這兩種史觀。這樣一來，剩下的只有一句殘缺不全但富有啟發性的話，「對過去有一種建設性的見解」。由於無法知道波威克教授使用這句話時心裡在想什麼，那麼我只得對它作出我自己的詮釋。

就像亞洲的古文明那樣，希臘與羅馬的古典文明基本上是非歷史的。如同我們已經看到的，作為歷史學之父的希羅多德，沒有什麼弟子；而古典時期的作者，大體上對未來也像對過去那樣漠不關心。修昔提底斯相信，他所描寫的那些事件之前的時代，並未發生過什麼有意義的事情，而其後也不太可能會發生有意義的事情。盧克萊修根據人對於過去的冷漠態度，推斷人對於未來的冷漠態度：

> 想一想，我們出生以前的永恆時間的過去歲月，根本與我們無關。但這正是自然為我們豎立的鏡子，以映照我們死後的未來時間。[3]

對於更光明的未來富有詩意願景，採取的是回歸過去黃金時代的願景形式——即一種把歷史過程比作自然過程的循環觀。沒有過去感，同時也沒有未來感，歷史是到不了任何地方的。維吉爾在其第四首牧歌（eclogue）中生動地描述了黃金時代的回歸，唯有他在《埃涅阿斯紀》裡獲得了啟發，暫時地突破了循環的概念：「我給他們以無限的權力」（Imperium sine fine dedi）是一種最不合乎古典的思想，因而後來使維吉爾獲得類似基督教先知的評價。

正是猶太人，以及其後的基督教徒，假定了歷史過程朝某一目標前進——目的論的歷史觀——從而提出了一個嶄新的成分。歷史於是得到了某種意義與目的，不過，是以喪失其世俗性質為代價的。歷史目標的實現，自然而然就意謂著歷史的終結：歷史本身便成了某種自然神學。這就是中世紀的歷史觀。文藝復興恢復了古典時代以人類為中心的世界觀和理性至上觀，

---

[1] F. Powicke, *Modern Historians and the Study of History*（1955）, p.174.

[2] 就像湯恩比得意洋洋地聲稱說，「歷史學變成了神學」（*Civilization on Trial*〔1948〕, preface）。

[3] *De Rerum Natura*, iii, pp.992-995。譯按：中譯本，參見方書春譯，《物性論》，北京：商務印書館，一九八一。

不過，卻以一種源於猶太—基督教傳統的樂觀看法，替代了古典時代對未來的悲觀看法。把賀拉斯的「為什麼不減少時光？」（*Damnosa quid non imminuit dies?*），跟培根的「真理是時間的兒女」（*Veritas temporis filia*）作對照吧！一度被認為有敵意且有破壞性的時間，現在變得友善而又有創造性了。啟蒙運動時代的理性主義者是近代史學的奠基者，他們保留了猶太—基督教的意識形態觀點，卻把這個目標世俗化了；他們因而恢復了歷史過程本身的理性主義特質。歷史變成了朝向人世間之盡善盡美這一目標前進。啟蒙運動時代最偉大的歷史學家吉朋，並未受到其主題性質的影響，而使他記下他所謂「令人愉快的結論，即世界上每個時代都不斷地增長著人類的真正財富、幸福、知識，或許還有美德」。[4]英國的繁榮、權力和自信達到頂點時，這種對進步的崇拜進入了高潮；而最熱衷於這種崇拜的信徒，則是英國的作家和歷史學家。這種現象我們都很熟悉，毋需加以舉例說明；而我僅需要引用一兩段話，說明為何晚近的進步信仰仍然是我們所有思維的一個基本條件。在第一講裡，我引用過阿克頓在一八九六年針對《劍橋近代史》的計畫所寫的一份報告，而他在該報告裡，把歷史學稱作「進步的科學」；而且在這部史著第一冊的導論裡寫道，「我們勢必把人類事務中的進步，假定為據以撰寫歷史的科學假說」。在一九一〇年出版的最後一冊《劍橋近代史》裡，丹皮爾——我就讀大學時，他是我那學院的導師——無疑是認為，「在未來的時代，人類對天然資源的控制力，以及為人類福祉而對這些資源作合理的使用，將無限地增長」[5]。從我即將談到的話來看，承認下述的事對我來說是很公平的，亦即，這就是我受教育時的氣氛，而且當時我可說毫無保留地贊同比我年長半個世代的前輩伯特蘭・羅素的這些話：「我在維多利亞時期的極度樂觀中成長，並且……當時常見的希望滿懷，在我身上還看得到」[6]。

一九二〇年，柏雷撰寫《進步的理念》時，一種較為淒涼的氣氛已經佔了上風，儘管他仍然將進步描述為「西方文明裡活躍又具支配性的理念」[7]，但他卻依照當時的風氣，將這種情況怪罪於「在俄國建立起當前恐怖統治的教條主義者」。從那時以後，這種論調便沉寂下來了。據說，俄國的尼古拉一世頒布過一道禁用「進步」一詞的敕令：如今，西歐甚至美國的哲學家和歷史學家，幾經蹉跎，也已經跟他意見一致了。進步的假說已受到駁斥了。西方的沒落（the decline of the west）已變成大家熟知的慣用語，以致於不再需要加上引號了。不過，且不論這一切的喧囂，究竟發生了什麼事情呢？這股新的輿論潮流是誰營造的呢？前幾天，我無意中看到伯特蘭・羅素的一句話，讓我感到震驚，我想，他的這句話在我看來是羅素唯一顯露出一種嚴重階級感的一句話：「整個說來，現在世界上的自由較之一百年前是少得多了」[8]。我沒

[4] Gibbon, *The Decline and Fall of the Roman Empire*, ch. xxxviii；這次離題的起因，乃是西羅馬帝國的覆亡。一九六〇年十一月十八日的《泰晤士報文學副刊》上的一位批評家，引用了這段話，問道吉朋是否就是此意。當然，吉朋就是此意；一個作家的觀點可能反映他生活於其中的時期，而非他所描寫的時期——這位批評家充分說明了這一真理，因為他想要把自己的二十世紀中期的懷疑主義，轉移給一位十八世紀後期的作家。

[5] *Cambridge Modern History: Its Origin, Authorship and Production*（1907）, p.13; *Cambridge Modern History*, i（1902）, p.4; xii（1910）, p.791.

[6] B. Russell, *Portraits from Memory*（1956）, p.17.

[7] J. B. Bury, *The Idea of Progress*（1920）, pp.vii-viii.

[8] B. Russell, *Portraits from Memory*（1956）, p.124.

有衡量自由的測量桿，也不知道怎樣將少數人較少的自由，跟多數人較多的自由作個比較。但不管根據什麼度量標準，我只認為這樣的說法一點也不真實。更能吸引我的，是泰勒先生有時引人入勝地使我們瞥見了牛津大學的學院生活。他寫道，所有這一切有關文明沒落的談話，「僅僅意謂著，過去家裡有傭工的大學教授，現在要親自動手洗滌了」[9]當然，對於昔日的傭工來說，教授動手洗滌或許是一種進步的象徵。白人在非洲之優勢地位的喪失，使忠於大英帝國的人（Empire Loyalists）、南非白人共和主義者（Africaner Republicans），以及黃金股票和銅礦股票的投資者感到憂慮，但對其他人來說，卻可能將此看成是進步。正因為這個緣故，在進步的這一問題上，我想我不必偏好一九五〇年代的意見（verdict），而不喜歡一八九〇年代的意見；偏好英語世界的意見，而不喜歡俄國、亞洲和非洲的意見；或者，偏好中產階級知識分子的意見，而不喜歡普通百姓的意見——根據麥克米倫先生的看法，他們從來沒有過什麼好的意見。對於我們究竟是生活在一個進步或沒落的時期這個問題，讓我們暫且不作評斷，而是稍加仔細地考察一下，進步的概念意謂著什麼、隱藏在其背後的是什麼樣的預設，以及這些預設在多大限度上是站不住腳的。

首先，我想釐清有關進步和演化的混淆。啟蒙運動時代的思想家採納了兩種顯然是互不相容的觀點。他們想為人類在自然界的地位作辯白：歷史的定律就是自然的定律。另一方面，他們則相信進步。不過，把自然看成是進步的，看成是不斷朝某一目標前進的根據是什麼呢？黑格爾把進步的歷史和非進步的自然作了截然的區分，因而面臨了困境。達爾文革命把演化和進步作了等同，似乎解決了所有的困難：自然就像歷史那樣，終究證明是進步的。不過，由於把演化來源的生物遺傳（biological inheritance），跟歷史進步來源的社會習得（social acquisition）作了混淆，這一情況卻開啟了更為嚴重的誤解。這樣的區別是眾所周知且又顯而易見的。把歐洲人的嬰孩安置在中國人的家庭，小孩長大後，還是白皮膚，但卻講中國話。膚色是一種生物遺傳，而語言則是藉由人腦作用來傳遞的一種社會習得。遺傳的演化必須用幾千年或千百萬年去衡量；自從有歷史記述以來，未見人類曾發生任何可衡量的生物變化。習得的進步則可用幾代人去衡量。人作為一種理性的動物，其本質就在於，他是藉由積累過去各代人的經驗來發展他的潛在能力。據說，現代的人類相較於五千年前的祖先，並沒有更大的腦子，以及更強的先天思維能力。不過，以自己的經驗去學習和吸收前幾代人的經驗，他的思考效能便增長了許多倍。對於習得特性所作的傳遞——生物學家是反駁這一點的——正是社會進步的基礎。將習得的技能一代又一代地傳遞下去，歷史就是進步。

其次，我們不必也不該認為，進步是有某種有限的開端或結尾。將近五十年前流行的一種信念認為，文明在西元前四〇〇〇年於尼羅河流域創造出來的，今日，該信念就像把世界的創造定於西元前四〇〇四年的編年史那樣都不可靠。或許，我們可將文明的誕生當作我們的進步假說的一個出發點。文明當然不是一項發明，而是一個無盡而又緩慢的發展過程，其中有時可能會出現驚人的躍進。我們毋需煩惱「進步——或文明——何時開始」這個問題。有關進步有

[9] *The Observer*, June 21, 1959.

其有限之盡頭的假說，帶來了更嚴重的誤解。黑格爾理所當然地受到了指摘，因為他把普魯士君主政體看成是進步的盡頭——顯然這是他把「預測的不可能性」（impossibility of prediction）的看法，作了過度詮釋的結果。不過，黑格爾的越軌卻被那位維多利亞時代的傑出人物，拉格比公學的阿諾德佔了上風。一八四一年，阿諾德在就任牛津大學近代史欽定教授的就職演說中，認為現代史將是人類歷史上的最後一個階段：「它似乎標上了時機成熟的標記，好像在它之外，未來不會再有任何的歷史了」[10]。馬克思預測說，無產階級革命將會實現沒有階級的社會這一最終目標，此說在邏輯和道德上比較不易受攻擊；不過，有關歷史終結的推測，卻有著一種更適合於神學家而非歷史學家的末世學口氣，而且倒退到認為歷史之外還有某種目標的謬誤。無疑地，對於人的天性來說，一個有限之盡頭是有吸引力的；而阿克頓把歷史的進程看成是一種邁向自由的無止境之進步，此一願景似乎是使人沮喪而含糊不清的。不過，倘若歷史學家想維護進步假說，那麼我認為，他必定會把它當作是一個過程，而在其中每個時代的要求和條件，會有其各自的特定內容。阿克頓的論點就是這個意思，亦即，歷史不僅是一種有關進步的記錄，而且也是一門「進步的科學」（progressive science），不然，要是你高興的話，歷史一詞的兩種意義——作為事件的進程，以及作為那些事件的記錄——都是進步的。讓我們來回憶一下阿克頓對於自由在歷史上的增長所作的描述：

> 弱者在壓迫下聯手抵拒暴力與接連不斷之不法行為的統治，因而在四百年的急速變遷卻又緩

慢進步中，自由得以保持、獲得、延續，乃至最終為人們所了解。【11】

阿克頓把作為事件進程的歷史，看成是邁向自由的進步，而把作為那些事件之記錄的歷史，看成是用於了解自由的進步：這兩個過程乃是齊頭並進的【12】。哲學家布雷德利在風行以演化作類比的時代從事寫作，他評論說，「對於宗教信仰而言，演化的終結被描寫為已經演化出來的……那種終結」【13】。對於歷史學家而言，進步的終結並非已經演化出來的終結。它還是無限遙遠的某種事物；而只有我們前進時才能看到其指示物。這並未減低其重要性。羅盤是一種有用的，而且的確也不可或缺的嚮導。不過，它並不是一種路線圖。只有我們親身體驗，我們才能領悟歷史的內容。

我的第三個論點乃是，任何一位頭腦清醒的人都不會相信，進步是沿著不間斷的直線向前進，沒有倒退、偏向和中斷，因此連最急劇的倒退也不必然動搖這種信念。顯然地，有退化的時期，也有進步的時期。再者，假定說退卻之後，又會從相同地點或沿相同的路線重新開始前進，此說是輕率的。黑格爾或馬克思的四種或三種文明，湯恩比的二十一種文明，亦即，文明

【10】T. Arnold, *An Inaugural Lecture on the Study of Modern History*（1814）, p.38.

【11】Acton, *Lectures on Modern History*（1906）, p.51.

【12】K. Mannheim, *Ideology and Utopia*（Engl. transl., 1936）, p.236，也把人「形塑歷史的意志」，跟「了解歷史的能力」聯繫在一起。

【13】F. H. Bradley, *Ethical Studies*（1876）, p. 293.

經歷崛起、沒落和瓦解的盛衰周期理論——這類的方案本身並無意義，不過，卻是下述觀察到之事實的一種徵候，亦即，推動文明前進所需要的力量，在此地消失，後來又在彼地重新開始，因此，我們在歷史上能觀察到的任何進步，在時空上當然都不是連續的。誠然，倘若我醉心於提出歷史定律的話，那麼其中一條這類的定律大意會是，在某一時期文明的進展中扮演主要角色的集團——不論你稱它為階級、民族、大洲或文明——未必會在下一個時期扮演類似的角色，而這是很有道理的，因為該集團深受前一時期之傳統、利益和意識形態的影響，以致於無法適應下一時期的要求和條件[14]。因此，很可能發生的情況乃是，對某一集團而言似乎是衰落的時期，對另一集團卻可能是新進展的起源。對所有人來說，進步不意謂，也不可能意謂均等而又同時發生的進步。極具意義的是，幾乎當今所有預言沒落的人，亦即，看不出歷史有其意義、認為進步已死的懷疑論者，都屬於世界的那一地區，屬於社會的那一階級，其好幾代以來就在文明的進展上，得意洋洋地扮演著主要的、支配的角色。要是告訴他們說，其集團過去所扮演的角色，如今轉手給別人了，這對他們來說可不是什麼安慰。顯然地，會在他們身上耍如此卑鄙之花招的歷史，不可能是一個有意義或合理的過程。不過，倘若我們要維持進步假說，我認為，我們就必須接受存在斷續線（broken line）的情況。

最後，我開始談下述的問題，即從歷史行動的角度，什麼是進步的實質內容。好比說，那些為公民權的普及、改革刑法，或者，消除種族歧視和貧富不均而奮鬥的人們，僅是有意識地想從事這些事情：他們並不是有意識地追求「進步」，不是想要領悟某種歷史「定律」或進步的「假說」。正是歷史學家將進步假說應用在那些人的行動上，將他們的行動詮釋為進步的。不過，這並不會使進步的概念失效。我很高興這一點上跟以賽亞·柏林爵士的意見相同，即「不論人們怎麼濫用，進步與反動這些字眼並不是空洞的概念。」[15]歷史的一個前提乃是，人類能夠（但未必）從前輩的經驗中獲益，而歷史中的進步跟自然中的演化不同，仰賴的是已取得之資產的傳遞。這些資產既包括了物質財富，也包括了主宰、轉化和利用其環境的能力。誠然，這兩個因素有緊密的相互聯繫，而且相互起作用。馬克思將人類的勞動看成是整個大廈的基礎；要是取「勞動」一詞的廣義，那麼這個公式似乎是可以接受的。不過，光是資源的積累是枉然的，除非伴隨而來的不僅止是技術知識、社會知識和經驗的提升，還有對廣義人類環境之控制的提升。目前，我想，很少人會質疑下述事實，即物質資源和科學知識之積累過程中的進步，以及在技術層面上對環境控制的進步。受到質疑的是，在二十世紀，我們對社會的整頓、對國內外社會環境的控制，是否有任何的進步，是否真的沒有明顯的倒退。人類作為社會存在（social being），其演化不幸地落後於科技進步嗎？

引起這類問題的徵候是顯而易見的。不過，我仍然懷疑，這類問題是提錯了。歷史上有許多轉折點，領導權和主導地位從一個集團、世界的一個地區，轉手到另一集團和地區：近代國

[14] 關於這類情況的剖析，參見R. S. Lynd, *Knowledge for What?*（N.Y., 1939）, p.88：「在我們的文化中，老年人經常側重於過去，側重於他們精力旺盛的時代，而且抗拒未來，認為未來是一種威脅。在喪失相對權力和分崩離析的晚期階段，整個文化可能從而主要側重於已失去的黃金時代，而生命卻是緩慢地活在現在」。

[15] *Foreign Affairs*, xxviii, No. 3（June 1950）, p.382.

家的崛起及權力核心從地中海移轉到西歐的時期，以及法國大革命的時期，都是近代顯著的範例。這類的時期經常是劇烈動亂、爭奪權力的時代。舊的權威弱化了，舊的里程碑消失了；新的秩序從野心和憎恨的激烈衝突中浮現了。我想要說的是，我們現在正經歷這樣的一個時代。說我們對社會組織之問題的理解，或者，根據這種理解來組織社會的善意都已消退，對我來說似乎並不正確：的確，我該不揣冒昧地說，它們大幅增加了。並非我們的能力減弱了，或我們的道德品質衰退了，而是這段衝突和動亂的時期，由於各大洲、各個民族、各個階級之間權力平衡的更迭，對我們能力和品質的嚴峻考驗大大地增加了，而且也限制和破壞了其正面成就的效力。儘管我不希望低估過去五十年來對西方世界進步信仰進行挑戰的力量，但我仍然不相信歷史中的進步已經走到了盡頭。不過，要是你進一步逼問我進步的內容，我想，我只能作這樣的回覆。十九世紀的思想家經常假設說，進步在歷史上具有一個有限而又清楚可確定的終點，這種概念，已證明是不適用且無益的。進步的信念不意謂相信任何必然的（automatic）或不可避免的過程，而是相信人類潛能的進步發展。進步是一個抽象的術語；人類所追求的具體目的，常常來自歷史的進程，而非來自歷史進程之外的某些來源。老實講，我不相信人是可臻完美的，也不相信未來有人間天堂。在這個意義上，我是同意神學家和神秘主義者的意見，他們聲稱說歷史之中無法實現盡善盡美的。不過，我對於有可能不受限制地朝目標進步——或者說，不取決於我們能夠或需要設想之限制的進步——感到滿足，當我們朝目標前進時才能界定它們，而其正確性只有在達到目標的過程中才能加以核實。沒有這類進步的概念，我不知道社會要怎樣生存下去。每個文明社會，都為了尚未出世的後代而犧牲現存的世代。以未來更美好世界之名，證明這些犧牲是正當的，就像以某種神靈目的之名，證明其犧牲是正當的一樣。用柏雷的話來說，「對後代有責的原則，是進步理念的一種直接的必然結果」[16]。或許，這種責任毋需正當理由。倘若需要，我也不知道有什麼其他辦法可證明其正當。

這就把我帶到著名的歷史客觀性之難題。「客觀性」一詞易引起誤解，是以未經證明的論點為依據。在前面的某一講裡，我曾爭辯說，社會科學——以及其中的歷史學——無法適應把主體跟客體作分離、堅持在觀察者跟被觀察物之間作嚴格劃分的知識理論。我們需要一種新的模型，其公正地評價兩者之間的相互關係和相互作用的複雜過程。歷史事實不可能是純粹客觀的，它們由於歷史學家賦予其重要性而變成歷史事實。歷史客觀性——要是我們還要用這個傳統術語的話——不可能是一種事實客觀性，而只是相互關係的客觀性，只是事實與詮釋之間，過去、現在與未來之間關係的客觀性。想樹立一個歷史之外且獨立於歷史的絕對價值標準來評斷歷史事件，這種企圖我已駁斥其為非歷史的，我不需要重提我根據的理由。不過，絕對真理的概念不適合於歷史世界——而且，我想也不適合於科學世界。只有最簡要的那類歷史供述（historical statement），才能裁決絕對真實或絕對錯誤。在一個更複雜的層次上，對前輩意見提出質疑的歷史學家，通常不會指摘它是絕對錯誤，而是說它不適當、片面、易使人誤解，

[16] J. B. Bury, *The Idea of Progress*（1920）, p.ix.

或者，是因後來的證據而遭淘汰之觀點的產物。說道尼古拉二世的愚蠢或列寧的天才促成了俄國革命，是全然不適當的——而且是如此不適當以致全然使人誤解。不過，不能說它是絕對錯誤。歷史學家是不處理這一類的「絕對」。

讓我們回到羅賓森之死的悲慘遭遇。我們對這一事件所作之調查的客觀性，不在於把事實徹底弄清楚——這些是無可置辯的——而是在於將我們有興趣的真正事實或重要事實，跟我們可忽視的偶然事實作區分。要作這種區分，我們覺得很容易，因為我們的重要性檢驗標準，即我們的客觀性基礎，是清楚的且又由被期許的相關目標——減少馬路上的死亡數——所構成的。擺在調查人員眼前的是一個簡明而又有限的目的，即減少交通事故，但相較於他，歷史學家卻是個較不幸運的人。歷史學家在他的詮釋任務裡，也需要有重要性標準，亦即，他的客觀性標準，以便把重要事實跟偶然事實作區別；而他也只能在被期許的相關目標中找到該標準。不過，這必然是一種演化的目標，因為對過去作演化的詮釋是歷史的必要功能。傳統的預設認為，經常根據某種固定又不可改變之事物來作解釋的變遷，是跟歷史學家的經驗相反的。巴特菲爾德教授或許含蓄地為自己留下了歷史學家毋庸跟隨他進入的領域，他說道，「對歷史學家來說，唯一的絕對就是變遷」[17]。歷史裡的「絕對」，不屬於我們來自的過去，也不屬於現在，因為所有現在的想法，都必然是相對的。它仍舊是某種尚未完成、還正在變化過程中的事物——屬於我們所朝往的未來的某種事物，只有在我們趨近的時候，它才會開始成形。由此觀之，我們是在朝未來前進的過程中，逐漸形塑我們對於過去的詮釋。這正是宗教神話背後的世俗真理，亦即，末日審判時會揭示出歷史的意義。有些事物在昨日、今日和未來都是永遠不變的，而我們的標準不是這種靜態意義的絕對，這樣的絕對是無法跟歷史的性質相容的。不過，它是一種與我們對過去的詮釋有關的絕對。它反對相對主義者那種視所有的詮釋皆不分軒輊的看法，以及那種視每一個詮釋在其時、其地，都是千真萬確的看法；它也提供我們一塊試金石，用以鑑別我們對過去的詮釋。是這種歷史的方向感，使我們能夠整理並詮釋過去的事件——這是歷史學家的任務——又使我們能夠放眼於未來，釋放和組織當前人類的活力——這是政治家、經濟學家和社會改革家的任務。不過，這個過程本身仍然是進步而又有活力的。當我們繼續前進時，我們的方向感，以及我們對過去的詮釋，往往會不斷修正和演化。

黑格爾以世界精神的神秘外貌，表達他的絕對，而且犯了一個根本錯誤，就是將歷史進程結束於現在，而不是延伸到未來。他承認過去有一持續演化的過程，卻不協調地否認未來有這一過程。黑格爾以降，那些對歷史性質作了深入反思的人，便從中看出了一種過去與未來的綜合。托克維爾並未全然擺脫時代的神學用語，而且賦予他的絕對太過偏狹的內容，但卻把握了該問題的本質。在論及平等（equality）發展成一種普世又永恆的現象之後，他繼續說道：

【17】H. Butterfield, *The Whig Interpretation of History*（1931），p.58；比較 A. von Martin, *The Sociology of the Renaissance*（Engl. tranls, 1945），p.i 中更為詳盡的陳述：「慣性與運動（motion），靜態和動態，是對歷史採取社會學研究法時，使用的基本範疇。……歷史僅僅知道相對意義下的慣性：問題的關鍵在於，究竟是慣性還是變遷佔優勢。」變遷在歷史上是積極又絕對的因素，慣性則是主觀又相對的因素。

倘若能讓我們時代的人們，將平等的漸次發展和進步發展，看成是其歷史的過去和未來，那麼光是此一發現，就會使這樣的發展具有一種其主宰者之意志的神聖特質。【18】

對於那個尚未完成的主題，我們可以寫出史書的重要一章。馬克思跟黑格爾一樣不考察未來，主要想將他的教義牢牢地紮根於過去的歷史；他因主題的性質，被迫將其無階級社會的絕對延伸到未來。柏雷帶著同樣的意圖，有點局促但清楚地把進步理念描寫成「一種涉及過去的綜合和未來的預言之理論」【19】。納米爾以蓄意弔詭的話說道，歷史學家「想像過去，記取未來」，而他照例用大批的範例來闡述這些話【20】。只有未來能提供詮釋過去的線索；也只有在這個意義上，我們才能談論歷史的最後客觀性。過去照耀未來，而未來反映過去，這才使歷史有正當理由，同時也是歷史的解釋。

那麼，當我們稱讚一位歷史學家是客觀的，或者，說道這位歷史學家比那位歷史學家來得客觀時，我們指的是什麼呢？顯然地，並不僅僅是因為他把事實徹底弄清楚，而是他選擇了正確的事實，也就是說，他應用了正確的重要性標準。當我們說一位歷史學家客觀時，我想，我們指的是兩件事。首先，我們指他具有能力，能夠超越自身所在的社會和歷史加諸於他的視野限制——正如我在一次稍早的講演裡所提出的那樣，這種能力，一部分要看他是否察覺到，他在那處境中的涉入程度，換句話說，察覺到全面客觀性是不可能的事。其次，我們是指他有能力把視野投射到未來，以俾能對過去有一個更深、更持久的洞察，不像另一些歷史學家，他們的眼界完全受制於自己目前的處境。在今日，沒有一位歷史學家會附和阿克頓的自信，認為「定論的歷史」是有可能的。不過，有些歷史學家的作品，的確比其他人更能持久，更具有定論和客觀的性質；這些歷史學家之所以能如此，就是因為他們具有我所謂的對過去和未來，具有一種遠大的視野。討論過去的歷史學家，只有在逐漸了解未來時，才能逐漸趨近客觀性。

因此，我在先前的一次講演裡，曾謂歷史是過去與現在之間的對話，我要修正說，歷史是過去的事件和逐漸出現的未來目的之間的談話。歷史學家對過去的詮釋，以及他對重要和相關事實的選擇，都是循著逐漸出現的新目標而漸次展開的。舉所有例證中最簡單的來作說明。只要主要目標看來是憲政自由和政治權利的組織，歷史學家就會從憲政和政治的角度詮釋過去。當經濟和社會的目標開始取代了憲政和政治的目標時，歷史學家就轉而從經濟和社會層面對過去作詮釋。在此一過程中，懷疑論者或可振振有詞地說，新詮釋不比舊詮釋更正確；就各自的時代而論都是正確的。儘管如此，既然專注於經濟和社會的目標，較之專注於政治和憲法的目標，在人類發展上代表著更開闊、更先進的階段，那麼經濟和社會的歷史詮釋，就可說在歷史上代表著比全然政治的歷史詮釋更為先進的階段。舊詮釋並未被丟棄，而是既包括在新詮

【18】Alexis de Tocqueville, Preface to *Democracy in America*。譯按：中譯本，參見秦修明等譯，《民主在美國》，臺北：左岸文化，二〇〇五〔一九八五〕；董果良譯，《論美國的民主》，北京：商務印書館，一九八八。

【19】J. B. Bury, *The Idea of Progress*（1920）, p.5.

【20】L.B. Namier, *Conflicts*（1942）, p.70.

釋裡，又為新詮釋所取代。歷史學想對本身就是進步的事件進程，提供不斷擴展而又深入的洞見，從這種意義上說，歷史學是一門進步的科學。我說我們需要「一個有建設性的過去觀」，指的就是這個意思。在過去的兩個世紀，現代歷史學在雙重的進步信仰中成長起來，沒有它就不能繼續生存下去，因為正是進步信仰為現代歷史學提供了重要性標準，提供了區分真正事實與偶然事實的試金石。歌德在風燭殘年時的一次談話裡，有點唐突地以堅決的手段解決難題（the Gordian knot）：

> 當時代衰落的時候，所有的趨勢都是主觀的；但另一方面，當情況醞釀著一個新紀元時，所有的趨勢則是客觀的。【21】

沒有人非得相信歷史學的未來或社會的未來不可。我們的社會有可能遭受毀滅，也可能逐漸衰敗而毀壞，而歷史學則有可能墮落為神學，也就是說，不研究人的成就，而是研究神的意旨，不然，有可能墮落為文學，也就是說，毫無目的或意義地敘說故事和傳說。不過，這就不會是過去兩百年來我們所知道的歷史學了。

我還是必須討論一下那種大家熟悉又很風行的異議，其反對任何主張從未來找出最終之歷史評斷標準的理論。據說，這一類的理論意謂著，成功是最終的評斷標準，而且倘若現在發生的事情不是正確的，未來總會是正確的。過去兩百年來，大部分歷史學家不僅設想了歷史變動的方向，而且有意或無意地相信，此一方向大體上是正確的方向，相信人類是從較壞走向較好，從較低走向較高。歷史學家不僅認可了該方向，而且還作了背書。他研究過去時所應用的重要性檢驗，不僅是體認到歷史往前走的進程，而且也是體認到他自己在精神上涉入了這一進程。「是」（is）與「應該是」（ought）、事實與價值之間的所謂二分法就消解了。上述看法是樂觀的，是對未來有極大信心之時代的產物；輝格黨人與自由黨人、黑格爾派哲學家與馬克思主義者、神學家與理性主義者，仍然堅定地且或多或少清楚有力地表達了該看法。我們可以毫不誇大地把歷史描述為進步的看法，正是這兩百年來，對於「何謂歷史？」這一問題的公認答案。對該看法的反動是伴隨當前的恐懼心境與悲觀心境而來的，這類心境使神學家和懷疑論者又有作文章的空間；前者在歷史之外找尋歷史的意義，而後者則覺得歷史根本沒有絲毫的意義。各方都要我們放心，而且打包票地要我們放心，「是」與「應該是」之間的二分法是絕對的，不可能消解的，同時「價值」是不可能得自「事實」的。我認為，這是走錯路了。讓我們有點隨機地挑幾位歷史學家或歷史作家，看看他們對此一問題有怎樣的看法。

吉朋的敘述裡用了大量篇幅來描寫伊斯蘭教的勝利，他為此辯護的理由是「穆罕默德的門徒在東方世界裡，仍然掌握世俗和宗教的大權」。然而，他補充說，「對於七到十二世紀之間源於西徐亞平原的大批野蠻人，花同樣多的力氣，就有點不值得了」，因為「了不起的拜占庭君

【21】引自 J. Huizinga, *Men and Ideas*（1959）, p.50.

主，擊退了這些雜亂無章的侵襲而生存下來了。」[22]這似乎不無道理。大體上，歷史所記載的是人們作了些什麼，而非人們未能作到什麼：在這個意義上，它不可避免是一種成功的故事。陶尼教授評論說，歷史學家「把獲勝的勢力拉到顯著位置，把被吞噬的勢力塞到背景位置」，從而賦予現有秩序「一種不可避免的外觀」[23]。不過，在某種意義上，這難道不是歷史學家職責的本質嗎？歷史學家不應當低估失敗的一方；要是勝負未定的話，他勢必不能把勝利描寫成輕易獲勝。有時，那些被擊敗的人就跟勝利的人一樣，對最終結果作了同樣偉大的貢獻。這些都是每位歷史學家很熟悉的格言。不過，大體上，歷史學家關切的，是那些有所貢獻的人，而不論其為勝者或敗者。我並不是板球史的專家。不過，板球史著的內容大概滿載那些得幾百分者的名字，而不是那些得零分、退出球隊者的名字。黑格爾著名的說法，歷史上「引起我們注意的，只有那些組成國家的民族」[24]，遭到了公允的批評，因為此說為某一社會組織形式添加了獨一無二的價值，也為可憎的國家崇拜鋪平了道路。不過，原則上，黑格爾想說的並沒錯，而且也反映了史前時期與歷史時期之間大家熟悉的區別；只有那些在某種程度上把社會組織起來的民族，不再是原始的野蠻人，才進入了歷史時期。卡萊爾在《法國大革命》裡，稱路易十五是「世間謬誤（World Solecism）的化身」。他顯然很喜歡這個說法，因為他後來又用一段較長的話，對此作了潤飾：

這是多麼普遍而又使人眼花撩亂的新運動啊！制度、社會安排及個人心思，這些曾經合作

過的事物，如今卻在令人心煩意亂的衝突中滾動和碾磨嗎？不可避免的，一個終於耗盡的世間謬誤結束了。【25】

其根據標準又是歷史的：適合於一個時代的，在另一時代則變成了謬誤，而且因那樣的原因而遭到非難。甚至以賽亞・柏林爵士從哲學抽象的高度下降，思考起具體歷史境況時，似乎改變立場而支持這種看法。《歷史的必然性》出版之後的某個時刻，他在一次廣播裡讚揚俾斯麥說，儘管有道德缺失，仍不失為「天才」，是「上一世紀有最高政治評斷力之政治家的最偉大範例」，而且在這方面他勝過奧地利的約瑟夫二世、羅伯斯庇爾、列寧和希特勒，因為這些人都未能實現「他們的積極目標」。我覺得這種意見很怪。不過，此刻讓我感興趣的是作評斷的標準。柏林爵士說道，俾斯麥了解他著手的材料，而其他人則被無法實行的抽象理論引入岐途。其中的教訓便是「失敗是由於抗拒了作用最佳的事物，……而支持某種宣稱有普遍效度的系統方法或原理」【26】。換言之，歷史評斷的標準不是某種「宣稱有普遍效度的原理」，而是「作用最佳的事物」。

【22】 Gibbon, *The Decline and Fall of the Roman Empire*, ch.lv.
【23】 R. H. Tawney, *The Agrarian Problem in the Sixteenth Century*（1912）, p.177.
【24】 *Lectures on the Philosophy of History*（Engl. trans, 1884）, p.40.
【25】 T. Carlyle, *History of the French Revolution*, I, i, ch.4; I, iii, ch.7.
【26】 一九五七年六月十九日，英國廣播公司第三台討論「政治評判」（Political Judgment）的廣播節目。

毋庸贅言，我們並非分析過去時才援引「作用最佳的事物」這一標準。倘若有人告訴你說，他認為在這個時刻，大不列顛跟美國在單一主權下聯合成一個單一國家是值得嚮往的，你可能同意，這是一個相當合理的看法。倘若他繼續說道，作為一種政府形式，君主立憲制比總統民主制更為合宜，你可能也同意，這是相當合理的。不過，要是他因而告訴你，他打算致力於領導一個運動，使這兩個國家在英王的統治下重新聯合，你大概會說，他是在浪費時間。倘若你想解釋為什麼，你就必須告訴他，論辯這類議題的根據，不是某種一般應用原則，而是在一定歷史條件中會起作用的事物；你甚至可能作了蠢事，把 history 說成帶有大寫的H，告訴他說，History 是反對他的。政治家的職責不僅要考量什麼在道德上或理論上是值得嚮往的，而且也要考量世界上存在的種種勢力，還有考量怎樣引導或操縱這些勢力以便部分地實現被期待的目標。我們根據歷史詮釋所作出的政治決策，是源自這種妥協的。不過，我們的歷史詮釋也是源自同樣的妥協。對值得嚮往的東西建立某種假定的抽象標準，且根據它來指摘過去，沒有什麼比這種做法更謬誤了。「成功」（success）一詞有惹人不快的涵意，讓我們盡量用「作用最佳的事物」這個中性的說法來替代吧！在我的這些講演裡，由於我屢次跟以賽亞．柏林爵士持不同意見，因此，我很高興在作結語時，至少能夠在這部分的意見取得一致。

不過，接受「作用最佳的事物」這一標準，並不使它的應用更容易或不證自明。此一標準並非鼓勵作匆忙的判斷，也不是向存在的就是正確的這種看法低頭。意味深長的失敗，在歷史上並不是沒有過。歷史是認可我所謂的「延遲的成就」（delayed achievement）：今日表面上的失敗，結果很可能對明日的成就作出重要的貢獻——失敗猶如生於時代之前的先知。誠然，跟那種假定不變又普遍之原則的標準相比，此一標準要來得佔優勢之處在於，它可能要求我們不要遽下評斷，或者，根據尚未發生的事情來修正我們的評斷。蒲魯東從抽象道德原則的角度暢所欲言，他在拿破崙三世政變成功之後，寬恕了該次政變；馬克思反駁抽象道德原則的標準，他指摘蒲魯東寬恕了該次政變。從較長遠的歷史視角回顧起來，我們大概會同意，蒲魯東是錯的，而馬克思是對的。俾斯麥的成就為考察這種歷史評斷的問題，提供了一個極好的起點。儘管我接受以賽亞．柏林爵士「作用最佳的事物」這一標準，但對於他在應用它時顯然安於偏狹又短期的限度，我仍然感到困惑不解。俾斯麥所創造的事物真的有最佳作用嗎？我倒以為它造成了巨大的災難呢！這並非意謂，我想要指摘創造了德意志帝國的俾斯麥，或者，指摘想要它並協助創造它的大多數德國人。不過，作為一位歷史學家，我仍然有許多要問的問題。最後發生的災難，是因為帝國的結構中存在一些隱藏的弱點嗎？或因為產生帝國的內在條件裡的某些東西，注定使它變成孤行專斷又侵略成性呢？或因為帝國產生時，歐洲或世界的舞臺已如此擁擠，現存列強擴張的傾向已如此強烈，以致於另一個擴張性強權的出現，就足以造成一次重大衝突，使整個制度毀滅嗎？有關最後的那個假說，要俾斯麥和德國人民對災難負責，或獨自負責，可能是錯的：你實在不能責怪最終導致失敗的因素（the last straw）。不過，對俾斯麥的成就作客觀評斷，以及該成就怎樣產生作用，都等待著歷史學家對這些問題提出解答。我敢肯定他是能夠明確回答所有這些問題的。我要說的是，一九二〇年代的歷史學家，較之一八八〇年代的歷史學家，更接近於客觀的評斷，而今日的歷史學家較之一九二〇年代的歷史學家，又更接近了；二〇〇〇年的歷史學家可能還會更接近。這闡明了我的論題：歷史的客觀性不依靠、也無法依靠存在於此時此地的某些不變又固定的評斷標準，僅能夠依靠隱藏於未來、隨歷史進展之進程逐步演化的標準。歷史唯有在過去與未來之間建立起一種連貫的關係，才能獲得意義和客觀性。

現在，讓我們再看看所謂事實與價值之間的二分法。「價值無法得自事實」這一陳述，雖有部分是真實的，但亦有部分錯誤。你只需考察一下盛行於某一時期或某一國家的價值體系，就會了解，這個體系有多大部分受到環境之事實的塑造。在先前的一次演說裡，我把注意力放在像自由、平等或正義這類帶有價值性的詞彙，注意其歷史內容的變化。或者，再看看基督教會這個宣傳道德價值的機構。我們可以比較一下原始基督教與中世紀教皇制度的價值觀。或者，比較一下中世紀教皇制度與十九世紀新教教會的價值觀。或者，比如說，把今日西班牙基督教會所傳布的價值觀，跟美國基督教會所傳布的價值觀比較一下。這些價值觀的差異，都是來自歷史事實的差異。或者，想想那些在過去的一百五十年裡造成奴隸制度、種族不平等，或者剝削童工的歷史事實，現在普遍被視為是不道德的，但那些都一度被認定是無損道德的或者是道德高尚的。價值觀不能來自事實的這一命題，至少可說是一種片面又容易引起誤會的命題。不然，讓我們把這樣的說法顛倒過來。從價值之中無法得出事實。這有部分為真，卻也可能使人誤解，因而須加斟酌。當我們想知道事實的時候，我們提出的問題，乃至我們得到的答案，都受到我們價值體系的影響。我們對外界事實所作的描繪，是受到我們價值觀——亦即，我們研究事實時所憑藉的範疇——的塑造；而我們所作出的這種描繪，是我們必須考慮的重要事實之一。價值構成事實的一部分，而且是事實必不可少的部分。我們的價值觀是我們作為人類必不可少的能力。正是通過價值觀，我們才有適應環境、使環境適應我們，以及控制環境的能力，而這種能力已使得歷史成為進步的記錄。不過，在生動有力地揭露出人類與環境的鬥爭時，不必在事實與價值之間建立一種假的對立和假的區分。歷史中的進步，是通過事實與價值的相互依存和互動而達成的。客觀的歷史學家，就是最能深刻洞察此一相互作用過程的歷史學家。

「真實／真理」（truth）一詞——該詞跨立於事實世界和價值世界，由兩者的因素所構成——的一般用法，為事實與價值的這類問題，提供了一個線索。英語並不具有這樣的特性。在拉丁語系裡跟真實相關的詞，如德語的 Wahrheit，俄語的 pravda[27]，都擁有這樣的雙重特性。每一種語言看來都需要這種跟「真實／真理」相關的詞，其不僅是事實說明，也不僅是價值評斷，而是包含兩者的因素。我上個星期去倫敦，這可能是一個事實，不過，你通常不會稱它為一個真理：因它沒有任何有價值的內容。另一方面，美國的開國元勳在〈獨立宣言〉中提及「人生而平等」這個不證自明的真理時，你可能會覺得，這個聲明的價值內容超過了事實內容，也可能

[27] pravda 的例子尤其有趣，因為另一個古老的俄文詞語 istina，也是真理的意思。不過，兩者的差異不在於作為事實的真理與作為價值的真理之間的不同；pravda 在這兩方面都是人類的真理（human truth），而 istina 則在這兩方面都是神的真理（divine truth）——亦即，關於上帝的真理和上帝所啟示的真理。

因而挑戰它是否能被看成是一種真實。在這兩極——缺乏價值之事實的北極，以及還在掙扎著將自己轉化成事實的價值評斷的南極——之間的某個地方，才是歷史真實的畛域。正如我在第一講中所說的，歷史學家應該在事實與詮釋之間、事實與價值之間，保持平衡。他無法將它們分開。在一個靜態的世界裡，你或許可以聲稱，事實和價值分家。不過，在靜態的世界裡，歷史根本不具意義。歷史就其本質而論就是變遷、變動，或者——要是你對這個過時的字眼不吹毛求疵的話——就是進步！

因此，我要回到阿克頓對進步的描述——「據以撰寫歷史的科學假說」——以作為本章的結論。倘若你高興的話，你可以用某種超歷史、超理性的力量賦予過去以意義，而將歷史轉變成神學。倘若你高興的話，你也可以將它轉變成文學，也就是彙集了有關過去的毫無意義或重要性之故事和傳說。只有那些發現且接受歷史本身擁有方向感的人，才寫得出所謂正規的歷史。相信我們係來自某個地方的信念，和相信我們將走向某個地方的信念，是緊密聯繫在一起的。一個社會，假使不相信其在未來的進步能力，很快就不再關切其在過去的進步。就像我在第一講開場時所說的，我們的史觀反映了我們的社會觀。現在，我重新回到我的出發點，聲稱無論是對社會的未來或歷史的未來，我都有十足的信心！

第六章　打開眼界

我在這些講演裡提出，歷史是一個不斷移動的過程，而歷史學家則在過程中隨之移動，這樣的概念似乎讓我有責任對歷史學和歷史學家在我們這個時代的地位，作一些總結性的反思。我們生活的這個年代——在歷史上這也不是第一次了——世界有大災難的預言頗為流行，使所有人憂心忡忡。這些預言既不能被證實，也不能否證。但不管怎麼樣，它們並不像「人必有一死」那樣的預言是比較確定的。既然我們不會因為人必有一死，而不為自己的未來作規劃，那麼我要在下述的預設上，往下討論我們社會的現在和未來：英國——或者說，即使不是英國，也是世界的某些主要地區——會渡過威脅著我們的危險，而歷史也會繼續下去。

自十五和十六世紀中古世界瓦解崩潰，近代世界的基礎得以奠定以來，這個世界在二十世紀中葉所經歷的變遷過程，比起任何時候都更為深刻、更為全面。毫無疑問，這種變遷終究是科學發現與發明的產物，是更為廣泛應用這些發現與發明、直接或間接從中形成之發展的產物。這種變遷最引人注目的一面就是社會革命，其媲美十五和十六世紀時，以金融和貿易以及後來的工業作為基礎而得勢掌權之新階級所發動的那次革命。對我來說，工業的新結構與社會的新結構存在的問題過於廣泛，不擬在此著手探討。不過，這種變遷跟我的主題在兩方面——我稱之為深度的變遷，以及地理範圍的變遷——有較密切的關係。對這兩方面我想扼要談一下。

當人們不根據自然過程——季節的循環，人類的壽命——而是根據人們有意識地涉入且能有意識地對其產生影響的一系列特殊事件，開始想到時間的推移時，歷史就由此開始了。布克哈特說道，歷史「跟自然由於意識的覺醒而分離」[1]。歷史是人類運用理智以了解環境、影響環境的長期鬥爭。不過，近代時期以革命的方式擴大了這種鬥爭。如今，人類力求了解和影響的不僅是環境，而且是他自己；這可說為理智添加了一個新向度，也為歷史添加了一個新向度。當今這個時代是所有時代之中最有歷史意識的。現代人對歷史的自覺，也就是歷史意識，達到前所未有的程度。他迫不及待地回頭看著其從中走出來的暮色，希望暮色的微光能夠照亮他正在進入的一片朦朧；反過來說，他對前面呈現之道路所懷抱的願望和焦慮，使他對背後之道路的洞察力更加敏銳。過去、現在和未來全都連接在一條無盡的歷史鎖鏈。

近代世界的變遷在於人之自我意識的發展，而該變遷可說是始自笛卡兒，他最早確立人的地位，即人不僅能思考，而且能對自己的思維進行思考，人也能在進行觀察時自我觀察，因而人既是思想和觀察的主體，也是客體。不過，直到十八世紀下半葉這一發展才變得清清楚楚，此時盧梭對於人類的自我了解和自我意識，開拓了新的深度，而且也使得人們對自然世界和傳統文明有一種新的見解。托克維爾說道，法國大革命受到下述信念的鼓動，即「想要取代那些支配著當時社會秩序的複雜傳統習俗，就需要藉助簡單而又基本之法則，而這些法則乃源自人類理智的運用以及自然定律」[2]。阿克頓在其手稿的一則註釋中寫道，「在那時之前，人類知道

[1] J. Burckhardt, *Reflections on History*（1959）, p.31。譯按：中譯本，參見施忠連譯，《歷史的反思》，臺北：桂冠，一九九三。

[2] Tocqueville, *De l'Ancien Régime*, III, Ch.1。譯按：中譯本，參見馮棠譯，《舊制度與大革命》，北京：商務印書館，一九九二。

他們尋求的是什麼，卻從未尋求過自由」[3]。這對於阿克頓來說，同樣對黑格爾亦然，自由和理智從來就沒有多大的分歧。而且，美國革命是跟法國大革命聯繫在一起的。

八十七年前，我們的先輩在這個大陸上建立起了一個嶄新的國家，它是以自由為理念，並致力於人生而平等的主張。

如同林肯這句話所言，美國革命是一件極不平凡的大事——這是歷史上人們首次從容不迫又有意識地組成一個國家，而且有意識又從容不迫地開始讓其他人融入那個國家。十七和十八世紀，人類已充分意識到他周圍的世界及其定律。它們不再是神秘莫測的天意，而是理智能了解的一些定律了。不過，它們是支配人類的定律，而非人類自己創造的定律。在下一個階段，人類就充分意識到他對環境和自己有控制力，意識到他有權利創造支配著他的定律。

十八世紀朝現代世界的過渡，是漫長而又漸進的，而其代表性的哲學家乃是黑格爾和馬克思，這兩人都佔有一個自相矛盾的地位。黑格爾根源於下述理念，亦即，轉變成理智定律的上天定律。黑格爾的世界精神，乃是一手牢牢掌握天意，另一手牢牢掌握理智。他重複了亞當·斯密的話：個人「滿足自己的利益，但卻完成了更多的事物，而這些事物是潛伏於其行動，他們並未意識到」。論及世界精神的理性目的時，他寫道，人「在實現該目的之行動中，使它變成滿足自己慾望的理由，而人的重要性跟那個目的是不相同的」。這僅僅是用德國哲學的語言來表達利益和諧（harmony of interests）而已[4]。相當於斯密「看不見的手」一詞的，是黑格爾著名的「理智的狡詐」，其促使人們努力完成自己未意識到的目的。不過，黑格爾仍然是法國大革命時代的哲學家，其最早在歷史變遷以及人的自我意識之發展中，看出現實的本質。歷史發展意謂著朝向自由概念的發展。不過，一八一五年之後，法國大革命的啟示就在復辟時期的意氣消沉中煙消雲散了。黑格爾在政治上過於膽怯，而且到了晚年他又緊緊擁抱那時代的國家統治集團，以致於無法為其形上學的命題引進任何具體的意義。赫爾岑將黑格爾學說描寫為「革命的代數」（the algebra of revolution），是格外地合適的。黑格爾提供了記號法，但未賦予其實際的內容；這就留待馬克思把算術寫入黑格爾的代數方程式。

亞當．斯密和黑格爾兩人的門徒馬克思，是從這一概念出發的，即理性的自然定律支配了這個世界。他就像黑格爾那樣，但這次是以實用又具體的形式，對於受定律支配之世界的概念作轉換，而這些定律乃由於人的革命積極性，通過一種理性過程而發展。在馬克思的最後綜合裡，歷史意謂著三件事，其彼此是不可分割的，而且形成了一個互相密合又理性的整體：其一，合乎客觀的（且主要是經濟的）定律之事件的運動；其二，通過辯證過程之相應的思想發展；其三，階級鬥爭形式的相應行動，而階級鬥爭統一了革命的理論與實踐。馬克思所提出的，是客觀定律的綜合，是將客觀定律轉變為實踐之有意識行動的綜合，也就是有時（雖說易

[3] Cambridge University Library: Add. MSS. 4870.

[4] 引文出自黑格爾的《歷史哲學》（*Philosophy of History*）。

滋誤解地）稱為決定論和唯意志論（voluntarism）的綜合。馬克思經常敘述人們迄今未意識到卻又受其支配的那些定律；那些陷入資本主義經濟和資本主義社會之人的所謂「虛假意識」（false consciousness），不止一次引起了他的注意：「在生產與運銷代理人的心目中，有關生產定律所形成的概念，跟真正的定律會有很大的差別」[5]。不過，吾人在馬克思的著述裡，發現許多倡議有意識之革命行動的顯著範例。著名的〈關於費爾巴哈的提綱論〉中寫道：「哲學家只是用不同的方式解釋世界，而問題在於如何改變世界」。《共產黨宣言》[6]宣稱，「無產階級將運用其政治上的主導地位，一步一步地奪取資產階級的全部資本，將所有生產工具集中在國家手中」。而在《路易．波拿巴的霧月十八日》裡，馬克思談及「思想的自覺經過一個世紀的過程，消除了所有的傳統理念」。正是無產階級消除了資本主義社會的虛假意識，提出了無階級社會的真實意識。不過，一八四八年幾次革命的失敗，對於馬克思開始工作時似乎即將來臨的發展，是一種戲劇性的嚴重挫折。十九世紀的下半葉仍然是在繁榮和安全的氣氛中度過的。到了二十世紀初，我們才完成了向當代歷史時期的過渡，在這一時期裡，理智的基本功能，不再是了解支配人在社會之行為的客觀定律，而是重新形塑社會，重新形塑用有意識之行動組成社會的個人。馬克思的「階級」，雖說沒有精確的定義，但大體上仍是有待藉由經濟分析來確立的一種客觀概念。列寧的著重點則從「階級」移轉到了「黨」，而黨構成了階級的先鋒，並對它灌輸階級意識的必要因素。馬克思的「意識形態」，是一個負面的術語——是資本主義社會秩序之虛假意識的產物。列寧的「意識形態」則變成了中性或正面的——它是一種信念，由一群有階級意識的領導菁英，灌輸給眾多可能會有階級意識的工人。階級意識的塑造不再是一種無意識的（automatic）過程，而是一項該承擔起來的工作。

在我們這個時代裡，為理智增添一種新向度的偉大思想家，就是佛洛伊德。今日，佛洛伊德仍然是個謎樣般的人物。就所受的訓練和背景而論，他是一位十九世紀自由派的個人主義者，而且毫無疑問地接受了這個普遍但又易使人誤解的預設，即個人與社會之間基本上是對立的。佛洛伊德把人當作生物實存而非社會實存來加以研究，因而往往把社會環境看成是歷史上既定的某種東西，而不是人自己不斷創造和改造的某種東西。他因為從個人的觀點探討所謂真正的社會問題，而經常遭到馬克思主義者的抨擊，也由於那個緣故，被指摘為反動分子。這種指控，針對佛洛伊德本人只有一部分是有效的，但針對美國當前的新佛洛伊德學派倒是更為正確。該學派假定，失調（maladjustments）是個人而非社會結構所固有的，因而把個人對社會的適應，看成是心理學的基本職能。另一個針對佛洛伊德的風行指控，說他擴大了非理性在人類事務中的角色，這是完全錯誤的。該指控所依靠的是在「承認人類行為有非理性因素」與「對非理性因素的崇拜」之間的一種粗糙的混淆。對非理性的崇拜，的確存在於今日的英語世界，其主要的形式是貶低理智的成就和潛力，可惜這是真實的。它是當前悲觀主義和極端保守主義

【5】*Capital*, iii（Engl. tansl., 1909）, p.369。譯按：中譯本，參見吳家駟譯，《資本論》，台北：時報文化，一九九〇。

【6】譯按：中譯本，參見唐諾譯，《共產黨宣言：先知的文件》，臺北：臉譜，二〇〇一；管中琪、黃俊龍譯，《共產黨宣言》，臺北：左岸文化，二〇〇四。

之浪潮的一部分，對此我稍後會談到。不過，這並非源自佛洛伊德，因為他是一位不夠資格且又相當舊式的理性主義者。佛洛伊德所作的，乃是為意識和理性探索揭示出人類行為的無意識根源，擴大了我們知識和理解的範圍。這是理智畛域的擴大，是人類對自己，從而對環境的理解和控制能力的增加；這代表著一種革命性的進步成就。在這方面，佛洛伊德補充了馬克思的作品，而且沒有相互矛盾。儘管佛洛伊德並未完全擺脫這一概念，即人性是固定不變的，但他提供了更深入了解人類行為之根源的工具，因而也通過理性過程為人類行為提供了有意識之修正的工具。從這種意義上說，佛洛伊德是屬於當代世界的。

對於歷史學家而言，佛洛伊德的特殊意義有兩方面。首先，佛洛伊德對這種古老的幻想——人們宣稱或相信自己據以行事的動機，實際上就足以解釋其行動——作了致命的一擊。這是一個有某些重要性的消極成就，不過，有些熱衷者提出說，要用精神分析的方法來闡明歷史上之大人物的行為，這種積極的要求則不應完全相信。精神分析的傳統做法所依靠的，是對於被分析者進行嚴密詢問：你是無法交互訊問死人的。其次，佛洛伊德使馬克思的作品更具說服力，他鼓勵歷史學家去考察自己和自己在歷史中的地位；考察引導他選擇主題或時代、引導他篩選和詮釋事實的動機——或者說，隱蔽的動機；考察決定其視角的民族和社會的背景；考察形塑其過去概念的未來概念。自從馬克思和佛洛伊德從事著述以來，歷史學家就沒有任何藉口再認為自己是自外於社會和歷史的個人了。這是個自覺的年代：歷史學家能夠而且也應該知道自己在做什麼。

這種向我所謂之當代世界的過渡——這種向理智之作用及力量的新範圍所作的延伸——尚未完成：它是二十世紀世界正在經歷之革命性變遷的一部分。我想考察一下這種過渡的一些主要徵候。

讓我從經濟學開始說起。客觀經濟定律支配著人們和民族的經濟行為，而藐視這些定律只會危害到自己的經濟，上述信念直到一九一四年為止實際上還未受到挑戰。商業盛衰的循環、價格波動和失業等，都受到這些定律的支配。遲至一九三〇年大蕭條到來時，這仍然是舉足輕重的看法。從那時以後，情況就快速改變了。一九三〇年代，人們開始談到「經濟人的終結」；所謂「經濟人」是指一味根據經濟定律來追求自己經濟利益的人。從那時以來，除了十九世紀少數不識時務的人（Rip Van Winkles）之外，沒有人相信這種意義之下的經濟定律了。今日，經濟學要嘛變成是一系列理論數學的方程式，要嘛變成是一門有關一些人怎樣擺佈另一些人的實用性研究。此一變遷主要是從個人資本主義過渡到大規模資本主義的一種產物。只要個別的企業家和商人還佔主導地位，似乎就沒有人能控制經濟，或者，能以任何明顯的方式對經濟發生影響，因而對於跟個人無關之定律和過程的幻想也就保存下來了。甚至英格蘭銀行，在其最鼎盛的時期，也不被認為是高明的經營者和操作者，而是客觀且又半自動的經濟趨勢登錄者。不過，隨著自由放任經濟向管理經濟的過渡（不論是資本主義的管理經濟，還是社會主義的管理經濟，也不論是由大規模的資本主義企業和名義上的私人企業，還是國家進行這種管理），這種幻想就破滅了。情況已很清楚，某些人為了某些目的而作出某種決定，這些決定因而為我們設定了經濟的進程。今日，大家都知道，石油或肥皂的價格並非順應某種供需的客觀定律而變化的。大家都知道，或者認為自己知道，不景氣和失業是人為的：政府承認，甚至還斷言說，他們知道怎樣作挽救。我們已從自由放任過渡到計畫經濟，從不自覺過渡到自覺，從相信客觀經濟定律，過渡到相信人以自己的行動能成為自己經濟命運的主人。社會政策跟經濟政策齊頭並進：的確，經濟政策已被納入社會政策了。讓我從一九一〇年出版的第一部《劍橋近代史》中的最後一冊裡，引用一段富有觀察力的評論，而寫下該評論的作家，根本不是馬克思主義者，而且大概從未聽說過列寧：

> 藉由有意識的努力有可能進行社會改革的信念，是歐洲思想的主要潮流；它取代了認為自由是一帖萬靈丹的信念。……它在當前的流行，就跟法國大革命時期的人權信念一樣，是有意義的，也是意味深長的。[7]

今日，在寫下這段文字之後的五十年，俄國革命之後的四十餘年，以及大蕭條之後的三十年，此一信念已變成了老生常談；從屈服於那些據稱是理性的但不為人所控制的客觀經濟定律，過渡到相信人有能力藉由有意識的行動來控制其經濟命運，對我來說似乎是代表了把理智應用於人類事務的一個進展，代表了人理解和掌握自己及其環境之能力的增長。如果必要，我想用舊式的名稱，稱此為進步。

我沒有時間來詳細論及其他領域裡發揮作用的類似過程。就像我們所知道的，即使是科學，如今也甚少研究和確立客觀的自然定律，更多的是制定可行的假說，而人藉由這些假說就能利用自然來達成其目的，並且改造其環境。更有意義的是，人通過有意識地運用理智，不僅開始改造其環境，也改造他自己。十八世紀末葉，馬爾薩斯在那部劃時代的作品裡，努力想建立有關人口的客觀定律，而這些定律，就像亞當·斯密的市場定律那樣，能在沒有人意識到其過程的情況下發生作用。今日，沒有人相信這類的客觀定律，不過，人口控制已成為既理性又自覺之社會政策的問題。在我們這個時代，我們看見了人類努力延長人的壽命，人口中不同世代之間均衡的改變。我們聽說，有人有意識地使用藥物來影響人類的行為，也有人用外科手術來改變人的性格。就在我們的眼前，人和社會兩者都改變了，由於人有意識的努力而改變了。不過，最有意義的改變，大概就是由於現代勸導和教導方法的發展和運用而產生的那些變化。如今，各層級的教育工作者都愈來愈有意識地想要按照特定的模型，對社會的形塑作出貢獻，也想要把適合於那類型社會的態度、忠誠和意見，灌輸給正在成長的一代；教育政策是任何理性規劃之社會政策的不可分割的一部分。應用於社會中的人時，理智的基本功能就不再僅是調查研究，而是改造。這種與日俱增地意識到人有能力藉由應用理性過程，改進其對於社會、經濟和政治事務的管理，在我看來是二十世紀革命重要的一面。

[7] *Cambridge Modern History*, xii（1910）, p.15；這一章的作者是雷瑟斯（S. Leathes），其為《劍橋近代史》的編者之一，也是文官委員（Civil Service Commissioner）。

這樣的理智擴展，僅僅是先前講演中我所謂的「個人化」（individualization）之過程的一部分——即個人的技能、職業和機會的多樣化，其乃是興盛文明的附隨物。或許，工業革命最深遠的社會後果就是，學會思考、學會運用理智的人，在數目上不斷增加。在大不列顛，我們如此熱衷於漸進主義（gradualism），以致有時簡直覺察不出有任何的變動。將近一個世紀之久，我們沉溺於普及初等教育的聲譽，而在普及高等教育上，並沒有很多或很快的進展。當我們在世界上有著領先的地位時，倒還沒有多大關係。當我們被那些比我們更著急的人迎頭趕上，且每個地方的步調都因技術變遷而加快時，就有很大的關係了。因為社會革命、技術革命和科學革命都是同一過程中的重要部分。假使你要個人化過程的學院範例，就看一下過去五、六十年裡，歷史學、科學或任一門特定科學的浩瀚多樣化，看一下其所提供的大大增長的各式各樣個別的專門化。不過，在一個不同的層次上，我舉一個有關這一過程的更顯著範例。三十多年前，一位訪問蘇聯的德國高級軍官，從一位蘇聯軍官那裡，聽到一些很有啟發性的談話，而該蘇聯軍官是跟蘇聯空軍（Red air force）之建立有關的：

> 我們俄國人不得不使用還很原始的人力資源。我們無奈只得讓飛行器去適應可供我們調度的那類飛行員。在我們成功地培養一種新型人員的範圍裡，人力資源的技術發展將會不斷完善。這兩個因素是互為條件的。我們不能把原始人送進複雜的機器裡。[8]

今日，僅僅一代人以後，我們知道，俄國的機器不再是原始的，而且數以百萬計設計、建造和操作這些機器的俄國男女，也不再是原始的。作為歷史學家，我對後一種現象更感興趣。生產的理性化意謂著某種更為重要的事情——人的理性化。今日，全世界的原始人都在學習使用複雜的機器，而在這樣做時，他們也在學習思考，學習使用其理智。這次革命，你可以正正當當地稱它為社會革命，但在當前的脈絡中，我會稱它為理智擴展，而它才剛剛開始而已。不過，它以一種令人吃驚的步伐前進，以便與上一代令人吃驚的技術進展齊頭並進。在我看來，這是二十世紀革命重要的一面。

要是我在這一點上未能注意到，當代世界歸因於理智之角色的危險和含混表現，那麼某些悲觀主義者和懷疑論者一定會要求我安靜。我在前面的講演裡指出說，在我所描述的意義下，日益增長之個人化並不意謂著，要求相似和一致的社會壓力有任何的削弱。的確，這是我們複雜現代社會的一個弔詭。有關個人能力和機會以及日益增長之個人化，教育是促進其擴展的一種必要又強有力的手段。在促進社會一致之利益團體的手裡，教育也是一種強有力手段。我們常聽到要求廣播和電視更負責，或是報刊要更負責的呼籲。這些呼籲首先是針對那些容易加以指摘的某種負面現象。不過，為了灌輸可取的品味和可取的意見——可取與否的標準在社會所接受的品味和意見中可找到——這些呼籲很快就變成運用這些強有力之大眾勸說的手段。

[8] *Vierteljahrshefte für Zeitgeschichte*（Munich）, i（1953）, p.38.

這類的運動，在促進它們的那些人手裡，乃是為了形塑社會而設計之有意識又理性的過程，藉由形塑社會的個別成員，來達成其想要的方向。有關這些危險，商業廣告商和政治宣傳家提供了其他的明顯範例。誠然，這兩個角色經常是一人兼演的；在美國是公開，在大不列顛則比較含蓄，政黨和候選人雇用專業廣告商來幫他們助選。即使形式上有別，選舉和廣告是極其類似的。專業廣告商和大型政黨宣傳部門的首腦，是聰明多智的人，他們把所有理智資源（resources of reason）用在自己的工作。然而，就像我們考察過的其他例證那樣，人們並非純粹地把理智運用在探索上，而是建設性地運用；並非靜態地，而是動態地運用。專業廣告商和競選經紀人根本上並不涉及現存的事實；他們感興趣的僅僅是，最後成品（end-product）——也就是，藉由巧妙的操縱，誘使消費者或選民相信或想要的事物——包含了消費者或選民當前相信或想要的事物。再者，群眾心理學的研究讓他們知道，確保顧客和選民接受他們觀點的最迅速方式，就是訴諸顧客和選民性格中的非理性因素，因而在我們眼前的景象裡，乃是專業工業家或政黨領袖這群菁英，通過比以往任何時候都要更加高度發展的理性過程，藉由了解和利用群眾的非理性主義，來達成其目的。根本上，他們所訴求的並非理智：其訴求主要是按奧斯卡．王爾德所謂「蠻橫無理」（hitting below the intellect）的方法進行的。我有點誇大地勾畫了該景象，不然我會被指控說，我低估了危險[9]。不過，大體上這是正確的，而且能夠輕易地應用到其他的領域。在每個社會裡，統治集團或多或少都會應用強制手段來安排和控制輿論。這種方法似乎比某些方法要糟，因為它濫用了理智。

對於這種嚴肅又有根據的指控，我就用兩個論點來作回應。首先是一個大家熟悉的論點，即歷史進程中所看見的任何一種發明、改革和新技術，都有其消極和積極的兩面。代價總是由某些人來承擔。在印刷術發明之後，我不知道，批評家開始指出它助長了錯誤意見的散布之前，得經過多長的時間。今日，悲痛汽車的問世所帶來的公路上死亡，是一件常見的事；甚至有些科學家悔恨自己發現了釋放原子能的方式和工具，因為它可能而且也已經造成了災難。這類的反對意見，過去對於遏制新發明和創造之進展沒有用處，似乎未來也不會有用處。我們從大眾宣傳的技術和潛力那裡所學得的，是抹煞不了的。要回歸洛克理論或自由理論在十九世紀中葉大不列顛已部分實現的小規模個人主義民主制是不可能了，而要回歸單匹馬車或早期的自由放任資本主義亦不可能了。不過，正確的答案是，這些壞事也會有其相應的改善法。補救的辦法不在於對非理性的崇拜，或捨棄理智在近代社會中的廣泛角色，而在於從下層和上層，漸次意識到理智所能扮演的角色。當社會各階層因我們的技術革命和科學革命，而漸次地將理智強加在我們身上時，這就不是什麼烏托邦夢想了。就像歷史上的每一次偉大進展那樣，此一進展亦有必須付出的代價和損失，以及必須面對的危險。然而，儘管有懷疑論者、犬儒主義者和災難的預言家，尤其是先前特權地位已遭破壞之國家的知識分子中的那些人，但我把它當作是歷史進步的顯著例證，卻不會感到慚愧。這或許是我們時代最顯著而又最具革命性的現象。

[9] 較為充分的討論，參見筆者的 *The New Society*（1951）, ch. 4 *passim*。譯按：中譯本，參見李永熾譯，《新社會》，臺北：牧童，一九七四。

我們正經歷著的進步革命，其第二種外觀就是世界形貌的改變。十五和十六世紀，中古世界最後瓦解崩潰，因而近代世界的基礎得以奠定；這一偉大時期的特點就是幾個新大陸的發現，以及世界重心由地中海沿岸，轉移到大西洋的沿岸。甚至法國大革命的較小動亂，在招引來新世界以保持舊世界的平衡時，亦有其地理上的餘波。不過，二十世紀的革命所造成的變遷，比十六世紀以降所發生的任何事情，都還要更全面。大約四百年之後，世界重心無疑地已從西歐轉移走了。西歐連同英語世界的外圍地區，已成了北美大陸的一塊屬地，或者，要是你高興的話，已跟北美大陸結合在一起（agglomeration），而美國在其中既是發電廠又是控制塔。而這也不是唯一或最重要的變遷。現在，世界重心是否存在或長久持續存在於英語世界及其西歐的附屬國，則是一點也不清楚。今日在世界事務中左右一切的，似乎是東歐、亞洲及其擴展到非洲的大陸塊。「不變的東方」（unchanging east）如今是一種格外過時的老掉牙說辭。

讓我們快速瀏覽一下亞洲在二十世紀時所發生的事情，而事情要從一九〇二年的英日同盟說起——這是歐洲列強不輕易允許外人加入的小團體，首度接納了亞洲國家。日本挑戰且擊敗俄國，表露出自己已非昔日吳下阿蒙，而在這樣做的過程中，煽起了點燃二十世紀偉大革命的最早火花，這或許可以看成是一種巧合。一七八九年和一八四八年的法國革命，在歐洲有其仿效者。一九〇五年的第一次俄國革命，在歐洲沒有激起迴響，在亞洲卻找到了其仿效者：隨後的幾年裡，波斯、土耳其和中國發生了革命。第一次世界大戰嚴格來說，並不是一種世界大戰，而是有世界性後果的一次歐洲內戰——假設諸如歐洲之類的實體存在的話。這些後果包括激起了許多亞洲國家的工業發展，激起了中國的排外情緒、印度的民族主義，還有阿拉伯民族主義的誕生。一九一七年的俄國革命，提供了更進一步且又決定性的推動力。在此，有意義的是，俄國革命的領導人執著地想在歐洲找其仿效者，但白費了力，最後卻在亞洲找到了。歐洲是「不變的」，亞洲卻是在進展中。我毋需把這段大家熟悉的往事，往下一直談到今天。歷史學家還是很難以某一立場，對亞洲和非洲革命的範圍和意義作評估。不過，對於數以百萬計的亞洲和非洲人口而言，現代技術和工業之過程的普及，教育和政治意識之萌芽階段的普及，正在改變著亞非大陸的面貌。儘管我無法窺察未來，但我知道有什麼評斷標準，會讓我從世界史的視角將這種情況看成是一種進步的發展。這些事件所造成的世界形態之變化，隨之而來的當然是使英國、或許還將使整個英語國家，在世界事務中的重要性相對地衰落了。不過，相對的衰落並不是絕對的衰落；使我不安而又驚慌的，並不是亞洲和非洲的向前邁進，而是英國——或別的地方——佔支配地位的集團，往往對於這些發展視而不見，對它們採取一種搖擺於狐疑的輕蔑與友善的屈尊俯就之間的態度，不然就是重新返回到令人麻木的懷舊情緒。

在二十世紀的革命中，我所謂的理智擴展，對歷史學家有特殊的影響；因為理智的擴展在本質上是意謂著，一向在歷史之外的各集團、階級、民族和大陸，出現於歷史裡。在第一講裡，我提出說，中古史家往往透過宗教眼鏡來看待中古社會，乃是由於其史料的獨特性質所致。對此我想稍加解釋。說基督教教會是「中世紀唯一理性的制度」【10】，儘管可能有些誇大，但

【10】 A. von Martin, *The Sociology of the Renaissance*（Engl. transl., 1945）, p.18

我認為，這句話是正確的。它是唯一理性的制度，因而也是唯一跟歷史有關的制度；唯有它是取決於歷史學家所能理解的理性發展進程。世俗社會受到教會的塑造和組織，其本身並沒有理性的生活。廣大民眾，就像史前時期的民族那樣，是屬於自然而非歷史。愈來愈多的人出現在社會意識和政治意識中，體察到其各自的集團是有過去和未來的歷史實存（historical entities），且充分構成了歷史的一部分，那麼現代史就由此開始了。甚至在少數先進國家，最多只有過去的兩百年裡，社會、政治和歷史的意識才多少開始在人口中的大多數裡傳播開來。只有今日，才第一次有可能想像由各民族組成的整個世界，這些民族最嚴格說來構成了歷史的一部分，而且關注他們的不再是殖民地行政長官或人類學家，而是歷史學家。

這是我們歷史概念的一次革命。十八世紀，歷史還是一種菁英的歷史。十九世紀，英國史家遲疑不決、斷斷續續地開始朝此一觀點前進：歷史即整個民族共同體的歷史。一位相當平庸的歷史學家格林[三]，因最早撰寫出《英國人民史》而贏得名聲。二十世紀，每一位歷史學家只在口頭講講這一觀點；儘管成績落後於歷史同行，但我並不想詳述這些缺點，因為我更關心的是，我們作為歷史學家卻未能考慮到怎樣將歷史眼界拓寬到英國和西歐以外的地區。在一八九六年的報告裡，阿克頓提及世界史（universal history）是「不同於國別史的相加」。他繼續說道：

世界史按序列前進，而各民族則附屬於該序列。人們之所以訴說各民族的往事，並非為其自

身的利益，而是根據其對人類的共同財富所作貢獻的時間和程度，依照且從屬於一個更高的系列來訴說的。【12】

對於阿克頓來說，毋庸置疑，按照他的想法，世界史是所有嚴肅歷史學家的關懷。目前，我們做些什麼來促進這個意義上的世界史研究取向呢？

在這些演講裡，我原本不打算涉及劍橋大學裡對歷史的研究：但它對於我所要說的事情，提供了如此顯著的範例，要是我不願處理棘手的問題，那就顯得有點怯懦了。在過去的四十年裡，我們在課程裡為美國史留了一個實質的位置。這是一個重大的進展，不過，也帶來了某些危險，亦即，加強了英國史的本位主義，而這種本位主義又加上更隱伏且又同樣危險的英語世界本位主義，早就像不散的陰魂似地壓在我們的課程上。過去的四百年裡，英語世界的歷史，無疑是一段偉大的歷史時期。不過，把它看成是世界史的中心，而其他的歷史是它的邊陲，則是一種不當的觀點曲解。糾正這類廣為流傳的曲解是大學的職責。在我看來，劍橋大學的近代史學業在履行這種職責上似乎有所不足。在一所主要的大學裡，除了英語以外不具有任何現代語言之適當知識的攻讀學位者，得以應考歷史優等學位，這當然是錯誤的。牛津大學古老而又

【11】譯按：格林（J. R. Green, 1837-1883），英國歷史學家。

【12】*The Cambridge Modern History: Its Origin, Authorship and Production*（1907）, p.14.

受尊敬的哲學學門，其踐行者得到的結論是，他們有家常的英語就能進行得很順利了；讓我們以此為誡吧！不提供比教科書水準更高的設施，給學習任一歐陸國家近代史的攻讀學位者，這當然是錯誤的。對於亞洲、非洲或拉丁美洲的事務，具有一些知識的攻讀學位者，目前在一篇帶著十九世紀的浮誇氣習（panache），稱之為「歐洲的擴張」的論文裡，能表現這種知識的機會非常有限。不幸的是，其題目與內容相稱：除了歐洲人打算控制他國時所發生的事之外，並不要求攻讀學位者熟悉那些有重大而又翔實之歷史的國家，像是中國或波斯的任何情況。我聽說，劍橋大學也有講授關於俄國史、波斯史和中國史的講座——但都不是由歷史科系的成員來擔綱。五年前一位中國文史教授在其就職演說中表示，「我們不能把中國置於人類歷史的主流之外」[13]，而此一信念在劍橋大學的歷史學家裡，都成為耳邊風。過去十年間劍橋大學所生產的一部歷史作品，且很可能在未來會被人看成是最偉大的歷史作品，並非出自歷史學系，也未受到它的任何協助：我指的就是李約瑟博士的《中國的科學與文明》[14]。這是一種發人深省的想法。事實上，要不是我認為，這種情況一般而言，是二十世紀中葉英國大多數大學的特點，也是英國知識分子的特點，我是不會把這些家醜外揚的。關於維多利亞時代之島國根性的這則老舊俏皮話，「英吉利海峽起了風暴，歐洲大陸就遭到孤立」，令人不安的是，今日仍有反映現實的況味。英國以外的世界再次起了風暴。儘管我們在英語國家裡互相擁作一團，用家常的英語告訴自己說，其他國家和其他大陸由於不尋常的舉止，而未能蒙受我們文明的恩惠和祝福，但有時這看起來倒像是由於我們無法或不願去了解，而把自己隔絕於世界的真正情況之外。

我在第一講開宗明義的幾句話裡，要大家注意，區別二十世紀中葉和十九世紀末年的觀點，有明顯的差別。在結語裡，我想對兩者的差異再作闡明。要是在此一脈絡裡，我用了「自由的」和「保守的」這類字眼，那麼不用多說，我並不是取其英國政黨標籤的意義。阿克頓提及進步時，他所想的並不是英國廣為流傳的「漸進主義」概念。在一八八七年的一封信裡，他有一句醒目的說法，「革命，也就是我們所說的，自由主義」。十年後，他在某一近代史的講演裡說道，「近代進步的方法就是革命」；而在另一次的講演裡，他又提及「我們稱之為革命的一般理念的到來」。他在未發表之手稿的一則註釋裡，對此作了解釋：「輝格黨以妥協來作統治，而自由黨則開創了思想的統治」[15]。阿克頓認為，「思想的統治」意指自由主義，而自由主義意指革命。在阿克頓的一生中，自由主義作為社會變遷的動力尚未竭盡。在我們這個年代，自由主義所存留下來的事物，不管在什麼地方，都成為社會中的某種保守因素。今日，鼓吹回歸阿克頓，乃是毫無意義的事了。不過，歷史學家所關切的是：第一，確定阿克頓的立場；其

【13】Edwin George Pulleyblank, *Chinese History and World History*（1955）, p.36.

【14】譯按：中譯本，參見陳立夫主譯，《中國之科學與文明》，臺北：臺灣商務印書館，一九七一—一九八二。

【15】關於這些文字，參見 Acton, *Selections from Correspondence*（1917）, p.278；*Lectures on Modern History*（1906）, pp.4, 32；Add MSS. 4949（in Cambridge University Library）。在上面所引用的那封一八八七年的信裡，阿克頓把「舊」輝格黨人朝「新」輝格黨人（亦即，自由黨人）的轉變，標明為「良心的發現」：在此，「良心」顯然跟「意識」的發展有關係（參見本書前面二四六頁），而且相應於「思想當道」（the reign of ideas）。斯塔布斯也把近代史分為兩個時期，以法國大革命為分界：「第一時期是強權、武力和朝代的歷史；第二個時期則是以思想取代權利與形式這兩者的歷史」（W. Stubbs, *Seventeen Lectures on the Study of Mediaeval and Modern History*〔3rd ed., 1900〕, p.239）。

次，把他跟當代思想家的立場作對比；以及，第三，探索其立場中有哪些因素在今日仍舊是有效的。無疑地，阿克頓世代的人經歷了過度自信和樂觀主義，因而未能充分認識到其信心所依仗的基礎（structure）是岌岌可危的。不過，它有兩樣我們今日都亟需的東西：其一，作為一種歷史進步因素的變遷感；其二，相信理智是我們了解歷史複雜性之指南的信念。

現在，讓我們傾聽一下一九五〇年代的一些看法。在稍早的演講裡，我引用了路易士・納米爾爵士心滿意足的表述，亦即，在為「具體問題」找尋「可行的解決辦法」時，「兩方人馬都遺忘了綱領和理想（ideals）」，而他將此描述為「民族成熟」（national maturity）的一種徵候[16]。個人壽命與民族生命周期之間的那些類比，我並不喜歡；要是作了那樣的類比，那麼吾人不免要問道，當我們渡過了「成熟」階段時，接下來的是什麼呢？不過，令我感到興趣的是，受讚揚的「實際和具體」跟受指摘的「綱領和理想」之間所形成的尖銳對立。實際行動比唯心理論之確立更受頌揚，這當然是保守主義的標誌。在納米爾的想法裡，這就代表了十八世紀的聲音，也就是喬治三世即位時之英格蘭的聲音，抗議阿克頓所謂的革命和思想統治即將發生。不過，大家同樣熟悉的以徹底經驗主義形式表達的徹底保守主義，在我們這個年代是很受歡迎的。從崔佛－羅普教授的這句話，即「當激進派人士大嚷大叫他們無疑會取得勝利的時候，明智的保守派人士卻一拳打在他們的鼻子上」[17]，可以找到其最普遍的形式。關於這種流行的經驗主義，歐克夏特教授給了我們一個更複雜的說法：他告訴我們，在我們政治關懷裡，我們「航行在一望無際又深不見底的海上」，在那裡「既無起點，亦無預定的終點」，而我們唯一的目標只能是「平穩地漂浮不沉而已」[18]。我毋需進一步分類晚近公然抨擊政治「烏托邦主義」（utopianism）和「救主降臨論」（messianism）的作家。這些詞在當前已成了貶義詞，用來咒罵那種討論社會未來的廣泛而又激進的思想。我也不打算討論美國晚近的趨勢。美國的歷史學家和政治理論家，跟英國的同行比起來，較不保留地公開宣稱其對保守主義的忠誠。我只想引用一位相當卓著而又穩健的美國保守派史家、哈佛大學的薩繆爾・莫里森教授的一句話。他在一九五〇年十二月美國歷史學會的主席就職演說詞裡，認為反對他所謂「傑佛遜—傑克遜—羅斯福路線」的時候已到，而且也為「從穩健保守觀點所撰寫的」美國史著作辯護[19]。

不過，至少在不列顛，正是波柏教授再度以最清楚、最不妥協的形式，表達了這種謹慎的保守見解。他重複了納米爾對「綱領和理想」的反駁，抨擊據稱目的在於「按照明確計畫重塑『整個社會』」的政策，推薦他所謂的「漸進的社會工程」（piecemeal social engineering），而且顯然並不因「漸進修補」（piecemeal tinkering）和「摸索前進」（muddling through）的非難而畏縮不前[20]。誠然，在某一點上，我是該讚賞波柏教授的。他一直是理智的頑強辯護者，不論過去或現在，都不跟非理性主義打交道。不過，要是我們觀察一下他那張「漸進的社會工程」的處

【16】參見本書前面一三六頁。

【17】*Encounter*, vii, No. 6, June 1957, p.17.

【18】M. Oakeshott, *Political Education*（1951）, p.22.

【19】*American Historical Review*, No. lvi, No. 2（January 1951）, pp.272-273

【20】K. Popper, *The Poverty of Historicism*（1957）, pp.67-74..

方，我們就會看出他指派給理智的角色是如此有限。儘管他對「漸進的社會工程」所作的定義很不精確，但他明確告訴我們，其定義排除了有關「目的」的批評。他針對合法活動所舉出的謹慎範例——「憲政改革」和「使收入更加均等的趨勢」——都清楚說明，「漸進的社會工程」是在現存社會的預設內運作的[21]。在波柏教授的思路裡，理智的地位事實上有點像英國公務員的地位那樣，適合實施執政政府的政策，甚至還能提出使政策更有效率的務實改進計畫，卻不會質疑政策的根本前提或最終目的。這是有用的作為：我當年也當過公務員。不過，這種讓理智從屬於現存秩序之預設的作法，在我看來終究是完全無法接受的。當阿克頓提出「革命＝自由＝有思想的統治時期」這樣的等式時，他並不是這麼看待理智的。人類事務的進步，不論是科學、歷史或社會的進步，主要表現在人類勇於以理智之名，對當前做事的方式、對其所憑藉的公認預設或隱蔽預設，提出根本的挑戰，而非依循往例，自我設限於尋求漸進的改進計畫。我期盼有那麼一天，英語世界的歷史學家、社會學家和政治思想家，將重新獲得擔當這種任務的勇氣。

然而，最使我不安的，倒不是英語世界的知識分子和政治思想家，對於理智之信心的衰退，而是沒有隨時察覺到世界不斷地變動著。乍看起來，這種說法似乎有點弔詭；因為關於變遷，我們四周很少聽到這麼多明顯的議論。不過，重要的事情是，變遷不再被認為是成就、機會和進步，而是一種讓人懼怕的對象。當我們所謂的政治專家和經濟專家為我們開處方時，沒有提出任何良方，只有警告我們別相信激進和廣泛的觀念，要我們避開任何帶革命氣味的觀念，還有儘可能緩慢而又小心地前進——倘若必須前進的話。這個世界比過去四百年的任何時期，都更快速和更徹底地改變著它的形貌，此時此刻，在我看來，這些警告論調似乎是一種出乎意料的無知，讓人有不安的理由；我們不安的，不是全世界的變動會停擺，而是英國——也許，還有其他英語國家——會在全面的進程中落到後頭，而且無助而又無怨尤地回復到某種鄉愁的逆流裡。就我自己來說，我依舊是個樂觀的人；當路易士．納米爾爵士警告我，遠離綱領和理想，歐克夏特教授告訴我，我們不會有什麼進展的，沒有人找麻煩就不錯了，波柏教授東修理一下、西修理一下，想把那部珍愛的老舊福特 T-model 汽車[22]開上路，崔佛—羅普教授一拳打在大嚷大叫的激進分子的鼻子上，而莫里森教授則呼籲用明智而又保守的精神書寫歷史，這時候我該留意著這個騷動的世界、苦難的世界，也該套用一位偉大科學家的老話回答說：「可是地球還是在運行啊！」[23]

---

[21] Ibid. pp.64, 68.

[22] 譯按：一九〇八年，福特汽車推出標榜便宜又大眾化的 T-Model 車款，每部僅售八百五十美元，該款車風行了近二十年。

[23] 譯按：這是伽利略（1564-1642）受到教廷審判時說的話。

譯名對照表

二劃

《二十年的危機，一九一九—一九三九》 *The Twenty Years' Crisis 1919-1939*
《人類最後的日子》 *The Last Days of Mankind*
《十九世紀的歷史學和歷史學家》 *History and Historians in the Nineteenth Century*

三劃

〈小老頭〉 *Gerontion*

四劃

《中國的科學與文明》 *Science and Civilization in China*
丹皮爾　Dampier
《反對方法》 *Against Method*
孔恩　T. Kuhn
孔德　Auguste Comte
巴克爾　Buckle
巴里奧　Balliol
巴拉克洛夫　Geoffrey Barraclough
《巴枯寧》 *Michael Bakunin*
巴耶齊德　Bajazet
巴特，卡爾　Karl Barth
巴特勒主教　Bishop Butler
巴特菲爾德，赫伯特　Herbert Butterfield
巴斯德　Pasteur
巴黎公社　commune
心理主義　psychologism
「文人知識分子」 literary intellectuals
《文明史》 *History of Civilisation*
比爾德　Beard
《牛津簡明英文辭典》 *The Shorter Oxford English Dictionary*
犬儒主義　cynicism
王爾德，奧斯卡　Oscar Wilde

五劃

世界主義　universalism
《世界主義與民族國家》 *Weltbürgerthum und Nationalstaat*
《世界的危機》 *The World Crisis*
《世界報》 *Le Monde*
主教　Bishop

加米涅夫　Kamenev
加斯奎特　Gasquet
功利主義　utilitarianism
卡夫卡　Kafka
卡瓦菲　Cavafy
卡拉馬佐夫，伊凡　Ivan Karamazov
卡萊爾　Carlyle
卡麗布狄絲　charybdis
古齊　G. P. Gooch
史多伊克　D. Struik
史考特　C. P. Scott
史金納，昆丁　Quentin Skinner
史特拉奇，里頓　Lytton Strachey
《史崔哲曼的遺稿》　*Stresemanns Vermächtnis*
史達林　Stalin
史賓塞，赫伯特　Herbert Spencer
史諾，查爾斯爵士　Sir Charles Snow
尼古拉一世　Nicholas I
尼古拉二世　Nicholas II
尼布爾　Niebuhr
尼采　Nietzsche
尼爾，詹姆士爵士　Sir James Neale
布克哈特　Burckhardt
布洛赫，恩斯特　Ernst Bloch
布倫森，伯納德　Bernard Berenson
布萊頓　Brighton
布雷德利　Bradley
布爾什維克　Bolshevik
「必然的序列」　inevitable sequence
皮蘭德羅　Pirandello
末世學　eschatology

六劃

伊甸園　Garden of Eden
伊格納蒂夫，麥可　Michael Ignatieff
伊斯特本　Eastbourne
伍德沃德，盧埃林爵士　Sir Llewellyn Woodward
伏爾泰　Voltaire
《共產黨宣言》　*Manifesto of the Communist Party*（*Communist Manifesto*）
列寧　Lenin
吉朋，艾德華　Edward Gibbon
多伊徹，以撒　Isaac Deutscher
多伊徹，塔瑪拉　Tamara Deutscher
多恩　Donne
好女皇貝絲　Good Queen Bess
《存有與虛無》　*L'Être et la nèant* (*Being and Nothingness*)
安東尼　Antony
《安娜女皇統治下的英格蘭》　*England under Queen Anne*
安德森，培里　Perry Anderson

托克維爾　Alexis de Tocqueville
托洛斯基　Trotsky
托爾斯泰　Tolstoy
《百科全書》 *Encyclopedia*
米爾巷　Mill Lane
米爾頓　Milton
〈自述〉 Autobiography
自然神學　theodicy
艾略特　T. S. Eliot
艾爾頓　G. R. Elton
行星　planets
西里加　Ciliga
西拉　Scylla
西徐亞　Scythia
西塞羅　Cicero

七劃

佛洛伊德　Freud
但丁　Dante
伯里克里斯　Pericles
伯恩哈特　Bernhardt
伯羅奔尼撒戰爭　Peloponnesian War
克里洛夫　Kirilov
克拉倫登　Clarendon
克柳切夫斯基　Klyuchevsky
克倫威爾　Cromwell
克倫斯基　Kerensky
克勞斯，卡爾　Karl Kraus
克萊頓　Creighton
克羅齊　Croce
克麗歐佩特拉　Cleopatra
克麗歐佩特拉的鼻子　Cleopatra's Nose
別爾嘉耶夫　Berdyaev
君士坦丁　Constantine
孚路德　Froude
宋巴特，維爾納　Werner Sombart
《希望原理》 *Das Prinzip Hoffnung*
希羅多德　Herodotus
《希臘史》 *History of Greece*
李伯曼　Liebermann
李約瑟　Needham
李維斯　F. R. Leavis
李維斯陀　Levi-Strauss
《杜斯妥也夫斯基》 *Dostoevsky*
沙特　Sartre
決定論　determinism
《沒有其他眾神：論科學與美國社會思想》 *No other Gods: on Science and American Social Thought*
狄爾泰　Dilthey
貝克，卡爾　Carl Becker

哈斯丁斯會戰 Battle of Hastings
契切林 Chicherin
威廉二世 William II
威廉三世 William III
威廉征服者 William the Conqueror
威爾遜，伍德羅 Woodrow Wilson
《政治經濟學批判》 *Critique of Political Economy*
《政治經濟學批判導讀》 *Introduction to the Critique of Political Economy*
柯靈烏 Collingwood
查理曼們 Charlemagnes
柏克 Burke
柏拉圖 Plato
柏林，以賽亞 Isaiah Berlin
柏雷 J. B. Bury
洛克 Locke
洛奇 Lodge
「看不見的手」 invisible hand
科布，理察 Richard Cobb
《科學發現的邏輯》 *The Logic of Scientific Enquiry*
《科學與假說》 *La Science et l'hypothèse*
約克 York
約書亞 Joshua
約瑟夫，凱斯爵士 Sir Keith Joseph
約瑟夫二世 Joseph II
《美諾篇》 *Meno*
《英國人民史》 *A History of the English People*
《英國人與他的歷史》 *The Englishman and His History*
《英國工人階級的形成》 *The Making of the English Working Class*
《英國社會史》 *English Social History*
英國廣播公司第三台 BBC's Third Programme
韋伯，馬克斯 Max Weber
韋伯斯特，查爾斯爵士 Sir Charles Webster
韋伯斯特上尉 Captain Webster
韋奇伍德 Wedgwood
「神秘主義」 mysticism

十劃

修昔提底斯 Thucydides
俾斯麥 Bismarck
倫敦大學歷史學研究所 London University's Institute of Historical Research
哥林多人 Corinthian
《埃涅阿斯紀》 *Aeneid*
《拿破崙：贊成與反對》 *Napoleon: For and Against*
拿破崙三世 Napoleon III
桑格，喬治 George Sanger
格林 Green
格羅特 Grote

《泰晤士報》 *The Times*
《泰晤士報文學副刊》 *The Times Literary Supplement*
泰勒 A. J. P. Taylor
泰勒，瓦特 Wat Tyler
《浪漫的流亡》 *The Romantic Exile*
海森堡 Heisenberg
索瑞爾，喬治 Georges Sorel
《純粹理性批判》 *Critique of Pure Reason*
納米爾，路易士爵士 Sir Lewis Namier
〈荒原〉 *The Waste Land*
郝斯曼 A. E. Housman
馬克思，卡爾 Karl Marx
馬志尼 Mazzini
馬里旦 Maritain
馬韋爾 Andrew Marvell
馬庫色，赫伯特 Herbert Marcuse
馬歇爾 Marshall
馬爾薩斯 Malthus
高斯塔夫．史崔哲曼 Gustav Stresemann
涂爾幹 Durkheim

十一劃

「偶然性的歷史觀」 The Accidental View of History
勒費夫賀 Lefebvre
曼海姆，卡爾 Karl Mannheim
曼德維爾 Mandeville
《國家理性之理念》 *Die Idee der Staatsräson*
《國富論》 *Wealth of Nations*
國際聯盟 League of Nations
基特森．克拉克 George Kitson Clark
培根，法蘭西斯 Francis Bacon
崔佛－羅普 H. R. Trevor-Roper
崔維廉 G. M. Trevelyan
崔維廉，喬治．奧托 George Otto Trevelyan
康德 Kant
強生 Johnson
《從列寧到史達林，一九一七－一九二九》 *The Russian Revolution from Lenin to Stalin, 1917-1929*
《從拿破崙到史達林》 *From Napoleon to Stalin*
梭倫 Solon
梅里戴爾，凱薩琳 Catherine Merridale
梅森 T. W. Mason
《理性與革命》 *Reason and Revolution*
理查二世 Richard II
理查茲 I. A. Richards
《現代情感論》 *Theory of Modern Sentiments*
笛卡兒 Descartes
莫利 Morley
莫里森，薩繆爾 Samuel Morison
莫特利 Motley

莫爾 Moore
荷馬 Homer
都鐸 Tudor
陸軍部 War Office
陶尼 Tawney
麥卡錫 McCarthy
麥考萊 Macaulay
麥克米倫 Macmillan
麥克唐納，雷姆塞 Ramsay Macdonald

十二劃

凱撒 Caesar
凱薩琳大帝 Catherine the Great
〈博聞強記的富內斯〉 *Funes the Memorious*
博蘭尼 M. Polanyi
《單向度的人》 *One-Dimensional Man*
喬治．克拉克 George Clark
喬治三世 George III
富內斯 Funes
斯巴達人 Spartan
斯托雷平 Stolypin
斯密，亞當 Adam Smith
斯塔布斯 Stubbs
斯塔利布里奇教區慶典 Stalybridge wakes
斯圖亞特 Stuart
普加契夫 Pugachev
普魯塔克 Plutarch
湯恩比 Toynee
湯普森 E. P. Thompson
湯瑪斯，休勳爵 Lord Hugh Thomas
測不準原理 principle of uncertainty or indeterminacy
《等待果陀》 *Waiting for Godot*
〈等待野蠻人〉 Waiting for the Barbarians
腓特烈大帝 Frederick the Great
華許 W. H. Walsh
萊爾 Lyell
菲利普二世 Philip II
費耶若本德 Feyerabend
費榭 Fisher
費爾貝恩 Fairbairn
賀伊津哈 Huizinga
賀拉斯 Horace
《進步的理念》 *The Idea of Progress*
《開放社會及其敵人》 *The Open Society and Its Enemies*
黑格爾 Hegel

十三劃

塔西佗 Tacitus
奧克薩斯河 Oxus
愛因斯坦 Einstein

《愛欲與文明》 *Eros and Civilization*
《愛麗絲夢遊仙境記》 *Alice in Wonderland*
《新左評論》 *New Left Review*
《新政治家》 *New Statesman*
新教 Protestantism
楊恩 Young
滑鐵盧 Waterloo
瑞茲 Retz
《義大利文藝復興時期的文明》 *Civilization of the Renaissance in Italy*
聖保祿教堂 Paulikirche
聖猶達 St. Jude's
聖奧古斯丁 St. Augustine
蒂利蒙特 Tillemont
葛氏定律 Gresham's law
葛擂硬 Gradgrind
詹姆士一世 James I
《資本論》 *Capital*
賈克撒特斯河 Jaxartes
《路易・波拿巴的霧月十八日》 *The Eighteenth Brumaire of Louis Bonaparte*
路易十五 Louis XV
路易斯，溫德姆 Wyndham Lewis
路德 Luther
道奇森式的模式 Dodgsonian mode
道斯與楊格計畫 Dawes and Young plans
《道德情感論》 *Theory of Moral Sentiments*
達西 D'Arcy
雷瑟斯 S. Leathes

十四劃

榮格 Jung
歌德 Goethe
漢斯蘭，強納森 Jonathan Haslam
福斯 Fox
維吉爾 Virgil
《維多利亞時期的英格蘭》 *Victorian England*
維科 Vico
蒙森 Theodor Mommsen
蒲魯東 Proudhon
蓋爾 Geyl
赫胥黎，阿道斯 Aldous Huxley
赫曼・赫塞 Hermann Hesse
赫爾岑 Aleksandr Herzen
齊諾維也夫 Zinoviev
語言哲學 linguistic philosophy

十五劃

《劍橋近代史》 *The Cambridge Modern History*
德林格爾 Döllinger

德皇 Kaiser
《德國的浩劫》 *Die Deutsche Katastrophe*
歐克夏特 Oakeshott
歐威爾 Orwell
《論妥協》 *On Compromise*
《論法的精神》 *De l'esprit des lois*
〈論革新〉 On Innovations
輝格派 Whig
《輝格派的歷史詮釋》 *The Whig Interpretation of History*
魯賓遜・克魯索 Robinson Crusoe

十六劃

《戰爭與和平》 *War and Peace*
〈歷史中的達爾文主義〉 Darwinism in History
歷史定論主義 historicism
《歷史定論主義的產生》 *Die Entstehung des Historismus*
《歷史定論主義的貧困》 *The Poverty of Historicism*
《歷史的必然性》 *Historical Inevitability*
《歷史的理念》 *The Idea of History*
《歷史的實作》 *The Practice of History*
《歷史哲學》 *Philosophy of History*
盧比孔河 Rubicon
盧卡奇 Lukacs
盧克萊修 Lucretius
盧利塔尼亞 Ruritania
盧梭 Rousseau
盧瑟福 Rutherford
穆勒 J. S. Mill
興登堡 Hindenburg
諾曼征服 Norman Conquest
諾爾斯 Knowles
《隨你的意思》 *Do As You Will*
霍布斯 Hobbes

十七劃

戴西 Dicey
戴高樂 De Gaulle
戴維斯 R. W. Davies
《艱難時世》 *Hard Times*
邁乃克 Meinecke
《邂逅》 *Encounter*

十八劃

「禮拜五」 Friday
《簡明數學史》 *Concise History of Mathematics*
舊檯球模型 billiard-ball model
薩姆爾・強森 Samuel Johnson
薩頓 Sutton
魏斯科夫 W. F. Weisskopf
魏瑪共和國 Weimar Republic

十九劃

壞國王約翰式的歷史理論　Bad King John Theory of History

瓊斯　Jones

羅加諾　Locarno

羅伯斯庇爾　Robespierre

羅素，伯特蘭　Bertrand Russell

羅茲　A. L. Rowse

《羅馬史》　*History of Rome*

《羅馬盛衰原因論》　*Considerations on the Causes of the Greatness of the Romans and Their Decline*

羅斯吉爾　Roskill

羅斯伯里　Rosebery

羅森柏格　C. E .Rosenberg

羅賓森　Robinson

羅耀拉　Loyala

邊沁學說　Benthamite

《鏡中奇緣》　*Through the Looking Glass*

〈關於費爾巴哈的提綱論〉　Thesis on Feuerbach

二十劃

《蘇俄史》　*A History of Soviet Russia*

《蘇維埃馬克思主義》　*Soviet Marxism*

二十一劃

蘭克　Leopold von Ranke

《辯證理性批判》　*Critique of Dialectical Reason*

二十二劃

《聽眾》　*The Listener*

博雅文庫 058

何謂歷史？

What is History?

作　　者　愛德華・卡耳（Edward. H. Carr）
譯　　者　江政寬
企劃主編　黃惠娟
責任編輯　魯曉玟
封面設計　吳雅惠

出 版 者　五南圖書出版股份有限公司
發 行 人　楊榮川
總 經 理　楊士清
總 編 輯　楊秀麗
地　　址　106台北市大安區和平東路二段339號4樓
電　　話　（02）2705-5066
傳　　真　（02）2706-6100
劃撥帳號　01068953
戶　　名　五南圖書出版股份有限公司
網　　址　https://www.wunan.com.tw/
電子郵件　wunan@wunan.com.tw
法律顧問　林勝安律師
出版日期　2009年 2 月初版一刷（共三刷）
　　　　　2014年 1 月二版一刷（共五刷）
　　　　　2024年 8 月三版一刷
定　　價　新臺幣360元

國家圖書館出版品預行編目資料

何謂歷史?／愛德華・卡耳（Edward.H.Carr）著；
江政寬譯. -- 三版. -- 臺北市：五南圖書出版股份有限公司, 2024.08
面；　公分
譯自：What is history?
ISBN 978-626-393-607-2（平裝）
1.史學
601　　　113010905